철두철미한
시스템의 힘,
상군서

WISDOM CLASSIC 17
철두철미한 시스템의 힘, 상군서

초판 1쇄 인쇄 2015년 10월 20일   초판 1쇄 발행 2015년 10월 30일

지은이 신동준
펴낸이 연준혁

기획 설완식
출판2분사 분사장 이부연
1부서 편집장 김남철
편집 신민희
디자인 오혜진
제작 이재승

펴낸곳 (주)위즈덤하우스 출판등록 2000년 5월 23일 제13-1071호
주소 (410-380) 경기도 고양시 일산동구 정발산로 43-20 센트럴프라자 6층
전화 031)936-4000 팩스 031)903-3893 홈페이지 www.wisdomhouse.co.kr

값 16,000원
ISBN 978-89-6086-869-4 03320

국립중앙도서관 출판예정도서목록(CIP)

철두철미한 시스템의 힘, 상군서 / 지은이: 신동준 ;. -- 고양 : 위즈
덤하우스, 2015
  p. ; cm. --

참고문헌과 "상앙 연표" 수록
ISBN 978-89-6086-869-4 03320 : ₩16000

상앙(인명)[商鞅]
법가 사상[法家思想]

152.25-KDC6
181.115-DDC23   CIP2015027597

철두철미한
시스템의 힘,
상군서

신동준 지음

위즈덤하우스

일러두기

· 본문의 이해를 돕기 위해 각 장의 말미에《상군서》각 편의 원문을 번역해 실어놓았다.

· 인명을 포함한 외국어표기는 국립국어원 외국어표기법과 용례에 따라 표기했으며, 최초 1회 병기를 원칙으로 했다. 단, 본문의 이해를 돕기 위해 필요한 경우 다시 병기했다.

· 본문에 전집이나 총서 또는 단행본 등은《 》로, 개별작품이나 장제목 또는 편명 등은〈 〉로 표기했다.

난세에 빛나는 최고의 부국강병책

동서고금의 역사를 보면 무수한 왕조가 사라지고 새로 일어났다. 기업의 흥망도 유사하다. 왕조와 기업의 흥망은 누구의 덕분이고 누구의 책임일까? 흥륭興隆의 경우는 별다른 이견이 없다. 창업주와 중흥주의 노력과 능력이 높이 평가받는 이유다. 문제는 나라나 기업이 패망하는 경우다. 이때 역시 먼저 군주와 기업주의 책임을 물을 수밖에 없다. 그렇다면 그들을 모시던 신하들은 아무런 책임이 없는 것일까? 간신과 충신이 갈리는 길이 여기에 있다.

중국의 전 역사를 통틀어 21세기 현재까지 대대적인 변법變法을 실시해 유일하게 성공을 거둔 인물은 전국시대 중엽 서쪽 변방의 진秦나라를 최강의 나라로 주조해낸 상앙商鞅밖에 없다. 그는 《상군서商君書》〈신법愼法〉에서 사상 처음으로 신하가 강하고 군주가 허약한 이른바 '군약신강君弱臣强'을 언급했다. 난세 출현의 근본 배경을 '군약신강'에서 찾은 결과다.

《상군서》는 제자백가서 가운데 오직 부국강병富國强兵만을 역설한 유일무이한 고전에 해당한다. 평시에 농사를 짓다가 전쟁이 나면 전쟁터로 달려나가 싸우는 농전農戰이 핵심 키워드다. 사상사적으로 볼 때 '농전'은 기본적으로 가난한 자를 부유하게 만들고 부유한 자의 부를 덜어내 백성을 고르게 만드는 균민均民 사상에서 비롯되었다. 공자孔子가 《논어論語》에서 역설한 균부均富와도 취지가 같다.

《상군서》는 현재 스물네 편이 남아 있다.《한서漢書》〈예문지藝文志〉에서는 총 스물일곱 편으로 기록해놓았는데, 사라진 세 편 가운데〈형약刑約〉과〈어도御盜〉는 제목만 전한다.《상군서》의 특징 가운데 하나는 오직 부국강병 시스템에 초점을 맞추고 있는 점이다. 21세기 학술용어로 해석하면 일종의 국가주의에 해당한다. 현재 경제전쟁 상황에서 G2의 일원으로 우뚝 선 중국의 서점가에《상군서》주석서가 넘쳐나고 있는 것도 이런 맥락에서 이해할 수 있다. 부국강병을 통해 중국이 G1을 넘보고 있다는 식의 분석도 등장하고 있다.

《상군서》는 수미일관하게 부국강병을 역설하고 있는 까닭에 난세의 치국평천하에 매우 유용하다. 실제로 난세 때마다 유가 경전에서 갈증을 느낀 많은 유학자들이《상군서》를 탐독하며 부국강병의 방략을 찾아냈다. 왕조교체기의 난세 때는 더 심했다. 명대와 청대 말기에 유학자들의《상군서》주석서가 쏟아져 나온 게 그 증거다. 대표적인 인물로 청조 말기 공맹사상의 대변자를 자임한 호광총독 장지동張之洞을 들 수 있다. 그는 서구 열강의 침탈로 서학西學에 대한 열기가 뜨거워지자《상군서》를 중학中學의 핵심으로 내세웠다. 이는 조야에 커다란 반향을 낳았다. 당시 최고의 지식인으로 손꼽히는 양계초梁啓超를 비롯해 많은 유학자들이《상군서》주석에 뛰어들었다. 이는 한무제가 유학을 유일한 관학으로 인정하는 '독존유술獨尊儒術'을 선언한 이래 사상 처음으로 법가사상서가 공개적으로 유가 경전을 압도한 사건에 해당한다.

《상군서》를 관통하는 핵심어인 농전은 크게 '중벌소상重罰少賞'과 '빈치균민貧治均民' 두 가지 이론 위에 서 있다.

먼저 중벌소상의 '중벌'은 엄한 벌로 중죄의 가능성을 미연에 방지하는

'이형거형以刑去刑'을 뜻한다. 간략한 법률로 농전과 거리가 먼 일체의 법률을 제거하는 '이법거법以法去法'과 같은 의미다. '소상'은 오직 전공戰功에 의해서만 관직과 작위를 내려 백성을 천하무적의 전사로 만드는 것을 말한다. 백성들을 관직과 작위로 유인해 용감하게 싸우도록 만드는 '이성용전以盛勇戰'이 그것이다. 막강한 무력으로 전쟁의 싹을 미리 뿌리 뽑는 '이전거전以戰去戰'과 취지가 같다. 중벌과 소상은 신상필벌을 달리 표현한 것으로, 엄정하고 공평무사한 법치가 요체다.

그다음 빈치균민은 '농전'을 효과적으로 이루기 위한 경제정책을 말한다. 부국이 전제되어야 강병도 가능하다는 취지에서 나온 것이다. '빈치'는 부유한 자의 부를 덜어내는 것을 뜻하고, '균민'은 가난한 자를 부유하게 만들어 모든 백성을 고르게 만드는 의미한다. 《상군서》〈거강去彊〉의 해당 대목이다.

나라가 부유한데도 국고를 계속 채우면서 부유한 백성의 부를 덜어내는 빈치로 다스리는 나라는 강해진다. 나라가 가난한데도 국고를 계속 비우면서 부유한 백성을 더욱 부유하게 만드는 부치富治로 다스리는 나라는 패망한다.

그럼에도 성리학자를 포함한 후대의 많은 사대부들은 백성들을 가난하게 만든다는 식으로 '빈치'를 의도적으로 왜곡했다. 나라의 모든 정책을 오직 하나, 부국강병에 초점을 맞춘 결과다. 하지만 많은 사람들은 《한비자》를 난세에 통용되는 제왕 리더십의 바이블, 《상군서》를 부국강병 방략의 성전聖典으로 간주하고 있다.

《상군서》의 키워드인 '농전'의 이념을 실천에 옮겨 천하를 호령한 대표적인 인물로 삼국시대의 조조曹操를 들 수 있다. 그는 둔전제屯田制를 통해 천하대란의 근원이 된 황건적을 땅에 정착시킨 뒤 당대 최강의 청주병青州兵으로 육성해냈다. 그가 원소袁紹를 비롯한 사방의 군웅을 차례로 제압하며 천하를 호령한 근본 배경이 여기에 있다. 새로운 시스템을 도입해 백성들의 의식衣食을 해결할 수 있는 자만이 능히 천하를 호령할 수 있다는 사실을 몸으로 입증한 셈이다.

난세를 종식시키고 새 왕조를 건립한 모든 창업주가 이와 유사한 길을 걸었다. 모두《상군서》의 '농전' 이치를 꿴 덕분이다. 객관적으로 볼 때 삼국시대 당시에도 조조만 '농전'의 이치를 통찰한 것도 아니었다.《삼국연의三國演義》에 최고의 군자로 묘사된 유비劉備도《상군서》를 애독했다. 진수陳壽의《삼국지三國志》〈선주전先主傳〉에 나오는 배송지裴松之의 주석이 그 증거다. 이에 따르면 유비는 죽기 직전 아들 유선劉禪에게 이런 유조遺詔를 내렸다.

"시간이 나면 제자백가서를 포함해《육도六韜》와《상군서》를 읽도록 해라. 의지와 지혜를 넓히는 데 도움을 줄 것이다."

그러나 유비는 조조처럼 '농전'을 제도화하지 못했다.《한비자韓非子》〈오두五蠹〉에서 비판하기를 "지금 집집마다《상군서》와《관자管子》를 소장하고 있지만 나라가 더욱 가난해지는 것은 입으로 농사짓는 자만 많고 정작 손에 쟁기나 호미를 잡고 농사를 짓는 자는 적기 때문이다"라고 했다. 아는 게 중요한 게 아니라 실행이 문제라고 지적한 것이다. 하지만 '농전'은 조조처럼 강력한 법치를 행하지 않으면 불가능하다.

강력한 법치를 전제로 한 상앙의 변법이 중국의 전 역사를 통틀어 유일하게 성공한 변법 사례로 거론되는 것도 이런 맥락에서 이해할 수 있다. 실제로 그는 진효공의 태자 사駟가 법을 어기자 태자의 스승과 교관에게 코를 베어내고 얼굴에 먹을 뜨는 형벌을 가했다. 권귀權貴를 가리지 않은 것이다. 이는 현재까지 법치의 대표적인 사례로 거론되고 있다. 춘추전국시대를 방불케 하는 21세기 경제전쟁에서 살아남으려면 이처럼 신상필벌의 엄정한 법집행을 전제로 부국강병 시스템을 추구하는 길밖에 없다.

요체는 최고통치권자의 강력한 결단이다. 21세기 경제전쟁의 야전사령관에 해당하는 기업 CEO도 하등 다를 게 없다. 《상군서》는 이를 독제獨制와 군단君斷으로 표현해놓았다. 난세의 정도가 심할수록 사령탑이 신속하고 단호하게 결단해야 난관을 돌파해 나갈 수 있다는 취지에서 나온 말이다.

위기 상황일수록 국가든 기업이든 사령탑의 고독한 결단을 요구하는 수위는 더 높아질 수밖에 없다. 최고통치자의 강고한 의지, 단호한 결단, 물러서지 않는 추진력은 결국 철두철미한 시스템을 준비해야만 빛날 수 있다. 위기 상황을 판단하고 작은 것부터 대비해 기본을 세운 다음 엄격하게 실행하는 리더만이 혼란을 제압하고 천하를 얻을 수 있는 것이다. 이처럼 '쾌도난마'의 고독한 결단은 난세 타개의 관건에 해당한다. 삼국시대 당시 원소와 유표劉表 등은 이를 제대로 하지 못해 패망했다.

《상군서》가 군주의 고독한 결단인 '군단'을 촉구한 것도 이런 맥락에서 이해할 수 있다. 중국의 역대 고전 가운데 처음부터 끝까지 부국강병 전략 일색인 것은 오직 《상군서》밖에 없다. 필자가 이 책을 펴낸 이유이기도 하다. 부국강병의 견인차 역할을 하는 기업 CEO를 비롯해 부국강병 업무에 종사하는 모든 사람에게 나름 도움을 주고자 한 것이다.

《상군서》에는 21세기 경제전쟁에서 최후의 승자가 되어 초일류 글로벌 기업이 될 수 있는 비결이 무궁무진하다. 부국강병의 이치를 터득해 '동북아 허브시대'를 앞당기고자 하는 모든 사람에게 이 책이 나름 도움이 되었으면 하는 바람이다.

2015년 10월 학오재學吾齋에서
저자 쓰다

차례

제1부

상황을 판단하고 변혁을 꾀한다

경법책
更法策

진나라의 혁신을 이끈 상앙의 변법

경법更法은 법을 바꾼다는 뜻으로, 이는 변법變法과 같다. 단순히 법을 바꾸는 차원이 아니라 기존의 낡은 가치와 관행을 모조리 뒤엎는 것을 말한다. 상앙은 두 차례에 걸친 대대적인 변법을 통해 서쪽 변방의 진나라를 일거에 천하무적의 강대국으로 주조해냈다. 비록 혹독한 방법으로 진행되기는 했으나 그 결과만큼은 놀라웠다. 진시황의 천하통일 기반이 이때 마련되었다고 해도 과언이 아니다. 상앙의 변법이 없었다면 서쪽 변방의 진나라가 전국시대 중엽에 문득 최강국으로 우뚝 서는 일은 없었을 것이다. 진시황이 천하통일의 주역이 되는 일도 벌어지지 않았을 것이다.

상앙이 변법을 실행할 당시 최대 걸림돌은 종실 등 귀족을 중심으로 한 기득권 세력이었다. 별다른 능력도 없이 오직 조상을 잘 둔 이유 하나만으로 고위직을 차지하는 것은 누가 봐도 불합리했다. 혈통에 의해 관작官爵을

세습하는 것을 봉건封建이라고 한다. 이런 제도가 퇴행적인 것임은 말할 것
도 없다.

상앙을 과감히 발탁한 진효공도 봉건의 폐해와 한계를 통찰하고 있었다.
그러나 변법을 강행할 경우 귀족들의 거센 반발은 불문가지였다. 진효공은
자신을 대신해 이를 떠맡을 인물이 필요했다. 그 역할을 수행한 인물이 바
로 상앙이었다.

상앙에 앞서 《오자병법吳子兵法》의 저자인 오기吳起도 초나라에서 유사한
변법을 시행한 바 있다. 그러나 오기의 변법은 강력한 후원자였던 초도왕
의 죽음을 계기로 이내 유야무야되고 말았다. 그는 비참한 최후를 맞이해
야만 했다. 상앙도 오기의 전철을 밟았다. 진효공 사후 온 몸이 찢기는 거
열형에 처해진 게 그렇다. 그러나 진나라는 초나라와 달리 상앙의 변법을
강고하게 밀고 나갔다. 진나라가 천하를 통일한 근본 배경이다. 객관적으
로 볼 때 당시 인구와 영토 등 모든 면에서 초나라가 압도적으로 유리했
다. 초나라가 오기의 변법을 그대로 밀고 나갔으면 천하통일의 주역이 되
었을 것이다. 그러나 초나라는 귀족들 세력이 워낙 막강했던 까닭에 변법
을 제대로 시행하기가 어려웠다. 최후의 결전에서 진나라 군사에게 패한
이유다.

그런 점에서 상앙의 변법은 암시하는 바가 매우 크다. 실제로 중국의 전
역사를 통틀어 변법에 성공한 사람은 오직 상앙밖에 없다. 북송 때 왕안석
王安石의 신법新法이 있었고, 현대에 들어와 모택동毛澤東의 대약진운동과 문
화대혁명으로 상징되는 혁법革法이 있었으나 모두 부분적으로만 성공했거
나 완전히 실패작으로 끝나고 말았다. 하지만 상앙의 변법은 그의 참혹한
횡사에도 꾸준히 이어져 마침내 진시황의 천하통일로 이어졌다. '변법'을
언급할 때마다 상앙을 거론하는 이유다. 21세기 현재에 이르기까지 그를

개혁 또는 혁신의 상징처럼 여기는 것도 이런 맥락에서 이해할 수 있다.

《상군서》첫 편이 〈경법〉인 것도 결코 우연으로 볼 수 없다. 〈경법〉은 진효공 4년(기원전 359)에 빚어진 변법 논쟁을 대화체 형식으로 기술해놓은 게 특징이다. 대화체는 《상군서》전 편을 통틀어 첫 편인 〈경법〉과 마지막 편인 〈정분〉밖에 없다. 시중의 해설서는 나머지까지도 상앙이 진효공에게 진언한 내용처럼 기술해놓았으나 이는 잘못이다. 진효공의 반응이 전혀 나오지 않고 있기 때문이다. 나머지 편은 상앙이 자신의 '농전' 사상을 풀이해놓은 것으로 보는 게 전후 맥락에 비춰 타당하다.

상앙과 논쟁을 벌인 대부 감룡甘龍과 두지杜摯 모두 조정대신으로 세족世族의 대표 주자에 해당한다. 두지는 《전국책戰國策》〈진책秦策〉에도 나온다. 그러나 《전국책》에 나오는 '두지'는 진효공 때의 인물이 아니다. 동명이인으로 보는 게 중론이다.

현재 상앙의 출생 배경 등과 관련한 사적은 거의 알려진 게 없다. 오직 《사기史記》〈상군열전商君列傳〉의 극히 짧은 기록만 있을 뿐이다. 그의 가계에 대해 〈상군열전〉은 위나라 공족의 서자庶子, 《염철론鹽鐵論》〈비앙非鞅〉은 평민 출신이라고 했다. 상앙은 위나라 귀족 가문 출신이기는 하나 이미 집안이 몰락해 평민이 되었을 공산이 크다. 그의 본명인 공손앙公孫鞅의 '공손'은 그가 귀족의 후예임을 시사한다.

진효공과 상앙이 만나게 된 계기는 진헌공 때까지 거슬러 올라간다. 진헌공 6년(기원전 362), 한나라와 조나라가 위나라에 선제 공격을 가했다. 위혜왕이 재상 공숙좌公叔座에게 명해 이들을 영격迎擊하게 했다. 공숙좌는 지금의 산서성 익성현인 회수澮水 북쪽에서 연합군을 격파하고 조나라 장수까지 포로로 잡았다. 당시 진헌공은 공숙좌가 대군을 이끌고 가 한조 연합군과 격돌하는 틈을 타 좌우에 명해 위나라 변경을 치게 했다. 위·조·한 등 중원의 3진三晋이 서로 다투다가 피폐해진 틈을 노린 것이다. 위혜왕은 연합군을 격파한 공숙좌에게 명해 다시 대군을 이끌고 가 이들을 영격하게 했다. 지금의 섬서성 한성현인 소량小梁에서 위나라와 진나라 군사가 격돌했다. 이번에는 위나라의 참패로 끝났다. 당시 위나라 군사는 격전을 치른 탓에 크게 피폐해 있었다. 차분히 준비해온 진나라 군사의 적수가 되지 못했다.

결국 '소량 싸움'에서 위나라 군사는 참패를 당했다. 공숙좌도 포로로 잡혔다. 공교롭게도 이 해에 진헌공이 병사했고, 그의 아들 거량渠梁이 뒤를 이어 즉위했다. 그가 바로 진나라를 천하제일의 강대국으로 만든 진효공이다. 당시 그의 나이는 21세였다. 진나라 군사는 공숙좌를 석방하고 곧바로 철군했다. 진효공은 내심 진나라가 중원의 제후국에 끼지 못하는 사실에 커다란 불만을 품고 있었다. 그는 이듬해인 즉위 원년(기원전 361) 천하의 인재를 구하는 구현령求賢令을 내렸다.

"옛날 선군 진목공은 덕을 닦고 무력을 길러, 동쪽으로 중원 진晋나라의 내란을 평정하고 황하를 경계로 삼았다. 또한 서쪽으로는 융적을 제압하고 땅을 1,000리나 더 넓혔다. 천자가 우리에게 방백方伯의 칭호를 내리자 제후들이 모두 축하했다. 후대를 위해 기업基業을 개창한 것이 참으로 빛나고 아름다웠다. 그러나 불행히도 몇 대 동안 정국이 불안정하고 국내에 우환이 있어 밖의 일을 처리할 여가가 없었다. 3진이 이 틈을 노려 하서河西를 빼앗았다. 이보다 더 큰 치욕은 없다. 선군 진헌공이 즉위한 후 도성을 약양櫟陽으로 옮기고 동쪽으로 진출함으로써 진목공 때의 고지를 회복하고 당시의 정령을 실행하고자 했다. 과인은 실지를 회복하고 정령의 본의를 밝게 드러내고자 하나 늘 부끄럽고 비통한 생각뿐이다. 빈객과 군신들 중 기이한 계책을 내어 진나라를 부강하게 할 수 있는 사람이 있으면 나에게 오라. 내가 그에게 관작을 내리고 땅도 나눠줄 것이다."

구현령이 포고되자 천하의 인재들이 구름처럼 몰려들었다. 진효공이 구현령을 포고할 당시 위나라 상국 공숙좌는 문득 병이 나 자리에 누워 있었다. 위혜왕이 문병 차 찾아와 눈물을 흘리며 물었다.

"그대가 혹여 다시 일어나지 못한다면 장차 누구에게 국사를 맡겨야 좋겠소?"

"저에게 중서자中庶子 공손앙이 있습니다. 그는 비록 나이는 어리나 천하의 기재입니다. 원컨대 군왕은 그에게 국가대사를 맡겨 처리하도록 하십시오."

'공손앙'은 상앙, 중서자는 대부의 집사를 가리킨다. 《사기》〈상군열전〉은 상앙의 활약에 대해 나름 상세히 설명해놓았음에도 그의 성장 과정만큼은 아무것도 기록해놓지 않았다. 단지 위衛나라의 서얼 출신 공자로 이름은 공손앙이었고, 어렸을 때 법가사상의 뿌리를 이루고 있는 형명학形名學을 즐겨 익혔다는 게 기록의 전부다. 형명학은 병가와 법가 사상이 분화되기 이전의 학문을 말한다. 형명形名을 신상필벌을 뜻하는 '형명'으로도 쓴다. 법가사상가들이 엄한 법치에 근거한 형벌을 크게 중시한 점을 드러낸 결과다.

상앙이 공숙좌의 가신으로 있을 당시 통상 위앙衛鞅으로 불렸다. 중원의 소국 출신이라는 사실을 드러낸 것이다. '상앙'이라는 명칭은 그가 훗날 진효공 밑에서 대공을 세워 상어商於 땅을 하사 받은 데서 시작됐다. 민국시대의 사학자 전목錢穆은 《선진제자계년고변先秦諸子系年考辨》에서 상앙의 출생 시점을 기원전 390년으로 추정했다. 이를 기준으로 할 경우 상앙은 20세가 되는 기원전 370년 전후로 공숙좌를 찾아갔을 공산이 크다. 사마천은 《사기》〈상군열전〉에서 당초 상앙이 만나고자 한 사람은 공숙좌가 아니라 위나라 상국으로 있던 전문田文이었다고 기록해놓았다. 통상 전문은 전국시대 말기 이른바 '전국4군戰國四君'의 우두머리로 불린 제나라 상국 맹상군孟嘗君을 말한다. 위나라 상국으로 있던 전문과 동명이인이다.

공교롭게도 상앙이 위나라로 갔을 때 전문은 이미 죽고 없었다. 상앙은 뒤를 이어 위나라 상국이 된 공숙좌 휘하로 들어갔다. 공숙좌는 상앙을 만나 몇 마디 말을 나누고는 그가 천하의 기재奇才인 것을 알고 곧 속관으로 삼았다. 공숙좌는 큰일이 있을 때마다 반드시 상앙과 상의했다. 모든 일이 상앙이 말한 바대로 이루어졌다. 그러나 공숙좌는 상앙을 위혜왕에게 적극 천거하지 않고 자신의 휘하에만 두고 그의 지략을 활용했다.

위혜왕이 임종 시점에서 공숙좌가 상앙을 적극 천거했음에도 이를 수용치 않은 근본 배경이 여기에 있다. 아무리 공숙좌를 총애할지라도 상앙이 어떤 인물인지 전혀 모르는 상황에서 공숙좌의 천거를 덜컥 수용키는 어려웠다. 훗날 사마광司馬光은 《자치통감資治通鑑》에서 상앙을 중용하지 않은 위혜왕을 크게 비판해놓았으나 이는 지나치다. 엄밀히 따지면 1차적인 책임은 공숙좌에게 있다. 자리에 눕기 훨씬 전에 위혜왕에게 적극 천거하는 게 옳았다. 예로부터 군왕을 지근거리에서 보필하는 재상의 가장 큰 임무 가운데 하나가 바로 인재의 천거다. 전후과정을 거두절미한 채 위혜왕만 탓하는 것은 형평성을 잃은 것이다. 당시 공숙좌는 위혜왕이 아무 대답도 하지 않자 다시 이같이 간했다.

"만일 그를 채용하지 않을 생각이면 반드시 그를 죽여 국경을 넘지 못하게 해야 합니다."

위혜왕이 마지못해 대답했다.

"그리하도록 하겠소."

이는 임종을 앞둔 공숙좌에 대한 배려에 지나지 않았다. 실제로 위혜왕은 수레를 타고 궁으로 돌아오는 도중 이같이 탄식했다.

"공숙좌의 병이 매우 심하다. 과인에게 국사를 공손앙에게 맡기라고 부탁하고는 다시 그를 죽이라고 권하니 이 어찌 사리에 어긋나는 일이 아니겠는가? 참으로 슬픈 일이다!"

당시 공숙좌는 위혜왕이 환궁하기 위해 밖으로 나가자 이내 상앙을 병상 곁으로 불러 이같이 권했다.

"나는 위나라의 신하로 먼저 위왕을 생각할 수밖에 없었다. 그래서 쓰지 않을 양이면 그대를 죽이라고 했다. 내가 보건대 위왕은 그대를 쓸 것 같지 않다. 속히 달아나도록 하라."

상앙이 대답했다.

"위왕이 천거하는 말을 듣고도 저를 임용하지 않았는데 어찌 저를 죽일 리 있겠습니까?"

그러고는 끝내 달아나지 않았다. 사람의 언행을 보고 그 속셈을 읽는 췌마술揣摩術이 간단하지 않았음을 방증한다. 당시 위혜왕은 상앙을 잘 아는 공자 앙卬의 진언에도 끝내 그의 말을 듣지 않았다.

얼마 후 공숙좌가 죽자 상앙이 곧바로 서쪽 진나라로 갔다. 그는 진효공이 구현령求賢令을 내려 천하의 인재를 구하고 있다는 사실을 이미 알고 있었다. 이를 두고 사마광은 《자치통감》에서 이같이 평해놓았다.

진나라는 진효공이 상앙을 맞아들인 이후 날로 강해지고 위나라는 날로 영토가 줄어들게 되었다. 이는 공숙좌가 어리석었기 때문이 아니라 위혜왕이 어리석었기 때문이다. 어리석은 자의 가장 큰 우환은 실로 어리석지 않은 자를 어리석은 자로 여기는 데 있다.

사마광은 공숙좌의 잘못은 제쳐놓은 채 위혜왕에게 모든 책임을 뒤집어

씌운 셈이다. 상앙과 같이 뛰어난 인물이 있었다는 사실을 위혜왕에게 적극 알려 중용하도록 하지 못한 것은 공숙좌의 잘못이다.

재정부터 튼튼히 관리하라

당시 상앙은 진나라에 당도하자마자 먼저 진효공의 총신인 대부 경감景監을 찾아갔다. 경감도 상앙이 뛰어난 인물이라는 것을 곧바로 알아챘다. 이내 궁궐로 들어가 진효공에게 상앙을 천거했다.《사기》〈상군열전〉에 따르면 진효공이 크게 기뻐하며 즉시 상앙을 불렀다. 인사를 나누자마자 곧바로 치국평천하의 방략을 물었다. 상앙은 먼저 최상의 치도인 도가의 제도帝道부터 이야기했다. 진효공은 상앙의 말이 다 끝나기도 전에 꾸벅꾸벅 졸기 시작했다. 이튿날 경감이 궁궐로 들어가자 진효공이 힐난했다.

"그대가 천거한 사람은 쓸데없는 말만 하는 사람이오. 어찌하여 과인에게 그러한 사람을 천거한 것이오?"

경감이 집으로 돌아와 상앙에게 물었다.

"내가 군주에게 선생을 천거했는데 어찌하여 쓸데없는 이야기만 한 것이오?"

상앙이 대답했다.

"나는 '제도'를 설명했으나 군주는 그 뜻을 못 알아들었습니다. 청컨대 다시 한 번 군주를 배견하게 해주십시오."

'제도'는 태평천하에서 구사할 수 있는 치도다. 난세의 시기에 보위에 올라 3진에게 잃어버린 땅을 되찾고 동쪽으로 진출해 중원의 패권을 차지하려고 한 진효공에는 아무 소용이 없었다. 실제로 당시 상황에서 '제도'의 이치를 통찰할 수 있는 군주는 거의 전무했다. 설령 진효공이 이를 이해하고 있었다 할지라도 그는 심정적으로 매우 조급했다.

닷새 뒤 경감의 주선으로 상앙이 다시 진효공을 배견하게 되었다. 이번에는 상나라 탕왕과 주나라 무왕이 덕으로써 민심을 수습해 나라를 세운 왕도王道를 자세히 설명했다. '제도'를 이야기할 때보다는 진효공의 반응이 훨씬 나아졌으나 그는 시종 시무룩한 표정을 떨치지 않았다. 상앙이 물러나오자 경감이 물었다.

"오늘은 무슨 말씀을 드렸소?"

"이번에는 왕도를 설명했습니다. 그러나 군주는 그 뜻을 못 알아들었습니다. 군주는 왕도가 마음에 들지 않는 듯합니다."

진효공의 입장에서 볼 때 '왕도' 또한 '제도'와 마찬가지로 비현실적인 방안이었다. 실제로 전국시대 중기에 왕도를 행하는 것은 자칫 송양지인宋襄之仁의 우를 범할 소지가 컸다. 더구나 마음이 바쁜 진효공이 왕도에 시큰둥한 반응을 보인 것은 당연했다. 경감이 힐난하자 상앙이 다시 한 번 청했다.

"이제는 군주가 무엇을 좋아하는지 알았으니 다시 한 번만 만나게 해주십시오. 이번에는 패도霸道를 논해 틀림없이 군주의 뜻에 맞출 것입니다."

상앙이 경감의 주선으로 다시 진효공을 만날 수 있었다. 그가 패도를 자세히 설명해주었다.

"옛날 관중管仲은 제나라 상국이 되어 군령으로 정치를 했습니다. 당시 백성들은 크게 반발했으나 제나라가 크게 다스려지고 제후들이 순종하자 비로소 관중이 자신들을 위한 큰 계책을 세웠다는 사실을 깨닫게 되었습니다. 무릇 패도의 길은 이처럼 처음에는 민심과 역행할 수밖에 없습니다. 이는 주어진 상황이 제도와 왕도를 허용하지 않기 때문에 불가피한 것이기도 합니다. 제도와 왕도는 가히 태평성세에는 쓸 수 있습니다. 그러나 난세에는 치도의 지극한 이치를 터득하기 전에는 함부로 쓸 수 없는 것이기도 합니다."

진효공이 고개를 끄덕이기는 했으나 상앙을 채용할 뜻을 밝히지는 않았다. 상앙이 밖으로 나가자 진효공이 경감에게 말했다.

"그대의 빈객은 매우 뛰어난 인물이오. 가히 더불어 이야기할 만하오."

경감이 상앙에게 이 말을 전하자 상앙이 말했다.

"제가 이번에는 패도를 논하자 군주는 이를 적극 수용할 기색을 보였습니다. 다음에는 분명히 먼저 저를 부를 것입니다."

과연 얼마 후 진효공이 상앙을 다시 불렀다. 진효공이 공손한 태도로 청했다.

"그대에게 진실로 관중과 같은 재주가 있다면 과인은 그대에게 국사를 모두 맡길 것이오. 그러나 패업을 성취하는 길이 무엇인지 정확히 알 길이 없으니 한 번 자세히 말해주시오."

상앙이 대답했다.

"나라 재정이 튼튼해야 비로소 군사를 쓸 수 있습니다. 또 군사를 쓸지라도 군사가 강해야만 적을 무찌를 수 있습니다. 나라 재정을 튼튼히 하려면 증산에 온 힘을 기울여야 합니다. 군사를 강하게 하려면 후한 상을 내걸고 장병들을 독려해야 합니다. 백성들에게 나라가 추구하는 바를 정확히 일러주고 상벌을 분명히 해야 합니다. 그래야만 정령이 차질 없이 시행되어 재정을 튼튼히 하고 강군을 육성할 수 있는 것입니다. 그러고도 부강하지 않은 나라를 신은 일찍이 보지 못했습니다."

"옳은 말이오. 과인은 감히 그대의 말을 좇도록 하겠소."

상앙이 이어 말했다.

"무릇 부강하고자 하면 반드시 먼저 그 일에 적합한 사람을 얻어야 합니다. 비록 적임자를 얻었을지라도 오로지 그에게 모든 일을 맡겨야 합니다. 비록 모든 일을 맡겼을지라도 좌우의 참언에 귀를 기울여서는 안 되고 전적으로 그를 신뢰해야만 합니다."

"그리하도록 하겠소."

《사기》〈상군열전〉은 이후 두 사람의 문답은 3일 동안 계속되었으나 진효공이 조금도 피로한 기색을 보이지 않았다고 기록해놓았다. 제환공이 관중을 만나 천하 경영의 방략을 들을 때의 모습과 사뭇 닮았다. 당시 상앙이 사흘 만에 궁에서 나오자 경감이 상앙의 소매를 잡으며 물었다.

"그대는 무슨 재주가 있어 군주의 마음을 사로잡은 것이오? 군주가 그토록 기뻐하는 모습은 일찍이 본 적이 없소."

상앙이 대답했다.

"제가 군주를 만나 제도와 왕도, 패도를 차례로 언급했습니다. 그러자 군주가 말하기를 '그것은 너무 시간이 오래 걸리는데다 과인이 좋아서 할 수도 없소'라고 했습니다. 그래서 제가 부강한 나라가 될 수 있는 강도彊道를 이야기하자 군주가 마침내 크게 기뻐한 것입니다."

강도는 무력으로 상대방을 제압하는 법가와 병가의 치도다. 병가와 법가 사상이 만나는 지점이기도 하다. 강도의 요체는 부국강병에 있다. 상앙의 변법이 일하며 싸우는 농전에 초점을 맞춘 배경이다. 이는 실지를 회복하고 동쪽으로 진출하고자 한 진효공의 의중과 정확히 맞아 떨어졌다. 실제로 상앙으로부터 '강도'의 방략을 자세히 전해들은 진효공은 상앙을 곧바로 참모로 삼았다.

당시 상앙이 볼 때 진나라는 대대적인 혁신을 하지 않고는 중원 진출은 커녕 이내 3진의 먹이가 되기 십상이었다. 현상 유지를 꾀하는 세족들의 뿌리가 그만큼 깊었다.

그가 진효공을 보필한 지 2년이 되는 해에 비로소 변법을 시행하게 된 이유다. 그가 마련한 변법은 세족은 물론 일반 백성들도 크게 반발할 수밖에 없는 내용으로 꾸며져 있었다. 자칫 시행해보기도 전에 좌절할 위험성이 컸다. 상앙도 이를 잘 알고 있었다. 군주의 강력한 추진력이 뒷받침되지 않으면 실시하지 않는 것만도 못했다. 그는 이를 시행하기 직전에 먼저 진효공을 만났다.

《상군서》〈경법〉은 당시의 일화를 실어놓은 것이다. 《사기》〈상군열전〉의 내용과 거의 같다. 결국 진효공은 상앙의 손을 들어주었다. 이후 황무지 개간을 독려하는 간초령墾草令이 발표된 배경이 여기에 있다. 두 사람의 만남을 명군과 현신의 만남으로 평하는 이유다. 진시황의 천하통일 기반이 이때 마련됐다고 해도 과언이 아니다. 〈경법〉은 황무지 개간이 제1차 변법 때 진행된 것처럼 기록해놓았으나 사실 이는 제2차 변법 때 시행된 것이다. 후대인이 《사기》 등을 참조해 《상군서》〈경법〉을 편제할 때 이를 착각한 것으로 짐작된다.

시대의 흐름을 간파하라

춘추시대는 기본적으로 진문공이 제환공의 뒤를 이어 사상 두 번째로 패업을 완성한 후 수백 년 동안 중원의 패자를 자처해온 진晉나라와 남방의 강국 초나라가 대립하는 남북 대립 구도로 전개되었다. 그러나 진나라가 3분되는 전국시대 초기에 들어와 이 구도가 해체됐다. 진秦나라가 강대국으로 부상하기 전까지 반세기가 약간 넘는 전국시대 초기의 기간은 위문후라는 명군을 맞이한 위나라를 빼고는 올망졸망한 열국이 서로 다투는 이른바 무패無霸의 시대에 가까웠다. '무패' 구도가 깨진 것은 바로 진나라가 진효공 때 상앙의 변법을 이용해 천하를 호령하게 되면서부터였다.

진나라가 진효공 때에 들어와 천하제일의 강국으로 우뚝 설 당시, 중원의 패권을 놓고 진효공과 다툰 나라는 동쪽의 제나라였다. 남북대립을 대신한 동서대립의 구도는 진시황이 천하통일을 이루는 전국시대 말기까지 약 100 년 동안 지속됐다. 전국시대에 들어와 남북대립이 동서대립으로 바뀌게 된 데는 초나라의 피폐도 크게 기여했다.

진효공 24년(기원전 338), 상앙의 변법을 뒷받침한 진효공이 갑자기 병사했다. 당시 객관적으로 볼 때 진효공의 신임이 두터울수록 상앙은 진효공 사후 횡사할 가능성이 높았다. 중국의 역사를 개관해보면 뛰어난 지략을 지닌 기려지신羈旅之臣(타국 출신의 대신)은 모두 거의 예외 없이 오기 및 상앙처럼 비참한 최후를 맞았다.

가장 큰 이유는 후계자와의 갈등이다. 불행하게도 상앙 역시 이 도식에서 벗어나지 못했다. 초나라는 일찍이 초도왕의 죽음을 계기로 일거에 '기려지신'인 오기의 변법을 물거품으로 만든 바 있다. 이는 초나라에 치명타로 작용했다.

상앙의 변법 역시 여러 면에서 오기의 변법과 닮아 있었다. 두 사람 모두 기득권 세력인 세족을 가차 없이 권력 일선에서 배제했다. 세족이 앙심을 품을 것은 불문가지다. 진효공의 뒤를 이어 진혜문왕秦惠文王으로 즉위한 태자 사駟는 상앙으로부터 받은 수모를 결코 잊지 않고 있었다. 그는 즉위할 때 공公을 칭했으나 재위 도중 호칭을 '왕'으로 바꾼 데서 알 수 있듯이 군권君權의 확립에 남다른 관심을 기울였다. 후대의 사가들은 통상 그를 '진혜문공' 대신 '진혜문왕'으로 칭했다.

상앙의 변법 조치에 불만을 품었던 기득권 세력은 진혜문왕이 즉위하자

마자 곧바로 진혜문왕을 찾아가 상앙을 헐뜯기 시작했다. '의형'과 '묵형'을 당한 태자의 사부 공자 건虔과 공손 가賈가 가장 적극적이었다.

"대신의 권세가 너무 크면 나라가 위태롭고, 자신을 수종하는 좌우의 권세가 크면 자신의 신세를 망친다고 했습니다. 상앙이 비록 법을 세워 진나라를 다스렸습니다만 백성들이 원망하기를, '진나라에는 상앙만이 있을 뿐 국법은 없다'고 합니다. 지금 상앙은 15개 성읍을 식읍으로 갖고 있는데다가 병권까지 쥐고 있어 권세에서 그를 따를 사람이 없습니다. 머지않아 반드시 난을 일으키고야 말 것입니다."

이튿날 진혜문왕이 좌우에 명했다.

"상앙에게 가서 상국의 인印을 반납하라는 과인의 명을 전하라."

상앙이 할 수 없이 궁으로 들어가 상국의 인을 바치고 물러나왔다. 이 또한 상앙이 신중하지 못했음을 반증한다. 무함誣陷이 들어가기 전에 스스로 상국의 인을 반납하고 병권을 내놓는 게 도리였다. 결국 그는 곧바로 모반의 무함을 뒤집어쓰게 되었다. 이제는 다른 나라로 망명하거나 반기를 드는 것 이외에는 달리 방법이 없었다. 결국 그는 도주하기로 했다.

함양성을 떠나 100여 리쯤 갔을 때 문득 뒤에서 함성소리가 들렸다. 불만을 품고 있던 백성들도 들고 일어난 것이었다. 상앙은 황급히 관과 옷을 벗어던지고 달아났다. 함곡관에 이르렀을 때는 이미 해가 저물어 있었다. 상앙이 객점客店으로 들어가자 객점 주인이 물었다.

"신분증을 보여주시오."

"떠날 때 깜박 잊고 가지고 오지 않았소."

"그대는 상군商君의 법을 아시오. 신분증이 없는 자를 재우면 재워준 사람까지 참형을 당하게 되어 있소."

상앙이 탄식했다.

"내가 만든 법에 내가 걸려들 줄이야 어찌 알았겠는가!"

야음夜陰을 이용해 관문을 벗어난 그는 곧바로 위나라를 향해 도주했다. 《사기》〈상군열전〉에 따르면 상앙이 위나라 관문에 당도하자 위나라 관원이 이 사실을 급히 조정에 보고했다. 상앙으로 인해 도성을 대량까지 옮기게 된 위혜왕이 일갈했다.

"그자는 지난날 공자 앙을 유인해 서하 땅을 빼앗아 간 자가 아닌가. 내가 어찌 그자를 잊을 리 있겠는가. 즉시 그를 밖으로 내쫓도록 하라."

상앙은 식읍인 상어로 돌아와 반기를 들었다. 무리를 이끌고 북쪽으로 진격해 지금의 섬서성 화현華縣 부근인 정현鄭縣을 쳤다. 그러나 그는 오기와 달리 병법가가 아니었다. 진나라 대군이 몰려와 상앙 일당을 일거에 격멸하고 곧 상앙을 체포했다. 함양으로 압송되자 진혜문왕이 상앙의 죄목을 열거한 뒤 곧바로 거열형에 처했다. 일족이 저자에서 도륙된 것은 말할 것도 없다.

사마천은《사기》〈상군열전〉에 상앙의 비참한 최후를 예언한 유생 조량趙良에 관한 일화를 실어놓았다. 이에 따르면 상앙이 '상군'이 되어 10년 동안 진나라의 상국으로 있을 때 맹란고孟蘭皋라는 사람을 통해 조량을 알게 됐다. 상앙이 청했다.

"장차 선생과 친교를 맺고자 하는데 가능하겠소?"

조량이 말했다.

"저는 불초한 사람입니다. 자리에 어울리지 않는 사람이 자리에 앉아 있는 것을 탐위貪位, 명성에 어울리지 않는 사람이 칭송을 받는 것을 탐명貪名이라고 합니다. 상국의 명을 받아들이는 것은 곧 '탐위탐명'에 해당합니다. 그래서 감히 명을 받아들일 수 없습니다."

상앙이 물었다.

"선생은 내가 진나라를 다스리는 게 잘못됐다고 생각하는 것이오?"

"스스로를 낮추며 겸양하는 사람이 총명한 사람입니다. 이를 모른다면 저에게 물을 게 없습니다."

상앙이 얼굴을 붉히며 다시 물었다.

"선생이 보기에 진목공 때 상국을 지낸 백리해百里奚와 지금의 나를 비교할 때 누가 더 진나라를 잘 다스렸다고 생각하는 것이오?"

조량이 대답했다.

"백리해는 6~7년 동안 상국으로 있으면서 동쪽으로 정나라를 치고, 이웃한 진晉나라 군주를 세 번이나 옹립했고, 초나라에 닥친 화란을 구했습니다. 아무리 피곤해도 앉는 수레를 타지 않았고 더워도 덮개를 덮지 않았습니다. 나라 안을 시찰할 때 수종하는 수레도 없었고, 무기도 소지하지 않았습니다. 그가 죽자 남녀 모두 눈물을 흘렸습니다. 그러나 지금 상국은 출행할 때면 힘이 센 자들이 함께 수레에 올라타 호위하고, 창과 칼을 든 위사衛士들이 수레를 타고 좌우를 호위합니다. 어느 하나라도 갖춰지지 않으면 출행하지 않습니다.

지금 그대의 처지는 마치 아침이슬과 같이 위험하기 짝이 없습니다. 상어 땅의 부를 탐하면서, 진나라의 정사를 멋대로 행하니 백성들의 원망이 더욱 깊어지고 있습니다. 만일 진나라 군주가 하루아침에 죽게 되면 진나라 사람들 중 그대를 잡아들이려는 사람이 어찌 한둘이겠습니까? 상국이 패망할 날이 불원간 닥칠 것입니다."

그러나 상앙은 이를 듣지 않았다. 이상이 《사기》〈상군열전〉에 나온 조량과 관련한 일화다. 이는 물론 후대인이 만들어낸 것이기는 하나 당시 상앙이 과도한 자부심에 빠져 있었을 가능성을 시사하고 있다. 그는 뛰어난 지략에도 불구하고 '공성신퇴功成身退'의 이치를 깨닫지 못했다고 해석할 수밖에 없다.

그럼에도 그가 실시한 변법만큼은 높이 평가하지 않을 수 없다. 실제로 진혜문왕도 그의 변법을 무효화하는 식의 어리석은 짓은 하지 않았다. 당시 천하 정세는 새로운 시대에 부응하는 일대 혁신을 요구하고 있었다. 초나라는 오기 사후 오히려 일련의 변법을 모두 무효화하는 반동을 행했다. 이에 반해 진나라는 상앙의 변법을 폐기하지 않고 지속적으로 추진함으로써 마침내 천하통일의 주역이 되었다고 평할 수 있다. 제1부의 주제를 관통하는《상군서》〈경법〉의 원문을 살펴보자.

진효공이 치국의 책략을 의논할 때 상앙, 감룡, 두지 등 세 명의 대부가 진효공을 모시고 있었다. 세상사의 변화를 고려하고, 법을 바르게 하는 근본을 논하고, 백성을 부리는 방법을 연구했다. 진효공이 말했다.

"선조의 대물림으로 즉위해 종묘사직을 잊지 않는 것은 군주의 도리다. 법을 시행해 백성들에게 군주의 권위를 세우기에 힘쓰는 것은 신하가 할 일이다. 이제 내가 법을 바꾸는 변법變法으로 다스리고, 예제를 바꾸는 경례更禮로 백성을 교화하고자 한다. 천하 사람들이 나를 비난할까 두렵다."

상앙이 건의했다.

"신이 듣건대 '확신 없는 행동은 성공할 수 없고, 확신 없는 사업은 성과가 없다'고 했습니다. 군주는 변법의 생각을 급히 결정하고, 세상 사람의 비난에 대해서는 신경 쓰지 마십시오. 남들보다 뛰어난 행동을 하는 사람은 반드시 백성에게 비웃음을 당하게 마련입니다.

속담에 이르기를, '우직한 자는 이미 이루어진 일에 대해서도 어둡고, 지혜로운 자는 일의 발단이 싹트기도 전에 미리 알아차린다. 백성은 시작을 함께 할 수는 없지만 성취한 공은 함께 즐길 수 있다'고 했습니다. 곽언郭彦의 법에도 '지고한 덕을 논하는 자는 세속과 타협하지 않고, 큰 공을 세우는 자는 많은 사람과 상의하지 않는다'고 했습니다. 법은 백성을 사랑하는 방법이고, 예는 정사를 편히 처리하는 방법입니다. 성인은 나라를 강하게 할 수 있으면 옛날의 법을 모범으로 삼지 않고, 백성을 이롭게 할 수 있다면 옛날의 예를 좇지 않습니다."

진효공이 동조했다.

"좋은 말이오."

감룡이 반대했다.

"그렇지 않습니다. 신이 듣건대 '성인은 백성들의 풍속을 바꾸지 않고, 지혜로운 자는 법을 바꾸지 않고 다스린다'고 했습니다. 백성들을 그들의 풍속에 따라 교화하면 힘들이지 않고 공이 이뤄집니다. 지금의 법에 근거해 다스리면 관원도 익숙하고, 백성도 편안합니다. 만일 법을 고쳐 진나라의 옛 법을 따르지 않고 예를 바꿔 백성을 교화하면 신은 천하 사람들이 군주를 비난할까 두렵습니다. 바라건대 깊이 살피십시오."

상앙이 말했다.

"그대가 말하는 것은 세속의 말이오. 무릇 평범한 사람은 옛 습관에 안주하고, 공부하는 사람은 그들의 견문에 얽매입니다. 이 두 부류는 관직에 머물며 법을 지키게 할 수는 있지만 법 이외의 것에 대해 함께 논의할 수 있는 자들은 아닙니다. 하나라와 은나라 및 주나라는 비록 예제는 달랐지만 왕업王業을 이뤘고, 춘추5패春秋五霸는 비록 법제는 같지 않았지만 패업霸業을 이뤘습니다. 지혜로운 자는 법을 만들고, 어리석은 자는 법에 구속됩니다. 현명한 자는 예를 고치고, 불초한 자는 예에 구속됩니다. 예에 구속되는 자는 일을 같이 상의할 수 없고, 법에 제압되는 사람은 변법을 같이 논할 수 없습니다. 군주는 주저하지 마십시오."

두지가 반대했다.

"신이 듣건대 '100배의 이익이 되지 않으면 법을 고치지 않고, 10배의 효과가 나지 않으면 기물을 바꾸지 않는다'고 했습니다. 또 '옛 법제를 모범으로 삼으면 허물이 없고, 옛 예제를 준수하면 어그러짐이 없다'고 했습니다. 군주는 가히 이를 도모할 만합니다."

상앙이 말했다.

"과거의 왕조들은 정교政敎가 같지 않으니 어느 조대를 본보기로 삼아야 합니까? 제왕은 과거의 것을 되풀이하지 않았으니 누구의 예를 따라야 합니까? 복희씨와 신농씨는 백성들을 교화하되 벌하여 죽이지 않았고, 황제와 요순은 벌하여 죽이는 일은 했으되 과도하게 행하지는 않았습니다. 주나라의 문왕과 무왕에 이르러 각기 시세에 맞춰 법을 만들고, 사리에 근거해 예를 정했습니다. 예와 법은 시세에 맞춰 확정하고, 제도와 명령은 각기 관련 사안에 부합하고, 무기와 장비는 각기 쓰기에 편해야 합니다.

그래서 신이 말하기를 '천하를 다스리는 데는 한 가지 방법만 있는 것도 아니고, 나라를 이롭게 하는 데는 반드시 옛날을 본받아야 하는 것도 아니다'라고 한 것입니다. 은나라 탕왕과 주나라 무왕의 왕업은 옛 법을 준수하지 않았기에 흥성할 수 있었고, 하나라와 은나라의 패망은 예제를 바꾸지 않았기에 그리된 것입니다. 옛 법을 반대하는 자를 반드시 비난할 것도 없고, 옛 예제를 준수하는 자를 크게 잘한다고 칭찬할 것도 없습니다. 군주는 더 이상 괘념하지 마십시오."

진효공이 상앙의 손을 들어주었다.

"그 말이 옳소. 내가 듣건대 궁벽한 거리에 사는 사람은 식견이 좁아 기이하게 여기는 게 많고, 편견을 가진 사람은 논쟁을 많이 한다고 들었소. 우직한 자가 비웃으면 지혜로운 자는 그것을 슬퍼하고, 분별없는 자가 즐거워하면 현명한 자는 그것을 애도하오. 세속의 편견에 얽매여 의논하는 것에 과인은 미혹되지 않을 것이오."

마침내 황무지 개간을 독려하는 간초령을 발표했다.

제1장

장애물부터 없앤다

거강술去彊術

간사한 자를 구별하라

거강去彊은 법령에 굴복하지 않는 억세고 사나운 자를 없앤다는 의미다. 효율적인 부국강병 달성 방안으로 제시한 편으로, 중형으로 범법의 가능성을 최소화하고 포상의 남발을 억제해 농전으로 유도하는 중벌소상 방안을 비롯해, 나라를 좀먹는 여섯 가지 해악인 6슬六蝨의 제거 방안 등이 집중 거론되고 있다. 뒤에 나오는《상군서》〈설민〉과〈약민〉은〈거강〉에 대한 해설의 성격을 띠고 있기에,〈거강〉의 취지가 그만큼 중요하다.

  유가의 덕목을 실천하는 선민善民(선인)과 법가의 법치를 준수하는 간민姦民(간인)의 대비는《상군서》〈설민〉과〈획책〉에도 거듭 나온다.〈획책〉에서는 일을 하지도 않으면서 밥을 먹고, 녹봉을 받지 않고도 부유하고, 관직도 없이 권세를 떨치는 자를 '간민'이라고 했다. 그러나〈거강〉과〈설민〉에서는 '간민'을 임용하면 오히려 나라가 더 부강해진다고 주장했다. 같은 간姦

인데도 그 의미가 하늘과 땅만큼의 차이가 있다.

〈획책〉의 '간민'은 법가에서 말하는 간사한 백성이고, 〈거강〉과 〈설민〉의 '간민'은 유가에서 말하는 간사한 인물을 뜻한다. 상앙이 유가에서 말하는 '선민'을 임용할 경우 그 나라는 이내 패망할 수밖에 없다고 주장한 논거는 무엇일까? 그는 〈설민〉에서 이같이 주장했다.

> 유가에서 말하는 선인을 임용하면 백성들은 그들의 친족을 사랑하고, 간인을 임용하면 백성들은 나라의 법제를 따른다. 선인을 표창하면 백성들의 죄과가 숨겨지고, 간인을 임용하면 죄과가 드러나 죄인이 처벌을 받게 된다. 죄과가 숨겨지면 백성들이 법을 따르지 않고, 죄과가 드러나 죄인이 처벌을 받으면 법제가 백성들 사이에 차질 없이 통용된다. 백성이 법을 따르지 않으면 나라가 혼란해지고, 법제가 백성들 사이에 차질 없이 통용되면 군사력이 강해진다. "선인을 임용해 다스리면 반드시 혼란해져 약하게 되고, 간인을 임용해 다스리면 반드시 잘 다스려져 강하게 된다"고 말하는 이유다.

〈거강〉과 〈설민〉의 선善은 인의 등의 유가 덕목을 지칭하고, 간姦은 남의 잘못을 고발하는 행위를 뜻한다. 유가에서 볼 때는 간사한 자에 지나지 않으나 법가의 입장에서 볼 때 법을 준수하며 법치를 보장하는 자에 해당한다. '선민'과 '간민'에 대한 해석이 정반대다. 《상군서》에 나오는 왕국王國과 왕자王者의 개념도 마찬가지다. 《맹자孟子》는 덕치를 실행하는 사람을 '왕자'로 규정하면서 무력을 배경으로 한 패자霸者를 질타하고 있다. 그러나 《상군서》는 패자를 '왕자'로 표현하면서 덕치를 행하는 자를 '약자弱者' 또는 영토가 깎이는 '삭자削者'로 표현해놓았다. 왕자와 패자를 동일시한 결과다. 이는 왕자와 패자를 종이 한 장 차이 정도로 간주한 관중 및 순자의 입장과 유사한 것이다. 《관자》와 《순자荀子》는 《맹자》와 달리 왕패병중王覇幷重의 입장에 서 있다.

《논어》 〈자로子路〉에 '선민'과 '간민'에 대한 유법가의 해석 차이를 선명히 보여주는 일화가 나온다. 공자의 나이 64세가 되는 기원전 489년, 천하유세 도중 공자가 잠시 초나라의 섭葉 땅에 머물게 되었다. 당시 이곳을 다스리는 초나라 지방장관 섭공葉公인 심제량沈諸梁은 뛰어난 현대부로 명성이 높았다. 공자와 섭공 모두 상대방에 대한 이야기를 많이 들었으나 서로 만난 적은 없었다.

하루는 공자의 제자 자로가 공자에 앞서 먼저 섭공을 만나게 되었다. 섭공이 자로에게 공자에 대해 물었으나 자로가 제대로 대답하지 못했다. 자로의 보고를 들은 공자가 힐난했다.

"너는 어찌하여 '그 사람됨이 발분發憤하여 먹는 것조차 잊고, 즐거워하여 근심조차 잊은 까닭에 늙는 것이 장차 이르게 되는 것조차 모른다'라는 식으로 말하지 않았느냐?"

결국 공자는 섭공을 만나게 되었다. 《논어》 〈자로〉에 따르면 섭공이 먼저 정치에 대해 물었다. 공자가 대답했다.

"가까이 있는 자들은 기뻐하게 만들고, 먼 곳에 있는 자들은 가까이 다가오도록 만드는 것입니다."

덕치를 역설한 셈이다. 이를 두고 훗날 주희는 "은택을 입으면 기뻐하고 그 소문을 들으면 오게 된다. 그러나 반드시 가까이 있는 자들이 기뻐한 뒤에야 먼 곳에 있는 자들이 오는 것이다"라고 풀이했다. 공자가 말한 취지에 부합한다.

문제는 그다음이다. 섭공이 공자에게 말했다.

"우리 초나라에 직궁直躬이라는 자가 있습니다. 아비가 남의 양을 몰래 끌고 가자 아들이 이를 증언했습니다."

'직궁'을 사람 이름으로 보는 경우도 있으나 단순히 정직한 자를 뜻하는 것으로 보는 견해도 있다. 섭공의 이야기를 들은 공자가 곧바로 반박했다.

"우리 무리에 있는 정직한 자는 그와 다릅니다. 아비는 자식을 위해 숨기고, 자식은 아비를 위해 숨겨줍니다. 정직함이 바로 그 안에 있습니다."

《상군서》〈설민〉에서 말하는 '선인'과 '간인'에 대한 유법가의 해석 차이가 선명하게 드러나는 대목이다. 섭공은 법가의 입장에서 법치를 역설한 것이고, 공자는 유가의 입장에서 덕치를 강조한 결과다. 공자는 부친의 횡령 행위를 증언한 직궁을 '간인'으로 간주하며 이른바 부위자은父爲子隱과 자위부은子爲父隱을 역설했다. 친족 내의 사안이므로 자식은 부모를, 부모는 자식을 감싸야 한다는 취지다. 이는 공자가 《논어》〈자로〉에서 역설한 부자상은父子相隱의 이치를 반영한 것이다.

훗날 성리학자들은 이를 토대로 '효'를 '충'보다 앞서는 것으로 해석했다. 그러나 이는 '부자상은'을 언급한 공자의 기본 취지와 어긋난다. 기본적으로 자식의 부친에 대한 고발은 '충'과 '효'의 충돌에 해당한다. 이 일화에서 문제가 된 것은 횡령 대상이 된 양 한 마리다. 국가 차원에서 볼 때 양 한 마리를 훔친 부친에 대한 자식의 고발은 소충小忠에 해당한다. 국가공동체의 붕괴를 초래하는 모반 혐의의 부친을 고발하는 대충大忠과 질적인 차이가 있다. 가족 또는 향리 차원에서 볼 때 자식이 부친의 잘못을 관가에 고발하는 것은 불효不孝다. 국가가 법치를 관철하기 위해 '소충'을 권장하며 불효를 조장할 경우 가족과 마을 공동체는 이내 파탄을 면치 못하게 된다. 이는 궁극적으로 국가 혼란으로 이어질 수밖에 없다.

공자가 '자위부은'을 언급한 기본 취지가 바로 여기에 있다. 결코 절도와 횡령 등의 범죄를 묵인하고자 한 게 아니다. 《논어》를 관통하는 기본 이치에 비춰볼 때 공자도 섭공과 마찬가지로 국가공동체의 존속을 가족공동체 위에 올려놓았다. 관중의 업적을 언급하면서 중원과 이적夷狄을 대비시킨 게 그 실례다. 성리학자들이 '충'과 '효'의 덕목이 충돌할 때 해당 사안의 '충'과 '효'가 지니고 있는 질적인 차이를 무시한 채 무턱대고 '효'가 '충'보다 앞선다고 주장한 것은 억지다.

《대학大學》의 논리에서 볼 때 충국忠國은 치국평천하의 덕목이고, 효친孝親은 수신제가 차원의 덕목이다. 공자가 평생 추구한 군자학은 기본적으로 치국평천하에 헌신하는 군자를 만들어내는 데 있었다. 결코 개인 차원의 '효친'을 국가안위 차원의 '충국'보다 높인 적이 없다. 그는 '충'과 '효'의 유기적인 결합을 추구했다. 공자 사상의 가장 큰 특징이 여기에 있다. 국가안위를 치국평천하의 기본요건으로 삼은 점에서 두 사람의 목적론은 동일하다. 다만 섭공은 '효친'을 중시한 나머지 '부자상은'의 사례를 지나치게 넓게 허용할 경우 법치가 훼손될까 우려하고, 공자는 '충국'을 중시한 나머지 '부자상은'의 사례마저 수용치 않을 경우 가족 및 마을공동체의 기반이 무너질까 염려한 게 다를 뿐이다. 두 사람의 이견은 치국평천하의 방법론을 둘러싼 입장 차이에 지나지 않는다.

상앙이《상군서》〈거강〉과 〈설민〉에서 '간민'을 임용해야 나라가 부강해진다고 역설한 것도 이런 맥락에서 접근해야 그 의미를 제대로 파악할 수 있다. 상앙은 바로 섭공의 입장에서 치국평천하를 생각했다. 엄한 형벌을 전면에 내세우고 포상의 남발을 억제해 백성들이 범죄에 연루되지 않게 하고, 용감한 전사로 만들고자 한 것이다. 〈설민〉의 다음 대목이 이를 뒷받침한다.

백성이 용감하면 그들이 바라는 것으로 보상하고, 백성이 겁을 내면 그들이 싫어하는 것으로 그것을 제거한다. 겁 많은 백성은 형벌을 사용해 부리면 용감해지고, 용감한 백성은 상을 이용해 부리면 목숨을 바친다. 겁 많은 백성이 용감해지고 용감한 백성이 목숨을 바치면 국가는 적수가 없어지고 반드시 천하를 호령하는 왕국이 된다.

이를 통해 알 수 있듯이 《상군서》를 관통하는 '농전'은 백성들이 평시에는 본업인 농사에 매진하다가 전쟁이 일어나면 자발적으로 전쟁에 적극 참여하도록 만들어야만 근본 취지를 살릴 수 있다. 이는 유가의 덕목을 멀리하는 것을 의미한다. 《상군서》가 〈거강〉과 〈설민〉 등에서 '선민'과 '간민'을 유가와 정반대로 풀이한 이유가 여기에 있다.

〈거강〉이 유가의 덕치를 뜻하는 이강거강以彊去彊과 법가의 법치를 뜻하는 이약거강以弱去彊으로 대비시켜 놓은 것도 이런 맥락에서 이해할 필요가 있다. '이강거강'은 백성을 사납게 만드는 조치로 사나운 백성을 제거하려는 잘못된 방식을 말한다. 〈농전〉에 나온 시詩 · 서書 · 예禮 · 악樂 · 선량善良 · 수신修身 · 인애仁愛 · 염결廉潔 · 언변言辯 · 혜지慧智 등 유가의 덕목이 그것이다. 난세에 유가의 이런 덕목으로 다스리고자 하면 백성들을 오히려 더욱 억세고 사납게 만들 뿐이라는 게 상앙의 확고한 생각이었다. '이강거강'은 유가의 덕목으로는 결코 군주의 명을 거부하거나 복종하지 않는 사나운 백성을 제거할 수 없다는 취지를 담고 있다.

《한비자》〈오두〉는 이들 유가와 더불어 사적인 무력을 마구 행사하는 협객도 유가와 같은 무리로 간주했다.

유생은 학문으로 법을 어지럽히고, 협객은 사적인 무력으로 군주의 금령을 어긴다. 그런데도 지금의 군주는 이들을 모두 예우하고 있다. 나라가 혼란스러운 이유다. 법을 어겨 죄를 지은 자는 마땅히 벌을 받아야 하는데도 여러 선비들이

유가의 학문에 밝다는 이유로 발탁되고 있다. 금령을 어긴 자는 주살해야 하는데도 여러 협객이 뛰어난 무술을 지니고 있다는 이유로 자객으로 양성되고 있다. 법을 어긴 자는 처벌을 받아야 하는데도 군주는 오히려 그들을 발탁하고, 관원이 벌을 내려야 하는데도 군주는 오히려 그들을 양성하는 셈이다. 집법執法과 관원의 임용, 선비의 양성, 범법자에 대한 징벌 등 네 가지 사안이 서로 상반되어 있는 것이다. 이들 네 가지 사안에 확정된 기준이 없으면 설령 황제黃帝 같은 뛰어난 인물이 열 명이나 있을지라도 나라를 다스릴 수 없다. 인의를 실행하는 자는 칭찬받을 일이 없는데도 이를 칭찬하면 공적功績을 해치는 것이고, 학문을 익힌 자는 임용해서는 안 되는데 이들을 임용하면 법을 어지럽히는 것이다.

이는 《상군서》〈거강〉에 나오는 '이강거강'의 취지를 그대로 이어받은 것이다. 많은 사람들이 한비자의 법치사상에 가장 큰 영향을 미친 인물로 스승인 순자 대신 상앙을 꼽는 이유다. 상앙은 《상군서》〈약민〉에도 '이강거강'의 취지를 거듭 역설하고 있다.

이약거강의 약弱은 백성들을 법령에 복종하도록 만드는 조치를 뜻한다. 유가의 덕목 대신 상앙이 법치의 핵심으로 거론한 중벌경상重罰輕賞을 시행하는 것을 뜻한다. 강력한 법령을 통해 백성들을 법에 복종하도록 약하게 만들어야만 군명을 거역하는 억센 자들을 제거할 수 있다는 취지를 담고 있다. 난세의 통치술을 언급한 것이다.

패망의 원인을 분석하라

〈거강〉은 농업과 상업 및 관직을 나라가 합법적으로 승인한 직종으로 규정하면서 이들 세 가지 직종이 만들어내는 이른바 6슬을 언급하고 있다. 농업을 해치는 '2슬'은 연말에 손님을 초대해 과소비하는 '세찬歲饌'과 평소 진탕 먹고 마시는 '식탐食貪'이다. 상업을 해치는 '2슬'은 화려하게 치장하는 '미장美裝'과 진기한 물건을 추구하는 '호기好奇'다. 관직을 해치는 '2슬'은 소극적으로 업무에 임하는 '약지弱志'와 복지부동의 자세로 일을 처리하는 '관행慣行'이다. 상앙은 이들 '6슬'은 궁극적으로 군주 한 사람으로 인한 것이라며 군주의 결단을 촉구했다.

《한비자》〈오두〉는 나라를 좀먹는 다섯 가지 유형을 언급했다. 패망의 위기로 몰아가는 간신으로 옛 성현을 들먹이며 입만 열면 인의를 떠벌이는 '속유', 거짓말을 꾸며 욕심을 채우려고 하는 '유세가', 사리사욕에 혈안이 된 '군주의 측근', 의협을 내세우며 국법을 어기는 '협객', 시세 폭리로 농민의 이익을 빼앗는 '상인'이 그들이다. 《상앙》이 6슬을 언급하며 군주의 결단을 촉구한 것은 《한비자》〈오두〉에서 5두를 언급하며 군주의 사려 깊은 대응을 주문한 것과 같다.

6슬의 슬蝨은 원래 사람이나 소 돼지 등의 몸에 기생하는 이나 벼룩을 뜻한다. 유가의 덕치를 6슬에 비유한 것이다. 덕치를 치도治道로 실현하는 것이 바로 왕도王道다. 역사상 왕도와 패도를 최초로 구분한 인물은 맹자다. 맹자는 덕치에 기초한 왕도를 제외한 그 어떤 치도도 수용하지 않았다. 공자가 《논어》에서 높이 평가한 관중을 질타한 이유다. 《맹자》〈양혜왕하梁惠王下〉의 다음 일화를 보면 맹자가 무력을 동원한 천하통일 방략에 극도의 회의를 표한 배경을 대략 짐작할 수 있다.

제나라가 연나라를 공격해 크게 승리하자 제후들이 연나라를 구하기 위해 모의했다. 이때 제선왕齊宣王이 객경客卿으로 와 있는 맹자에게 물었다.

"제후들이 과인을 치려고 모의하고 있으니 어찌 대처해야 좋소?"

맹자가 대답했다.

"신은 사방 70리의 작은 영토로 천하를 다스렸다는 이야기를 들은 적이 있습니다. 탕왕이 바로 그렇습니다. 그러나 사방 1,000리나 되는 큰 영토로 남을 두려워했다는 이야기는 들어본 적이 없습니다. 《서경》에 '탕왕이 천하정벌에 나서자 사방의 백성들이 마치 큰 가뭄에 비를 바라듯 그가 속히 오기를 기다렸다'고 했습니다. 당초 연나라 백성들은 제나라 군사가 자신들을 고통에서 건져줄 것으로 생각해 크게 환영했습니다. 그런데 제나라 군사는 오히려 그 부형들을 죽이고, 그 종묘를 헐어버리고, 그 보물을 빼앗았습니다. 어찌 이런 일이 있을 수 있는 것입니까? 지금 제나라는 영토를 두 배로 늘리고도 인정仁政을 베풀지 않고 있으니 이는 천하의 병마를 불러들이는 것이나 다름없습니다."

그는 무력으로 천하를 병탄하는 통일 방식을 꺼린 것이다. 나름 일리 있는 지적이기는 하나 왕도는 작은 나라에서 시작하는 게 더 바람직하다는 식의 주장을 편 것은 약간 문제가 있다. 그는 《맹자》〈공손추상公孫丑上〉에서 "힘으로 '인'을 가장하는 자를 패자라 한다. 패자는 반드시 큰 영토를 가지고 있어야 한다. 덕으로 '인'을 행하는 자를 왕자라 한다. 왕자는 큰 나라를 보유하지 않아도 좋다"라고 강조한 바 있다. 무력과 덕을 극명하게 대비시키면서 왕도의 정당성을 강조한 것이다. 그는 왕도가 정당성과 실현 가능성 면에서 패도와 비교가 안 될 정도로 우월하다는 것을 이런 식으로 표현한 셈이다. 맹자가 볼 때 춘추5패 가운데 가장 혁혁한 공을 세운 제환공과 관중의 패업 역시 성왕의 덕을 훼손시킨 것에 불과했다.

그렇다면 그가 생각하는 '왕도'는 과연 무엇을 말하는 것일까? 《맹자》〈양혜왕상梁惠王上〉에 그 해답이 있다.

백성들이 농사철을 놓치지 않게 하면 곡식은 이루 다 먹을 수 없을 정도로 넉넉해진다. 촘촘한 그물을 웅덩이와 못에 넣지 못하게 하면 물고기 또한 이루 다 먹을 수 없을 정도로 넉넉해진다. 시기를 가려 벌목하게 하면 재목 역시 이루 다 쓸 수 없을 정도로 넉넉해진다. 곡식과 물고기가 이루 다 먹을 수 없을 정도로 넉넉해지고, 재목이 이루 다 쓸 수 없을 정도로 넉넉해지면 백성들로 하여금 산 사람을 봉양하고 죽은 사람을 장사지내는 데 유감이 없도록 만들 수 있다. 그리하는 것이 왕도의 시작이다.

백성들의 의식주 문제가 해결되어야만 비로소 왕도를 도모할 수 있다고 언급한 것이다. 탁월한 지적이다. 그가 '왕도 대 패도'의 이분법에 입각해 춘추5패를 질타한 것은 바로 이 때문이다. 이를 통상 왕패준별론王霸峻別論이라고 한다. 왕도와 패도를 하늘과 땅만큼의 차이가 있는 것으로 간주하는 견해를 뜻한다. 성리학은 바로 이런 입장에 서 있다.

그러나 이런 '왕패준별론'이 과연 타당한 것일까? 순자는 패도일지라도 어지러운 난세를 평정할 수만 있다면 능히 수용할 수 있다고 보았다. 맹자의 '왕도 대 패도'와 달리 '왕도 겸 패도'를 제시한 이유다. 이는 왕도 실현의 요체를 인의가 아닌 융례隆禮에서 찾은 결과다. '융례'는 현자를 존중하고, 현자를 현자로 대우해 적극 활용하는 존현尊賢 및 현현賢賢을 말한다. '예'에 따른 다스림이 바로 이상적인 왕도인 셈이다.

《순자》〈의병議兵〉에서는 "예란 다스림의 궁극이다. 군주가 예를 따르면 천하를 얻고 예를 따르지 않으면 나라를 망치게 된다"라고 했다. 이는 '예禮'와 '인仁'을 같은 개념으로 파악한 공자의 주장과 맥을 같이 하는 것이다. 《논어》에는 '인'이 늘 '예'와 같은 차원에서 언급되어 있다. '인'의 구현을 극기복례克己復禮에서 찾은 게 그 증거다. '인'과 '의'는 단 한 번도 같이 언급된

적이 없다. 《논어》에서 말하는 '의'는 '이利'와 대비된 개념이다.

　순자는 맹자와 마찬가지로 왕도를 높이 평가했으나 그렇다고 패도를 폄하하지도 않았다. 단지 왕도를 패도보다 앞세웠을 뿐이다. 부득이할 경우는 불가피하게 패도를 구사할 수밖에 없다고 주장한 이유다. 왕도 및 패도에 대한 맹자와 순자의 엇갈린 평가는 요순 등의 3왕과 제환공 등의 5패에 대한 엇갈린 평가에 그대로 투영되고 있다. 맹자는 '3왕 대 5패'의 입장에 선 데 반해 순자는 '3왕 겸 5패' 입장을 견지했다.

상은 남발하지 않는다

중벌경상은 벌을 무겁게 하면 백성들이 법을 두려워하게 되고, 상을 가볍게 하면 요행을 바라는 마음이 없어져 결국 농전에 전념하게 된다는 취지에서 나온 것이다. '중벌'은 백성을 징벌하는 것 자체가 목적이 아니라 형벌을 적용하지 않으려는 게 기본취지다. 형벌로 형벌을 제거하는 이른바 이형거형을 위한 고육책에 가깝다.

　'경상' 역시 상을 가볍게 해야 한다는 뜻이 아니라 상을 남발해서는 안 된다는 취지에서 나온 것이다. 《상군서》에서 〈거강〉은 중벌과 대비시키기 위해 경상輕賞으로 표현해놓았지만 〈설민〉은 상소賞少, 〈근령〉은 소상少賞, 〈약민〉은 과상寡賞으로 표현해놓았다. 문맥에 비춰 '중벌경상'은 중벌소상重罰少賞으로 바꾸는 게 옳다. '중벌'과 '소상' 모두 요행을 바라는 백성들의 투기심을 억제하고자 한 것이다.

　중벌경상과 대비시켜 놓은 중상경벌重賞輕罰의 '중상' 역시 문맥상 다상多賞으로 바꾸는 게 상앙이 말하고자 하는 기본 취지에 부합한다. 〈거강〉의 취지를 이어받은 《한비자》 〈칙령勅領〉에는 '다상'으로 되어 있다.

형벌을 무겁게 하고 포상을 남발하지 않는 중형소상重刑少賞은 군주가 백성을 사랑하는 길이다. 그러면 백성은 상을 받기 위해 목숨마저 바친다. 정반대로 포상을 남발하고 형벌을 가볍게 하는 다상경형多賞輕刑은 군주가 백성을 사랑하는 길이 아니다. 그리하면 백성은 목숨을 내걸고 상을 받을 필요를 전혀 느끼지 못하게 된다. 포상의 이익이 군주 1인에게서 나오면 무적의 나라가 된다. 그 이익이 군주와 권신 2인에게서 나오면 군령이 둘로 쪼개져 군사를 반밖에 쓸 수 없다. 그 이익이 10인에게서 나오면 군령이 서지 않아 백성들이 나라를 지킬 길이 없게 된다. 중형을 시행할 때는 백성에게 응당 해서는 안 될 일을 명확히 알리고, 중대한 법제를 시행할 때는 백성에게 응당 해야만 하는 일을 주지시켜야 한다. 그래야만 군주에게 이롭다. 형벌을 시행하면서 가벼운 죄를 무겁게 처벌하면 가벼운 죄를 범하는 자도 없게 될 뿐만 아니라 중범죄를 범하는 경우 또한 없게 된다. 이를 일컬어 형벌을 무겁게 하여 형벌 자체를 제거하는 '이형거형'이라고 한다. 정반대로 죄가 무거운데도 형벌을 가볍게 하면 형벌이 가벼운 까닭에 범죄가 꼬리를 물고 일어나게 된다. 이를 일컬어 형벌을 가볍게 하여 형벌 자체를 더욱 극성하게 만드는 '이형치형以刑致刑'이라고 한다. 이런 나라는 반드시 영토가 깎이고 쇠약해진다.

《상군서》 〈거강〉에 나오는 '백성이 군주를 위해 목숨을 바친다'는 뜻의 민사상民死上이 《한비자》 〈칙령〉에는 '백성이 상을 받기 위해 목숨을 바친다'는 뜻의 민사상民死賞으로 바뀌어 있다. 〈칙령〉이 이익을 향해 무한 질주하는 인간의 호리지성好利之性을 더 적나라하게 지적하고 있다. '호리지성'의 관점에서 볼 때 민사상民死上의 속내도 따지고 보면 민사상民死賞에 지나지 않는다. 상앙이 전공을 세운 자에게 두터운 포상을 내려야 한다고 주장한 이유다.

원문

..

백성을 사납게 만드는 유가의 덕목을 내세워 사나운 백성을 없애고자 하는 나라는 쇠약해지고, 백성을 법령에 굴복하도록 만드는 조치로 사나운 백성을 사라지게 만든 나라는 강해진다. 나라가 유가의 덕치를 베풀면 간사한 자들이 반드시 많아진다. 나라가 부유한데도 국고를 계속 채우면서 부유한 백성의 부를 덜어내는 이른바 빈치貧治로 나라를 다스리면 기존의 부에 새로운 부를 보태게 된다. 그런 나라는 강해진다. 나라가 가난한데도 국고를 비우면서 부유한 백성을 더욱 부유하게 만드는 부치富治로 나라를 다스리면 빈궁에 빈궁을 보태게 된다. 그런 나라는 쇠약해진다.

군대는 적이 감히 행하지 못하는 일을 행하면 강해지고, 전쟁은 적이 수치스러워 하는 일을 하면 유리해진다. 군주는 다양한 임기응변의 통치술을 귀하게 여기고, 나라는 변화가 적은 법의 안정을 귀하게 여긴다. 나라에 물자를 많이 비축하는 것은 강하기 때문이고, 적게 비축하는 것은 약하기 때문이다. 병거 1,000대를 보유하는 나라가 간신히 1,000대를 유지하는 데 필요한 물자만 보유하고 있는 것은 국력이 약하기 때문이다. 전쟁을 염두에 두고 미리 계획하고 준비해 유사시에 용병할 수 있으면 그 나라는 강해진다. 전쟁 준비가 어수선하고 병사가 나태하면 그 나라는 쇠약해진다.

농업과 상업 및 관직 등 세 가지 직종은 나라가 합법적으로 승인한 직종이다. 이들 세 가지 직종이 만들어내는 일 가운데 나라를 좀먹는 여섯 가지 일인 이른바 6슬이 있다. 농업을 해치는 것은 연말에 여분의 양식을 마련한 후 손님을 초대하는 세찬歲饌과 진탕 먹고 마시는 식탐食貪이다. 상업을 해치는 것은 화려하게 치장하는 미장美裝과 진기한 물건을 추구하는 호기好奇다. 관직을 해치는 것은 소극적으로 업무에 임하는 약지弱志와 복지부동의 자세로 일을 처리해나가는 관행慣行이다. 나라를 좀먹는 이들 '6슬'이 세 가지 직종에 달라붙어 있으면 그 나라는 반드시 쇠약해진다. 농업과 상업 및 관직 등 3종의 직업은 사람에 의존하는 것이고, 나라를 갉아먹는 '6슬'은 궁극적으로 군주 한 사람으로 인한 것이다.

힘써 법제를 정비하는 나라는 강해지고, 교화로 다스리는 나라는 쇠약해진다. 법에 따라 일을 처리하는 관원이 정사를 잘 다스리면 관직을 올려준다. 시서예악의 번잡한 의례로 다스리면 나라가 약해지고, 간략한 법으로 다스리면 나라가 강해진다. 유가의 덕치로 백성을 강하게 만들면 나라는 갈수록 쇠약해지고, 법치로 백성을 법령에 굴복하게 만들면 나라는 갈수록 강해진다.

무릇 유가의 덕치는 백성을 사납게 만든다. 이런 조치로 사나운 백성을 다스리고자 하는 나라는 망국亡國이 되고, 백성을 법령에 굴복하도록 만드는 조치로 사나운 백성을 제거하는 나라는 천하를 호령하는 왕국王國이 된다. 나라가 강한데도 부득이한 전쟁마저 거부하면 나라를 해치는 독소가 나라 안으로 모여들고, 예악 등 나라를 좀먹는 일을 좇으면 그 나라는 반드시 쇠약해진다. 정반대로 나라가 능히 전쟁을 수행할 만하고, 나라를 해치는 독소가 적국으로 모여들고, 나라를 좀먹는 예악 등이 없어지면 그 나라는 반드시 강해진다. 전공을 세운 자와 실적을 쌓은 자를 임용하면 그 나라는 반드시 강해지고, 나라를 좀먹는 일들이 생기면 그 나라는 반드시 쇠약해진다. 농민이 적고 상인이 많으면 관원과 상인 및 농민 모두 가난해진다. 이들 세 가지 직종에 종사하는 자가 모두 가난하면 나라 또한 반드시 쇠약해진다.

지금 열국에 예·악·시·서·선량·수신·효도·공경·청렴·언변 등 여러 종류의 유가 덕목이 통용되고 있다. 나라에 이들 열 가지 유가 덕목이 있으면 군주는 백성들을 전쟁에 나아가도록 할 수 없고, 그 나라는 반드시 쇠약해져 이내 패망하고 만다. 나라에 이들 열 가지 유가 덕목이 없으면 군주는 백성들을 전쟁에 나아가게 할 수 있고, 나라는 반드시 융성해져 천하를 호령하게 된다. 다른 사람의 죄상을 덮어주는 선민善民을 이용해 간사한 죄상을 고발하는 이른바 간민奸民을 다스리게 하면 그 나라는 반드시 어지러워지고 이내 쇠약해진다. 정반대로 '간민'을 이용해 '선민'을 다스리게 하면 그 나라는 반드시 잘 다스려지고 강해진다.

시·서·예·악·효도·공경·선량·수신 등 여덟 가지 덕목을 이용해 백성을 다스리는 나라는 적이 쳐들어오면 반드시 영토가 삭감되고, 적이 쳐들어오지 않으면 반드시 가난해진다. 그러나 이들 여덟 가지를 사용하지 않고 다스리는 나라는 적이 감히 쳐들어오지 못하고, 비록 쳐들어올지라도 반드시 퇴각할 것이다. 군사를 일으켜 다른 나라를 공격하면 반드시 땅을 획득할 것이고, 땅을 획득하면 반드시 유지할 수 있다. 군사를 멈추고 다른 나라를 공격하지 않으면 반드시 부유해진다.

나라가 실력을 숭상하는 것을 일컬어 "어렵게 얻은 것을 써서 다른 나라를 공격한다"고 한다. 나라가 언변을 좋아하는 것을 일컬어 "쉽게 얻은 것을 사용해 다른 나라를 공격한다"고 한다. 나라가 실력을 숭상하면 한 개를 일으켜 열 개를 얻고, 언변을 좋아하면 열 개를 내어 100개를 잃는다.

벌을 무겁게 하고 상을 가볍게 하는 중벌경상은 군주가 백성을 아끼는 것이다. 그래야 백성이 군주를 위해 목숨을 바친다. 상을 남발하고 법을 가볍게 하는 다상경벌多賞輕罰은 군주가 백성을 아끼는 게 아니다. 그리하면 백성은 군주를 위해 목숨을 바치지 않는다. 흥성한 나라가 형벌을 시행하면 백성은 군주에게 유용하게 사용되고 군주를 경외하고, 포상을 시행하면 군주에게 유용하게 사용되고 군주를 경애한다. 그러나 나라가 실력도 없으면서 간교한 지혜를 즐겨 사용하면 반드시 멸망한다.

겁이 많은 백성을 형벌로 부리면 반드시 용감해지고, 용감한 백성을 포상으로 부리면 군주를 위해 목숨을 바친다. 겁이 많은 백성이 용감해지고 용감한 백성이 목숨을 바쳐 나라에 적수가 없게 되면 그 나라는 강해진다. 강하면 반드시 천하를 호령하는 왕자가 된다. 가난한 자를 형벌로 부리면 부유해지고, 부유한 자를 포상으로 부리면 부가 덜어진다.

나라를 다스리면서 가난한 자를 부유하게 하고 부유한 자의 부를 덜어낼 수 있으면 나라는 국력이 쌓이고, 국력이 쌓인 나라는 마침내 천하를 호령하는 왕자가 된다. 왕자가 다스리는 왕국王國은 형벌이 9할이고 포상이 1할이다. 강자가 다스리는 강국彊國은 형벌이 7할이고 포상이 3할이다. 근근이 명맥을 이어가는 자가 다스리는 삭국削國은 형벌이 5할이고 포상이 5할이다.

나라가 1년 동안 농전에 전념하면 10년 동안 강성하고, 10년 동안 농전에 전념하면 100년 동안 강성하고, 100년 동안 농전에 전념하면 1,000년 동안 강성하다. 1,000년 동안 강성한 나라는 천하를 호령하는 왕국이 된다. 나라에 위세가 있으면 하나를 이용해 열 배의 성과를 얻을 수 있고, 명성을 이용해 실리를 얻을 수 있다. 위세를 세우는 나라가 천하를 호령하는 왕국이 되는 이유다.

실력을 양성할 줄만 알고, 행사할 줄 모르는 나라는 '스스로를 공격하는 국가'라고 한다. 그 나라는 반드시 쇠약해진다. 실력을 양성할 줄도 알고, 행사할 줄도 아는 나라는 '적을 공격하는 국가'라고 한다. 그 나라는 반드시 강해진다. 나라를 좀먹는 유가의 덕목을 다스리고, 실력을 행사하고, 적을 공격하는 세 가지 조치 가운데 나라가 두 가지를 채용하고 한 가지를 버리면 반드시 강해진다. 만일 이들 세 가지를 모두 채용하면 그 위세가 하늘을 찔러 마침내 천하를 호령하는 왕국이 된다.

열 개 마을 범위 내에서 시비를 결단할 수 있으면 그 나라는 쇠약해지고, 아홉 개 마을의 범위 내에서 시비를 결단할 수 있으면 그 나라는 강해진다. 당일 할 일을 낮 동안에 처리하는 나라는 천하를 호령하는 왕자가 된다. 당일 밤일지라도 당일 할 일을 처리하는 나라는 강성하다. 당일 할 일을 밤을 새운 뒤 처리하는 나라는 쇠약해진다.

모든 백성의 호구와 재산 등을 관부에 기록한다. 살아 있는 사람은 호적부에 기록하고, 사망한 사람은 호적부에서 지운다. 백성은 부세를 회피하지 못하게 되고, 들판에 황무지가 없어지면 나라가 부유해지고, 나라가 부유하면 강성해진다. 형벌을 사용해 형벌을 없애는 이른바 이형거형을 행하면 나라가 잘 다스려지고, 형벌을 사용해 형벌을 자초하는 이형치형을 행하면 나라가 어지러워진다.

그래서 말하기를 "형벌을 시행할 때 가벼운 죄를 지은 사람에게 무거운 형벌을 적용하면 형벌이 사라지고, 일이 이뤄지고, 나라는 강해진다. 무거운 죄를 지은 사람에게 무거운 형벌을 적용하고 가벼운 죄를 지은 사람에게 가벼운 형벌을 적용하면 형벌이 계속 사용되고, 사달이 나고, 나라는 쇠약해진다"고 하는 것이다.

형벌은 국력을 낳고, 국력은 강대함을 낳고, 강대함 위세를 낳고, 위세는 은혜를 낳는다. 은혜는 국력에서 나오는 셈이다. 국력을 숭상해야 전쟁에서 용감하게 적과 싸울 수 있고, 전쟁을 치르는 와중에 지혜와 책략이 백출하게 된다.

식량이 생겨나면 상업자금이 사라지고, 식량이 사라지면 상업자금이 생겨난다. 나라의 근간이 되는 식량은 저렴하고, 식량 생산에 종사하는 사람이 많아야 한다. 식량을 사는 사람이 적을 경우 농민은 곤궁하고, 간사한 상인은 고무되기 때문이다. 그러면 병력이 쇠약해지고, 끝내 나라는 반드시 약화되어 패망하게 된다. 상업자금 한 냥兩이 나라 안에서 생겨나면 식량 12석石이 나라 밖으로 사라진다. 식량 12석이 나라 안에 생겨나면 상업자금 한 냥이 나라 밖으로 사라진다. 국가가 나라 안에서 상업자금이 생기는 것을 좋아하면 산업자금과 식량 모두 사라져 창고와 금고는 텅 비고, 나라 또한 쇠약해진다. 국가가 나라 안에서 식량이 생기는 것을 좋아하면 산업자금과 식량 모두 불어나 창고와 금고가 모두 채워지고, 나라 또한 부강해진다.

강한 나라는 열세 가지 종류의 숫자를 정확히 알고 있다. 나라 안에 있는 식량 창고의 수, 총인구의 수, 장년의 남자 수, 장년의 여자 수, 노인의 수, 신체 허약한 사람의 수, 관원의 수, 선비의 수, 언변으로 먹고사는 자의 수, 본업인 농업에 종사하는 농민의 수, 말의 수, 소의 수, 꼴의 수가 그것이다. 강국을 만들고자 하면서 자기 나라의 이들 열세 가지 숫자를 알지 못하면 설령 국토가 비옥하고 인구가 많을지라도 나라는 갈수록 쇠약해지고, 영토 또한 깎인다.

나라에 군주를 원망하는 백성이 없으면 강국이라고 한다. 군사를 일으켜 다른 나라를 공격할 경우 전공에 따라 작위를 주고 관직에 임명하면 반드시 승리한다. 군대를 멈추고 농사를 지을 경우 나라에 바치는 식량에 따라 작위를 주고 관직에 임명하면 나라가 부유해진다. 군사를 일으켜 적을 이기고, 진군을 멈춰 나라가 부유해지면 그런 자는 능히 천하를 호령하는 왕자가 된다.

_《상군서》〈거강〉

제2장
누구나 공평한 제도를 마련한다
조법술錯法術

왕도와 패도는 다르다

조법錯法은 법치를 실현한다는 뜻이다. 이 편에서는 법치의 핵심에 해당하는 상벌 문제가 집중 조명되고 있다. 상앙은 상벌을 국가존망을 좌우하는 계기인 이른바 존망지기存亡之機로 간주했다. 그만큼 상벌을 중시한 것이다. 그는 상벌의 근거를 민성民性에서 찾았다. 관작을 포상으로 내걸어 명리를 좇는 민성을 자극하고, 동시에 죽음과 패망을 두려워하는 민성을 활용해 엄한 형벌로 백성들을 '농전'에 매진하도록 만들어야 한다는 게 골자다. 법치가 포상과 형벌을 골자로 한 두 개의 축으로 구성되어 있음을 방증한다.

 전국시대 말기에 활약한 맹자가 인성 문제를 사상 최초로 거론한 것은 자신의 왕도王道 주장을 뒷받침하려는 취지에서 비롯되었다. 실제로 그는 제후들 앞에서 유세할 때 '통치의 근본 목적은 무엇이고, 어떻게 백성을 다스리는 것이 좋은 것인가' 하는 치도治道 및 치술治術 차원에서 인성을 언급했다. 인성 논쟁이 순식간에 통치이념 논쟁으로 비화한 배경이다.

원래 왕도는 전설적인 성군인 요순처럼 덕으로 다스리는 것을 말한다. '왕도'라는 명칭은 덕으로 다스리는 것이 바로 진정한 제왕의 길이라는 차원에서 나온 것이다. 덕치와 동의어다. 이와 반대되는 것이 패도覇道다. 막강한 무력을 토대로 천하를 호령하는 패자覇者의 길을 뜻한다. 패도의 요체는 힘이다. 법치술과 세치술勢治術 및 무치술武治術 등은 힘을 기본전제로 삼고 있는 점에서 같은 곡을 달리 연주하는 동공이곡同工異曲에 해당한다.

공자는 존왕양이尊王攘夷를 기치로 내걸어 주나라 왕실을 구하고 외적의 침입을 막은 관중을 인인仁人의 표상으로 극찬했다. 그럼에도 맹자는 관중을 '패자'에 지나지 않는다며 가차 없이 깎아내렸다. 덕치를 역설한 맹자가 무력을 근간으로 한 패도를 극도로 꺼린 것은 필연지사였다. 아무리 난세가 극에 달할지라도 오직 덕치에 의해서만 천하를 통일할 수 있다는 주장을 고집스럽게 펼친 이유다. 맹자의 취지는 이해하지만 비현실적이다. 그의 성질이 외곬으로 곧아 융통성이 없다고 평할 수밖에 없다.

이상보다는 현실을 즉시하라

침팬지의 사촌인 보노보는 암컷 중심의 평등한 군집생활을 하는 것으로 유명하다. 무리 안의 병자나 약자를 소외시키거나 구박하지 않고 그들을 보살피고 끌어안는다. 수컷 중심의 서열구조로 이뤄진 통상적인 침팬지 무리가 먹을 것이 없으면 힘없는 동료나 어린 것들을 먹이로 삼는 점을 감안하면 별종에 해당한다.

인간 사회도 이런 보노보 사회처럼 만들 수 있는 것일까? 동양의 제자백가들은 이것이 가능하다고 여겼다. 실제로 이들이 언급한 이상국은 플라톤 Platon이 제시한《국가》의 이상향 수준을 훨씬 뛰어넘는다. 가장 대표적인 것이《예기禮記》〈예운禮運〉에 나오는 대동大同의 세계다.

> 대도大道가 행해지는 세계에서는 천하가 공평무사하게 된다. 어진 자를 등용하고 재주 있는 자가 정치에 참여해 신의를 가르치고 화목함을 이루는 까닭에 사람들은 자기 부모만을 친하지 않고 자기 아들만을 귀여워하지 않는다. 나이든 사람들은 그 삶을 편안히 마치고 젊은이들은 쓰여지는 바가 있고, 아이들은 안전하게 자라날 수 있다. 홀아비, 과부, 고아, 자식 없는 노인, 병든 자들 모두 부양된다. 남자는 모두 일정한 직분이 있고 여자는 모두 시집갈 곳이 있도록 한다. 땅바닥에 떨어진 남의 재물을 반드시 자기가 가지려고 하지는 않는다. 사회적으로 책임져야 할 일들은 자기가 하려 하지만, 반드시 자기만이 할 수 있다고 생각하지는 않는다. 이 때문에 간사한 모의가 끊어져 일어나지 않고 도둑이나 폭력배들이 생기지 않는다. 그러므로 문을 열어놓고 닫지 않으니 이를 대동이라 한다.

대동의 세계는 여러모로《국가》에서 힌트를 얻은 카를 마르크스Karl Marx의 공산사회와 닮았다. 20세기 초 중국의 지식인들은 처음으로 마르크스 사상을 접하면서 공산사회와 대동세계의 유사성에 크게 놀랐다.《예기》〈예운〉의 '대동' 대목을 유독 좋아했던 손문孫文이 공산주의를 수용하는 용공容共을 선언한 것도 우연이 아니었다. 당시 그는《예기》〈예운〉의 이 대목을 글로 써 많은 사람에게 선물로 주곤 했다. 그의 삼민주의三民主義에 나오는 민생民生은 '대동'의 정신에서 나온 것이다.

객관적으로 볼 때《예기》〈예운〉의 대동은 공산주의보다 한 수 위다. 도

적들이 훔치고 소란을 피우며 사람을 해치는 일이 없기 때문에 문을 열어 둔 채로 나다닐 수 있는 점 등이 그렇다. 그러나 이 또한《도덕경》제80장에 나오는 이른바 소국과민小國寡民에 비하면 한 수 아래다. 골자는 이렇다.

> 나라는 작고 백성은 적으며 여러 가지 기구가 있어도 쓰지 않는다. 백성들은 생명이 중한 것을 알아 멀리 떠나가는 일도 없고, 배나 수레가 있어도 타고 갈 곳이 없고, 무기가 있어도 쓸 일이 없다. 백성들은 다시 글자 대신 노끈을 맺어 쓰고, 먹는 것을 달게 여기고, 관습을 즐긴다. 이웃 나라끼리 서로 바라보며 닭이 울고 개가 짖는 소리가 들리지만, 백성들은 늙어 죽도록 서로 오가는 일이 없다.

노자가 소국과민을 이야기한 것은 인위적인 덕목인 왕도의 폐해를 지적하고자 한 것이다.《도덕경》의 소국과민이 왕도의 이상향을 묘사한《예기》〈예운〉의 대동 세계보다 한 차원 높게 그려진 이유다. 그러나 엄밀히 말하면《도덕경》의 '소국과민'도《열자列子》〈탕문湯問〉에 나오는 종북지국終北之國만 못하다.

> 종북지국에서는 장유노소가 함께 어울려 살아 군주도 없고 신하도 없다. 남녀가 뒤섞여 노닐어 중매도 결혼도 필요 없다. 물가를 따라 사는 까닭에 밭갈이도 수확도 없다. 땅의 기운이 따뜻하고 적당해 길쌈도 안 하고 옷도 입지 않는다. 100세가 되어야 죽는 까닭에 죽지도 병들지도 않는다. 기쁨과 즐거움만 있고 슬픔과 고통은 전혀 없다. 풍속은 음악을 좋아해 종일토록 풍악이 그치지 않는다.

대동세계는 간사한 계모計謀와 도절난적盜竊亂賊이 사라져 대문을 닫지 않는 상황을 이상국의 상징으로 내세웠으나 '종북지국'은 차원을 달리한다. 가장 큰 특징은 대동의 세계에 남아 있는 인위적인 요소가 완전히 제거된 데 있다. 모든 것이 자연의 이치와 질서를 좇아 자연스럽게 형성되고 흘러가는 까닭에 대동세계처럼 의식적으로 대문을 열어두는 수준에 머물 이유가 없다. 이는 '지상낙원'에 해당한다. 인간이 생각할 수 있는 이상국 가운데 《열자》〈탕문〉의 '종북지국'보다 더 높은 차원은 존재하지 않는다.

원래 노자는 유가 못지않게 치국평천하의 기준이 되는 국가를 크게 중시했다. 결코 공허한 원시공산사회 또는 자유방임주의 사회를 주창한 게 아니다. 비록 전쟁을 반대하기는 했으나 부득이한 경우 전쟁에 나서 반드시 승리할 것을 주문했다. 《도덕경》 제67장에서는 "지금 사람들은 자애를 버린 채 용맹에만 힘을 쓰고 있다. 이리하면 이내 죽고 말 것이다. 무릇 자애를 통해서만 전쟁을 해도 승리할 수 있고, 수비를 해도 견고해질 수 있다"고 했다. '승리'와 '수비' 운운은 국가공동체의 존재를 전제로 한 것이다. 노자는 인위적인 다스림인 유위지치有爲之治를 극소화해야 진정한 인류평화를 구현할 수 있다는 취지에서 '소국과민'을 언급한 것이다.

무위에 입각해 다스리면서 다스려지지 않는 게 없는 무위이무불치無爲而無不治의 상황이 바로 '소국과민'의 본질이다. 전 인류와 만국을 상대로 한 것인 까닭에 그 규모와 깊이가 한없이 크고 깊다. 치국治國 차원이 아닌 치천하治天下 차원의 이상향이 바로 '소국과민'이다. 종교와 인종, 성별, 계층 등 인위적인 잣대에 따른 차별이 완전히 사라져 전 인류가 함께 평화롭게 지내는 세계정부하의 지상낙원이 존재한다면 바로 이에 해당할 것이다.

그러나 소국과민은 인간이 머릿속으로 상상한 하나의 이념형에 지나지 않을 뿐이다. 사마천은 《사기》〈화식열전貨殖列傳〉 서문에서 소국과민의 문제를 이같이 지적했다.

노자는《도덕경》에서 지극히 이상적인 '소국과민'을 언급했다. 만일 이를 목표로 삼아 요즘의 풍속을 옛날처럼 돌이키려 하거나 백성들의 눈과 귀를 틀어막으려 하면 거의 실행할 수 없을 것이다.

이상향을 제시한 기본 취지는 이해할 수 있으나 현실에 이를 구현하기는 어렵다는 입장을 밝힌 것이다. 소국과민은 말할 것도 없고 그보다 한 단계 낮은 대동세계의 이상향조차 보노보 무리와 마찬가지로 하나의 이상에 지나지 않는다.《한비자》〈현학顯學〉에 이를 경계하는 대목이 나온다.

지금 어떤 사람 사람들에게 "내가 반드시 여러분을 지혜롭고 오래 살도록 해주겠다"고 말하면 세인들은 틀림없이 미치광이로 여길 것이다. 무릇 지혜는 일종의 천성이고, 수명은 일종의 명운이다. 천성과 명운은 사람으로부터 배울 수 있는 게 아니다. 불가능한 것을 가능한 것처럼 속여 사람을 홀리려 드는 까닭에 사람들이 미치광이라고 말하는 것이다. 다른 사람을 지혜롭고 오래 살도록 만드는 것이 불가능하다는 사실은 명백하다. 이처럼 명백한 것은 지혜와 장수가 천성과 명운이라는 것을 알기 때문이다. 유학자들이 인의를 내세워 사람들을 가르치는 것은 마치 지혜와 장수를 내세워 사람들을 속이는 것과 같다. 법도를 아는 군주는 이런 이야기를 받아들이지 않는다. 모장毛嗇과 서시西施의 아름다움을 아무리 찬미할지라도 본인의 용모에는 아무 도움이 되지 않는다. 오히려 연지나 화장기름, 백분, 눈썹먹 등을 이용하면 처음 얼굴보다 몇 배나 아름답게 만들 수 있다. 마찬가지로 공허하기 짝이 없는 고대 성왕의 인의를 아무리 칭송할지라도 치국에는 아무 도움이 되지 않는다. 나라의 법도를 밝히고, 상벌을 확실히 시행하는 것이 바로 나라의 연지나 화장기름, 백분, 눈썹먹이 된다. 명군은 치국에 도움이 되는 법도와 상벌을 서둘러 행하고, 선왕에 대한 칭송은 뒤로 미룬다. 인의 따위의 공허한 이야기를 들먹이지 않는 이유다.

고금을 막론하고 그 어떤 사상과 이념이든 이상적인 색이 짙으면 짙을수록 현실과 동떨어진 모습을 띠기 마련이다. 소국과민은 맹자가 역설한 왕도보다 한 단계 더 높은 이른바 제도帝道에 해당한다.《예기》의 대동사회보다 더 비현실적일 수밖에 없다. 사마천은 바로 이 점을 지적한 것이다. 상상 속의 이상향을 지상에 그대로 실현해 말 그대로 '지상낙원'을 구현하고자 하면 나라가 혼란스러워진다.

내가 들건대 "옛날의 명군은 법을 시행해 백성들이 간사한 일을 벌이지 못하게 하고, 군사를 일으켜 재능 있는 사람이 절로 용맹하게 만들었고, 포상을 시행해 군사를 강하게 만들었다"고 했다. 이들 세 가지는 나라를 다스리는 근본이다. 법을 시행해 백성들이 간사한 일을 벌이지 못하게 한다는 것은 법이 명확해 백성들이 이를 이롭게 여긴다는 뜻이다. 군사를 일으켜 재능 있는 사람이 절로 용맹하게 만든다는 것은 논공論功이 분명하다는 뜻이다.

논공이 분명하면 백성들이 전력을 다하고, 백성이 전력을 다하면 재능 있는 사람이 절로 용맹해진다. 행상行賞을 통해 군사를 강하게 만든다는 것은 작록의 수여를 뜻한다. 작록은 군사운용에서 매우 실효적인 것이다. 군주가 작록을 수여할 때는 공정해야 한다. 이 원칙을 지키면 나라는 날로 강해지고, 그렇지 못하면 나라는 날로 쇠약해진다. 작록을 수여할 때 적용하는 이 원칙은 국가존망의 계기인 존망지기에 해당한다.

대개 영토가 깎이는 나라와 망국의 군주는 작록으로 포상하지 않은 적이 없었지만 작록을 수여하는 원칙이 크게 잘못됐다. 3왕과 춘추5패는 국가존망의 계기로 오직 작록만 사용했지만 다른 군주들보다 1만 배의 공적을 이뤘다. 작록을 포상하는 원칙이 공정했기 때문이다. 명군이 신하를 부릴 때는 반드시 그들의 노고에 따라 임용하고, 전공戰功에 따라 포상한다. 전공에 따라 포상하는 원칙이 명확하면 백성들은 다퉈 전공을 세우고자 한다. 나라를 다스릴 때 백성들이 전심전력으로 다퉈 전공을 세우고자 하면 그 군대는 반드시 강해진다.

당초 지위가 같던 사람이 상대를 노비로 부리게 되는 것은 빈부의 차이로 인한 것이다. 당초 재력이 같던 나라가 상대국을 합병하는 것은 강약의 차이로 인한 것이다. 똑같이 영토를 보유해 군주 노릇을 하지만 어떤 자는 강하고, 어떤 자는 약하다. 이는 나라를 잘 다스리고 못 다스리는 차이로 인한 것이다. 만일 치국과 처세의 도를 터득하면 사방 1리의 좁은 땅일지라도 몸을 맡길 수 있고, 재능 있는 선비와 일반 백성을 불러올 수 있다. 심지어 구차하게 저잣거리에서 몸을 맡길지라도 부를 축적할 수 있다.

영토를 보유한 자는 스스로 가난하다고 말해서는 안 되고, 백성을 거느린 자는 스스로 약하다고 말해서는 안 된다. 실제로 땅이 잘 활용되면 자산이 근심 대상이 될 수 없고, 백성이 잘 활용되면 포학한 적도 두려울 게 없다. 포상의 원칙이 명확하고 금령이 잘 지켜지면 백성들이 보유한 모든 것을 자신을 위해 사용할 수 있다. 명군이 자신의 소유가 아닌 것도 사용하고, 자신의 백성이 아닌 사람까지 부리는 이유다.

명군이 귀하게 여기는 것은 오직 실적이 있는 사람에게 작위를 수여하는 것이다. 실적이 있는 사람에게 작위를 수여하면 그들을 영예롭게 만들고 높은 지위에 앉히는 셈이 된다. 백성들은 작위가 영예롭지 않으면 백성들은 작위 수여를 간절히 바라지 않고, 작위가 높지 않으면 추구하지 않게 된다. 작위가 쉽게 얻어지면 백성들은 군주가 내리는 작위를 귀하게 여기지 않고, 작록의 포상이 정당한 경로를 거치지 않으면 백성들은 죽음을 무릅쓰고 작위를 얻으려 하지 않는다.

사람은 태어날 때부터 좋아하고 싫어하는 호오好惡가 있다. 백성들을 능히 다스릴 수 있는 이유다. 군주는 백성들의 '호오'를 자세히 살피지 않으면 안 된다. 백성들의 '호오'는 상벌의 기초가 된다. 무릇 인정이란 작록을 좋아하고, 형벌을 싫어하게 마련이다. 군주는 작록과 형벌 두 가지를 설치한 뒤 민지民志를 통제하고, 민원民願을 이루도록 격려해야 한다. 백성들이 힘을 다하면 작위가 따르고, 전공을 세우면 포상이 따르도록 한다. 군주는 자신의 백성들이 이런 포상의 원칙을 마치 밝은 해와 달처럼 신뢰하도록 만들어야 한다. 그러면 그 군사는 곧 천하무적이 된다.

지금 열국 가운데 작위를 수여했는데도 군대가 여전히 약하고, 녹봉을 나눠줬는데도 여전히 빈곤하고, 법제를 마련했는데도 여전히 혼란스러운 나라가 있다. 이들 세 가지 유형이 바로 국환國患이다. 군주가 아첨하는 자의 청탁을 먼저 수용하고 백성들의 전공을 뒤로 미루면 설령 작위를 내릴지라도 군대는 여전히 약하게 된다. 백성들이 죽음을 무릅쓰고 싸우지 않아도 녹봉을 얻게 되면 설령 녹봉을 나눠줄지라도 나라는 여전히 빈곤하게 된다. 법제에 구체적인 제도와 실시 방법이 없어 정사가 번잡해지면 설령 법제가 확립될지라도 정사는 여전히 혼란스럽게 된다.

명군은 백성을 부릴 때 반드시 백성들로 하여금 전력으로 전공을 세우는 일을 꾀하게 만든다. 전공을 세우면 부귀가 따르고, 사사로이 포상하는 경우는 없다. 명이 차질 없이 행해지고 일이 성사되는 이유다. 이같이 하면 신하는 충성을 바치게 되고, 군주는 정사에 밝게 된다. 치적이 두드러지고 군대가 강해지는 배경이다. 무릇 명군은 나라를 다스리면서 인재를 뽑을 때 오직 실력만 볼 뿐 덕을 따지지 않는다. 덕분에 근심하거나 애쓰는 일 없이 능히 치적을 쌓게 된다.

구체적인 법제와 더불어 공정한 실행 방안이 마련되어야 법제가 제대로 실행된다. 군주가 스스로 신중하게 처신하지 않을 수 없는 이유다. 전설적인 천리안인 이주離朱는 100보 밖에서도 능히 추호秋毫의 끝을 볼 수 있지만 자신의 밝은 눈을 남에게 줄 수는 없다. 전설적인 용사인 오확烏獲은 1,000균鈞의 무게를 들어 올릴 수 있지만 자신의 힘을 남에게 줄 수는 없다. 성인이 지니고 있는 성품 역시 다른 사람에게 옮길 수 없다. 그러나 능히 공을 세울 수는 있다. 바로 법이 완비되어 있기 때문이다.

_〈상군서〉〈조법〉

제3장

상벌을 적절히 활용한다
상형술賞刑術

상대를 지혜롭게 다스리는 방법

상형賞刑은 포상과 형벌을 뜻한다. 이는 크게 세 가지로 요약된다. 첫째, 전공을 세운 사람에게만 후하게 포상해 궁극적으로 포상이 필요하지 않는 무상無賞의 경지까지 이르는 일상壹賞이다. 둘째, 친소귀천과 과거의 공로 유무를 막론하고 죄를 지으면 일률적으로 반드시 처벌해 궁극적으로는 더 이상 형벌이 필요하지 않는 무형無刑의 경지까지 이르는 일형壹刑이다. 셋째, 백성들이 '농전'에 매진하는 기풍을 진작시켜 궁극적으로는 더 이상의 교화가 필요하지 않은 무교無敎의 경지까지 이르는 일교壹敎다. 법가가 그리는 이상향이 어떤 것인지를 잘 보여준다. 〈상형〉의 마지막 대목은 일상과 일형, 일교의 근본 취지가 어디에 있는지를 제시하고 있다.

　사람을 죽이는 것이 포학하지 않고, 상을 주는 것이 인자하지 않은 것은 나라의 법이 명확하기 때문이다. 성인은 공에 따라 관직을 내리고, 작위를 수여한다. 유능한 사람들이 근심하지 않는 이유다. 성인은 허물을 용서하지 않고, 형벌을 사면하지 않는다. 간사한 자가 생기지 않는 이유다. 성인은 나라를 다스릴 때 오직 포상과 형벌, 교화 등 세 가지 사안의 통일을 살필 따름이다.

상앙이 진문공 때의 공신인 전힐顚頡과 주공의 동생인 관숙管叔 등을 예로 든 것은 일상과 일형, 일교 가운데 일형이 가장 중요하다는 취지를 드러내기 위한 것이다. 두 사건 모두 《사기》, 《서경書經》, 《자치통감》 등에 기록되어 있다. 21세기 현재에 이르기까지 수천 년에 걸쳐 일벌백계로 표현되는 '일형'의 대표적인 사례로 거론된 이유다.

전힐은 19년 동안 진문공을 곁에서 보필하며 망명 생활을 함께한 공신이다. 진문공은 보위에 오르자마자 망명 시절 자신에게 수모를 안긴 조曹나라 토벌에 나섰다. 기원전 632년 정월의 일이다. 진문공이 조나라를 칠 생각으로 위衛나라에 길을 빌려줄 것을 청했으나 위나라가 이를 허락지 않았다. 진나라 군사가 길을 돌아 위나라 남쪽을 따라가 황하를 건너 위나라로 쳐들어가 위나라의 오록五鹿 땅을 점령했다. 이해 2월, 진문공과 제소공齊昭公이 지금의 하남성 복양현 동남쪽의 염우斂盂에서 동맹을 맺었다. 위성공衛成公이 맹약에 참여할 뜻을 밝혔으나 진문공이 허락지 않았다. 화가 난 위성공이 남방의 강국 초나라에 기대려고 하자 위나라의 군신들이 위성공을 축출하고 진문공의 환심을 샀다.

진문공이 여세를 몰아 조나라로 쳐들어간 뒤 도성을 포위하고 맹공을 가했다. 그러나 조나라의 수비가 의외로 견고했다. 진나라 군사 가운데 죽은 자가 매우 많았는데, 조나라 군사가 진나라 군사들의 시체를 성벽 위에 늘어놓았다. 진나라 군사의 군심을 어지럽히고자 한 것이다. 진나라 군사들은 격분해 입을 모아 진문공에게 건의했다.

"군영을 조나라 선조들이 묻혀 있는 무덤 위에 설치해야 합니다!"

진문공이 이 계책을 받아들여 곧바로 시행하려고 하자 조나라 사람들이 크게 두려워한 나머지 진나라 군사들의 시체를 관에 넣어 성 밖으로 내보냈다. 진나라 군사들이 이 틈을 이용해 맹공을 퍼부었다. 3월 10일, 진나라 군사가 드디어 조나라 도성으로 입성해 조공공曹共公을 사로잡았다. 진문공이 조공공을 불러다 놓고 그의 죄를 일일이 열거했다. 망명 시절 자신을 도와준 희부기僖負羈를 등용하지 않고, 관작을 남발해 능력도 없이 수레를 타는 대부가 300명이나 된 것도 죄목 가운데 하나로 거론됐다.

"대부 300명의 공로를 기록한 문서를 제출하라!"

이어 희부기의 집에는 들어가지 말라는 엄명을 내려 그의 가족들에게 화가 미치지 않게 했다. 지난날 희부기가 진문공의 사람됨을 알아보고 구슬을 담은 밥을 바친 은혜에 보답하기 위한 것이었다. 망명 생활을 함께한 바 있는 공신 위주魏犨와 전힐이 이 소식을 듣고 크게 노했다.

"군주는 자신이 망명했을 때 우리가 바친 노고에 대해서는 위로할 생각도 하지 않고 있다. 그런데 희부기가 베푼 작은 은혜에 대해 보답할 일이 무엇이 있겠는가!"

그러고는 두 사람은 마침내 희부기의 집을 불태웠다. 당시 위주는 가슴에 상처를 입고 있었다. 진문공은 위주의 소행에 화가 났으나 그의 재주를 아껴 우선 사람을 보내 그를 위문한 뒤 그의 몸을 살피게 했다. 위주가 중상을 입어 일어나지 못하면 그를 죽이려고 했던 것이다. 이를 눈치 챈 위주가 가슴의 상처를 잘 감싼 뒤 진문공의 사자에게 이같이 말했다.

"나는 군주의 은덕으로 아무렇지도 않소. 그런데 당신의 눈에는 내가 편치 않은 것으로 보이오?"

그러고는 앞으로 멀리뛰기를 세 차례 했다. 진문공은 위주를 살려주는 대신 전힐의 허리를 잘라 모든 군사에게 전시傳尸했다. '전시'는 시체를 끌고 다니며 보여주는 것을 말한다. 일벌백계의 본보기로 삼은 것이다. 군기가 엄정해진 것은 말할 것도 없다.

상앙이 전힐에 이어 '일형'의 또 다른 사례로 거론한 관숙은 주나라의 건국공신 주공 희단姬旦의 동생이다. 당초 주문왕 희창姬昌은 부인 태사太姒와의 사이에서 장자 백읍고伯邑考를 비롯해 차자인 주무왕 희발姬發, 관숙管叔 희선姬鮮, 주공 희단, 채숙 희탁姬度, 조숙曹叔 희진탁姬振鐸, 성숙成叔 희무姬武, 곽숙霍叔 희처姬處, 강숙康叔 희봉姬封, 염계冉季 희재姬載 등 모두 열 명의 아들을 차례로 낳았다. 백읍고의 죽음으로 태자가 된 주무왕 희발은 은나라를 멸한 뒤 공신들과 자신의 형제들을 제후로 봉했다.

주나라 최대의 위기는 창업주인 주무왕이 죽고 어린 아들 주성왕周成王이 즉위했을 때였다. 이는 크고 작은 반란이 주성왕의 즉위를 계기로 빈발한 데 따른 것이었다. 주무왕이 서거한 후 주공 단이 주성왕의 섭정이 되어 왕권을 대행하자 관숙 희선과 채숙 희탁이 이를 의심했다. 이들은 곧 주나라에 합류하기를 거부하는 은나라 유민을 규합한 뒤 산동에 있던 엄奄나라와 회하 하류에 있던 회이淮夷 등과 합세해 반기를 들었다. 주공 단이 곧 동맹 부족으로 이뤄진 원정대를 이끌고 토벌에 나섰다. 이 토벌전은 무려 3년이나 걸렸다. 주공 단은 마침내 무경과 관숙 희선을 주살해 난을 평정한 뒤 채숙 희탁을 멀리 유배보냈다. 《춘추좌전春秋左傳》 〈노소공원년〉 조에서는 "주공이 관숙 선을 죽이고, 채숙 탁을 추방했다"고 당시 상황을 기록해놓았다.

당시 주공은 관숙 희선을 주살하고 채숙 희탁을 유배 보내면서 봉지를 받지 못했던 강숙 희봉을 위衛 땅에 봉해 상왕조의 옛 땅을 다스리게 했다. 이어 은나라 마지막 왕 주紂의 서자인 미자微子를 지금의 하남성 상구현인

송宋 땅에 봉해 은나라 역대 선왕의 제사를 받들게 했다. 주공 희단은 여세를 몰아 동쪽으로 계속 토벌대를 이끌고 가 반란에 가담한 엄나라를 멸한 뒤 다시 산동 반도의 동북 발해 연안 일대까지 진격해 은나라 잔여 세력을 일소했다. 이로써 은나라 연맹 세력이 완전히 궤멸해 그 판도가 주왕조의 세력하에 들어가게 되었다.

주공 희단은 주왕실의 자제 및 일족을 비롯해 동맹부족장을 이들 지역의 제후로 삼아 은나라 유민을 감시하고 주변 이민족들의 준동에 대비하게 했다. 이때 분봉된 제후국 가운데 가장 중요한 나라는 노魯·위衛·진晉·제齊 등 네 나라였다. 주공은 자신의 아들 백금白禽을 노나라로 보내 다스리게 했다. 지금의 산동 곡부曲阜를 도성으로 한 노나라는 상족 반란의 중심이었던 엄나라와 주변에 있는 은나라 유민들을 감시하며 다스리는 것이 주요 임무였다. 강숙이 다스리는 위나라는 은나라의 도성이었던 상구商丘를 중심으로 하여 은나라 유민으로 구성된 송나라를 견제하는 것이 주요 임무였다. 진나라는 산서성의 태원太原에 근거지를 두고 당시 가장 위협적인 북적北狄의 준동을 막는 임무를 띠고 있었다. 산동의 영구營丘에 도성을 둔 제나라는 동이東夷와 서이徐夷를 감시하는 것이 주 임무였다. 주공은 자신이 가장 신임할 수 있는 제후들을 정치군사적 요충지에 나눠 배치하는 식으로 은나라 유민과 주변 이민족들의 준동을 미리 봉쇄하고자 했던 것이다.

당시 주공 단은 이들 제후국들을 이용해 상왕조의 유민과 주변 이민족의 준동에 대비하면서 동시에 이들 제후들을 효과적으로 감시하기 위해 부도副都에 해당하는 지금의 하남성 낙양시인 낙읍雒邑을 건설했다. 이를 계기로 낙읍은 훗날 당나라 때까지 장안과 더불어 수많은 역대 중국 왕조의 도성이 되었다.

결국 주성왕의 숙부인 주공 희단에 의해 반란이 모두 진압되기는 했다.

그러나 주나라는 이후 계속 제후들의 도전과 이민족의 침공에 제대로 대처치 못해 약세를 면치 못했다. 주나라가 훗날 도성을 지금의 섬서성 서안 부근인 호경鎬京에서 낙읍으로 옮기면서 명목뿐인 왕실로 전락한 것도 봉건제의 근원적인 한계에서 비롯된 것으로 볼 수 있다.

원래 은나라는 동방 세력을 대변한 데 반해 주나라는 서방 세력을 대변했다. 주족周族은 오늘날 중국 한족漢族의 직접 조상이 된다. 은나라는 동이계가 그렇듯이 샤머니즘을 바탕으로 종교적이며 신비적인 경향이 강했다. 이에 반해 주나라는 매우 현실적이며 이성적인 경향이 짙었다. 은나라 때 군주를 천제의 대리인으로 간주하여 제帝로 부른 것과 달리 주나라 때는 왕王으로 호칭한 사실을 보면 쉽게 알 수 있다. '제'는 하늘과 인간을 매개하는 무당인 이른바 정인貞人의 우두머리를 뜻하는 동시에 세속적인 군왕을 의미했다.

그런 점에서 은주의 교체는 단순한 왕조 교체 이상의 의미를 지니고 있었다. 실제로 이는 중국문명이 사방의 주변 지역을 중원과 동등하게 대하는 다원주의에서 중원을 중심으로 하는 일원주의로 변화하는 결정적인 전환점이 되었다. 주왕조가 성립한 후 중국은 한족 중심의 정치문화를 추구해나갔다. 이른바 '중화주의'의 뿌리가 여기서 비롯되었다. 나아가 은나라와 주나라의 교체는 중국 문명에서 인문주의 및 합리주의의 전통이 자리 잡는 결정적인 계기가 되었다. 이는 인간 중심의 실천 윤리를 숭봉하는 유가사상을 낳는 모태가 되었다.

뛰어난 리더는 법으로 다스린다

〈상형〉이 전힐과 관숙을 법치의 대표적인 사례로 거론한 것은 범주凡主, 즉 평범한 용군庸君과 유가에서 숭상하는 성군聖君의 구별을 거부한 것이다. 유가의 덕치를 비판한 것이나 다름없다. 《한비자》가 법치의 이상적인 통치를 《도덕경》이 역설한 무위지치無爲之治로 상정한 것도 따지고 보면 〈상형〉의 영향으로 볼 수 있다. 〈상형〉의 핵심은 범주凡主, 즉 평범한 용군庸君과 성군 聖君을 대비시켜 법치의 중요성을 역설한 데 있다. 이를 뒷받침하는 해당 대목이다.

> 성인이 나라를 다스리는 방법은 알기는 쉬우나 행하기는 어렵다. 성인의 다스림은 법치에 따른 것인 만큼 법치 자체를 칭송해야지 성인까지 찬미할 필요는 없다. '범주' 역시 법치를 제대로 실행하는지 여부에 성패가 결정 나는 만큼 성인이 아니라고 해서 쫓겨날 이유가 없는 것이다.

상앙이 초점을 맞춘 것은 "범주 역시 법치를 제대로 실행하는지 여부에 성패가 결정 나는 만큼 성인이 아니라고 해서 쫓겨날 이유가 없다[凡主不必 廢]"는 대목이다. 법에 따라 나라를 다스리기만 하면 아무리 난세라 할지라도 평범한 군주라는 이유로 배척의 대상이 되는 일이 없을 것이라는 취지이다. '범주불필폐'는 성인이라고 해서 특별히 칭송할 일이 없다는 '성인불필가聖人不必加'와 짝을 이루고 있다. 《한비자》 〈난세難勢〉에 이 두 구절의 취지를 절묘하게 해설한 대목이 나온다.

> 요순이나 걸주와 같은 인물은 1,000년 만에 한 번 나올 뿐, 어깨를 나란히 하고

발꿈치를 좇는 것처럼 잇달아 나오는 게 아니다. 세상에는 통상 중간 수준의 군주가 연이어 나온다. 내가 말하고자 하는 권세는 바로 이런 중간 수준의 군주인 용군을 위한 것이다. 중간 수준의 용군은 위로는 요순과 같은 성군에 못 미치고, 아래로는 걸주와 같은 폭군에 이르지 않은 군주를 지칭한다. 용군이 법을 쥐고 권세에 의지하는 이른바 포법처세抱法處勢를 행하면 나라가 잘 다스려진다. 그러나 법을 어기고 권세를 버리는 이른바 배법거세背法去勢를 행하면 나라가 어지러워진다. 지금 '배법거세'를 행하면서 요순과 같은 성군을 기다리면 1,000년 만에 요순이 나타나 천하가 비로소 잘 다스려지게 된다. 요순을 기다리는 1,000년 동안 천하는 줄곧 어지럽다가 겨우 1세대에 한해 천하가 다스려지는 셈이 된다. 반대로 '포법처세'를 행하면서 걸주와 같은 폭군을 경계하면 1,000년 만에 걸주가 나타나 비로소 천하가 한 번 어지럽게 된다. 걸주가 등장하는 1,000년 동안 천하는 줄곧 잘 다스려지다가 겨우 1세대에 한해 어지러워지는 셈이다. 1천 년 동안 잘 다스려지다가 1세대 동안만 어지러워지는 것과 1세대만 잘 다스려지고 1,000년 동안 어지러운 것은 극과 극에 해당한다. 마치 날랜 말을 타고 각기 반대 방향을 향해 달리는 것과 같다. 그 거리는 더욱 멀어질 수밖에 없다.

《한비자》가 《상군서》의 취지를 그대로 이어받았음을 뒷받침하는 대목이다. 《한비자》〈난세〉의 '포법처세'는 〈상형〉의 '범부불필폐', 〈난세〉의 '배법거세'는 〈상형〉의 '성인불필가'와 취지를 같이한다. 성인일지라도 법을 버린 채 나라를 다스리면 곧 '배법거세'의 우를 범하는 것이고, 범주, 즉 용군일지라도 법을 쥔 채 권세에 의지하는 '포법처세'를 행하면 곧 성인과 다를 바 없는 뛰어난 통치를 행할 수 있게 된다.

성인은 나라를 다스릴 때 포상을 통일시키고, 형벌을 통일시키고, 교화를 통일시켰다. 포상을 전공 한 가지에서만 나오도록 통일하면 군대는 천하무적이 된다. 형벌을 통일하면 군주의 명령이 철저히 시행된다. 교화를 통일하면 아랫사람이 윗사람을 믿고 따른다. 공명公明한 포상은 재물을 허비하지 않고, 엄명嚴明한 형벌은 사람을 죽이지 않고, 간명簡明한 교화는 백성들의 풍속을 억지로 바꾸지 않는다. 백성들 모두 자신이 해야 할 일을 정확히 알고 있는 까닭에 나라에는 기이한 풍속이 없다. 공명한 포상이 더욱 발전하면 포상이 아예 필요 없게 된다. 엄명한 형벌이 더욱 발전하면 형벌이 아예 필요 없게 된다. 간명한 교화가 더욱 발전하면 교화가 아예 필요 없게 된다.

이른바 포상의 통일은 이익과 녹봉, 관직, 작위 등을 오로지 전공에 근거해 수여하는 것을 말한다. 전공 이외의 다른 기준에 의한 시행은 없다. 그러면 지우知愚, 귀천貴賤, 용겁勇怯, 현불초賢不肖를 막론하고 사람들 모두 마음속의 지혜를 다하고, 온 몸을 내던져 일하고, 목숨을 돌보지 않고 적과 싸우는 등 군주를 위해 헌신한다. 천하의 영웅호걸과 현량한 선비 역시 마치 흐르는 물처럼 군주를 좇는다. 군주 휘하의 군사가 천하무적이 되고, 군주의 명이 천하에 널리 시행되는 이유다. 병거 1만 대를 보유하고 있는 대국조차 야전에서 그의 군사와 감히 대항하지 못하고, 병거 1,000대의 소국은 자신의 성을 감히 방어할 생각조차 못한다.

병거 1만 대를 보유한 대국 가운데 만일 야전에서 감히 대항하고자 하는 나라가 있으면 정면으로 맞붙어 일거에 복멸覆滅시킨다. 병거 1,000대를 보유한 소국 가운데 감히 자신의 성을 지키고자 하는 나라가 있으면 일거에 그 성을 함락시킨다. 싸우면 반드시 적의 군사를 일거에 복멸하고, 공격하면 반드시 적의 성을 함락시키고, 모든 성을 점령할 수 있고, 모든 제후를 내조해 조공을 바치게 할 수 있다. 그러면 비록 장병들에게 포상을 후하게 할지라도 어찌 재물이 부족할 리 있겠는가?

옛날 탕왕은 찬모贊茅, 문왕文王은 기주岐周에 봉해졌다. 겨우 사방 100리였다. 탕왕은 하나라의 걸桀과 명조鳴條라는 들판에서 싸웠고, 무왕은 주나라의 주紂와 목야牧野에서 싸웠다. 수많은 적군을 대파해 마침내 보위에 오른 후 땅을 구분해 제후들을 봉하고, 진지를 굳게 지킨 병사들은 향리의 사社에 소속된 민호와 땅을 포상으로 받았다. 전쟁에 사용된 수레는 사용중지를 명해 더 이상 타지 않게 됐다. 말은 화산의 남쪽에 풀어주고, 소는 농사짓는 곳 인근의 못에 풀어준 뒤 이들 마소가 늙어죽을 때까지 잡아들이지 않았다. 이것이 탕왕과 무왕이 시행한 상이다. "찬모와 기주의 곡식으로 천하 사람들에게 상을 주면 한 사람에게 한 되도 되지 않고, 그곳의 돈으로 천하 사람들에게 상을 주면 한 사람에게 한 냥도 돌아가지 않는다"고 말하는 이유다.

혹자가 묻기를 "겨우 사방 100리의 군주에 지나지 않았지만 그의 신하를 제후로 봉할 때는 처음의 땅보다 더 크게 해주고, 진지를 굳게 지킨 병사들에게 사社에 소속된 가호와 땅을 주고, 포상이 소와 말에게까지 확산된 이유는 무엇인가?"라고 했다. 이는 천하의 재화를 이용해 천하의 사람들에게 상으로 주는 것을 잘했다는 뜻이다. "명확한 포상은 재물을 허비하지 않는다"고 말하는 이유다.

탕왕과 무왕이 걸과 주를 멸하자 국내에 재해가 없고, 천하가 크게 안정되었다. 다섯 가지 창고를 지어 모든 병기를 넣어두고 군사 운용을 그쳤다. 문덕의 교화를 시행하고, 모든 무기는 거꾸로 해 호랑이 가죽으로

싼 뒤 창고에 수장함으로써 더 이상 사용하지 않았다. 대신들은 요대에 홀을 꽂는 문관의 복장을 하고, 치세가 도래한 것을 기리는 음악을 만들어 그 덕을 칭송했다. 이때는 포상과 녹봉이 없었는데도 백성들이 정직하고 질서가 있었다. 그래서 말하기를 "명확한 상이 더욱 발전하면 상이 필요 없게 된다"고 하는 것이다.

이른바 형벌의 통일은 형벌을 시행할 때 신분의 차이를 따지지 않는다는 것을 뜻한다. 재상과 장군으로부터 대부와 평민에 이르기까지 왕명을 따르지 않거나 나라의 금령을 어기거나 군주의 제도를 어지럽히는 자가 있으면 그 죄를 물어 사형에 처하고 사면하지 않는다. 이전에 공이 있어도 이후에 그르치는 일이 있으면 이전의 공으로 인해 형벌을 덜어주지 않는다. 이전에 좋은 일을 했어도 이후에 과오를 저지르며 이전의 선행으로 인해 법을 훼손하지 않는다. 충신과 효자에게 허물이 있으면 반드시 그 허물의 경중에 따라 판결한다.

법을 주관하고 직무를 관장하는 관원 가운데 왕법을 집행하지 않는 자가 있으면 그 죄를 물어 사형에 처하고 사면하지 않는다. 부모와 형제, 처자까지 처벌한다. 관가 주변의 사람들 가운데 관원의 죄를 알고 위에 고하는 자는 스스로 죄를 사면 받고, 신분의 귀천에 관계없이 그 관원의 관직과 작위, 토지, 녹봉을 대신 물려받는다. 그래서 말하기를 "형벌을 엄중히 하고 죄를 연좌시켜 처벌하면 백성들은 감히 시험 삼아 법을 범하지 못한다"고 하는 것이다. 백성들이 감히 법을 범하지 못하는 까닭에 형벌을 사용할 일이 없다.

무릇 선왕의 형법에 죄인을 죽이거나, 죄인의 발을 자르거나, 죄인의 얼굴에 문신을 새긴 것은 백성을 다치게 하려는 것이 아니라 간사한 일을 금하고, 과오를 그치게 하려는 데 뜻이 있다. 간사한 일을 금하고 과오를 그치게 하는 방안 가운데 엄형보다 나은 게 없다. 형벌이 엄중하고 범법자를 반드시 처벌하면 백성들 가운데 감히 시험 삼아 법을 범하는 자가 없게 된다. 나라에 형벌을 받은 사람이 없는 이유다. 나라에 형벌을 받은 사람이 없는 까닭에 사람들은 말하기를 "명확한 형벌은 사람을 죽이지 않는다"고 한다.

춘추시대 중엽 진문공은 엄중하고 명확한 형벌로 백성들과 가까이 할 생각으로 모든 경대부들을 시천궁侍千宮에 불러 모았다. 공신인 전힐顚頡이 규정 시각보다 늦게 도착했다. 법을 담당하는 관원이 그에게 내릴 죄목의 판결을 청하자 진문공이 "법에 따라 처결하라"고 했다. 관원이 마침내 전힐의 허리를 잘라 죽이고, 그의 시체를 거리에 늘어놓았다. 진나라 백성들 모두 이에 대해 논의하면서 크게 두려워했다.

"전힐처럼 총애 받는 사람도 허리가 잘려 죽었다. 하물며 우리 같은 사람이야 더 말할 게 있겠는가!"

이후 진문공은 군사를 일으킨 뒤 망명 시절 자신에게 치욕을 안겨준 조曹나라를 비롯해 위衛나라의 오록五鹿 등을 정벌했다. 정나라의 경우는 성벽 위의 담장을 무너뜨렸고, 위나라의 밭이랑을 동서로 트이게 바꿔 수레의 이동을 편리하게 하고, 성복城濮의 전투에서 남방의 강국 초나라를 물리치고 천하의 패권을 잡았다. 진나라 삼군의 병사들은 멈추라는 명이 내리면 발을 잘린 듯 그 자리에 멈춰 섰고, 전진의 명이 내리면 마치 흐르는 물처럼 앞으로 나아갔다. 삼군의 병사 가운데 감히 금령을 범하는 자가 없었다. 일단 전힐의 허리를 자른 것처럼 가벼운 죄를 무겁게 벌한 덕분에 진나라가 잘 다스려진 것이다. 옛날 주공周公 단旦은 반란을 일으킨 동생 관숙管叔을 죽이고 곽숙霍叔을 유배 보내면서 이같이 말했다.

"그들은 금령을 범한 자들이다!"

이를 보고 천하의 백성들 모두 이같이 말했다.

"친형제의 허물도 피하지 않고 처벌했는데 하물며 관계가 소원한 사람들이야 더 말할 게 있겠는가!"

주공이 형벌을 주나라 왕실 안까지 사용한다는 것을 천하 사람들이 안 덕분에 주나라는 잘 다스려졌다. 그래서 말하기를 "명확한 형벌이 더욱 발전하면 형벌이 필요 없게 된다"고 하는 것이다.

이른바 교화의 통일은 널리 들어 견식이 풍부한 박문博聞, 언변이 능하고 머리가 영리한 변혜辯慧, 성실하고 청렴한 신렴信廉, 예제와 음악인 예악禮樂, 수신과 덕행을 뜻하는 수행修行, 무리지어 붕당을 만드는 군당群黨, 보증과 변호를 진행하는 임예任譽, 이권을 청탁하는 청알請謁의 통제를 뜻한다. 이런 것들을 토대로 부귀해질 수 없고, 형벌을 논평할 수 없고, 독자적으로 사사로운 의론을 군주 앞에서 개진하지 못하는 것을 뜻한다. 완강하게 고집하는 자는 타파하고, 정예한 자는 기세를 꺾는다.

설령 성인만큼 지혜롭고, 뛰어난 언변을 갖추고, 충순하다는 칭송을 들을지라도 전공을 세우지 않으면 군주가 하사하는 이익을 취할 수 없다. 그리하면 부귀로 나아가는 문은 오직 전쟁밖에 없게 된다. 전쟁에 능한 자는 부귀의 문을 밟고 올라설 수 있고, 거만하고 제멋대로 횡포한 자는 법에 따라 처벌하고 결코 사면하지 않는다. 그리하면 아버지와 삼촌, 형과 아우, 친한 벗과 지인, 남편 쪽 집안과 아내 쪽 집안사람, 의기투합해 지향하는 바가 같은 합동자合同者 모두 이같이 말할 것이다.

"우리가 힘을 쏟아야 할 것은 오직 전쟁밖에 없다!"

건장한 자는 전장에서 힘을 쓰고, 노약자는 수비에 애쓰고, 죽는 자는 후회하지 않고, 살아 있는 자는 힘써 서로 격려한다. 이것이 바로 내가 말하고자 하는 '교화의 통일'이다. 백성들이 부귀해지고자 하는 열망은 모두 죽어서 관의 뚜껑이 닫힌 뒤에야 그치고, 부귀의 문은 반드시 전쟁에서 나온다. 백성들이 전쟁 소식을 들으면 서로 축하해주고, 앉으나 서나 먹고 마시거나 늘 입에 달고 노래하듯 언급하는 것이 바로 전쟁이다. 내가 "명확한 교화가 더욱 발전하면 교화가 필요 없게 된다"고 말한 취지가 여기에 있다.

이상이 내가 말한 세 가지 교육이다. 성인은 모든 것에 능통한 사람이 아니라 만물의 요체를 아는 사람을 말한다. 성인이 나라를 다스리면 요체를 파악해 만물에 적용하는 까닭에 교육의 가짓수는 적지만 그 공적은 많다. 성인이 나라를 다스리는 방법은 알기는 쉬우나 행하기는 어렵다. 성인의 다스림은 법치에 따른 것인 만큼 법치 자체를 칭송해야지 성인까지 찬미할 필요는 없다. 평범한 군주 역시 법치를 제대로 실행하는지 여부에 성패가 결정나는 만큼 성인이 아니라고 해서 쫓겨날 이유가 없는 것이다.

사람을 죽이는 것이 포학하지 않고, 상을 주는 것이 인자하지 않은 것은 나라의 법이 명확하기 때문이다. 성인은 공에 따라 관직을 내리고, 작위를 수여한다. 유능한 사람들이 근심하지 않는 이유다. 성인은 허물을 용서하지 않고, 형벌을 사면하지 않는다. 간사한 자가 생기지 않는 이유다. 성인은 나라를 다스릴 때 오직 포상과 형벌, 교화 등 세 가지 사안의 통일을 살필 따름이다.

_〈상군서〉 〈상형〉

제4장

준법을 강제한다
약민術弱民術

냉정함과 객관성을 잃지 마라

약민弱民은 백성을 법령에 굴복하게 만든다는 뜻이다. 이 또한 군권 확립을 통해 '농전'을 효과적으로 펼치기 위한 방안으로 나온 것이다. 〈약민〉은 나라를 좀먹는 6슬의 제거 방안을 거듭 언급한 점 등으로 볼 때 〈거강〉의 앞 대목을 해설한다고 할 수 있다. 맹자가 왕도王道의 전제조건으로 언급한 인의 등의 덕목을 '6슬'로 싸잡아 비판하면서 실사구시實事求是에 입각한 실력을 갖춘 자만이 진정한 의미의 왕자가 될 수 있다고 언급하고 있는데, 이는 유가와 대비되는 법가의 기본 입장을 거듭 선명히 밝히려는 취지다.

주목할 것은 상앙이 〈약민〉에서 제시한 부국방안이다. 이는 빈자의 부를 끌어올리고 부자의 부를 덜어내는 이른바 빈치貧治를 전제로 한 것이다. '빈치'는 이미 〈거강〉에서 언급한 바 있다. 그러나 〈약민〉에서 언급하고 있는 '빈치'의 내용은 매우 구체적이다. 〈약민〉이 〈거강〉의 해설 성격을 띤 결과다. 이를 뒷받침하는 〈약민〉의 해당 구절을 살펴보자.

> 백성들이 가난하면 힘써 부를 축적하고, 힘써 부를 축적하면 방탕해지고, 방탕하면 폐해가 나타난다. 백성들이 부유할 경우 그들을 사용하지 않을 때는 식량을 바쳐 작위를 얻도록 한다. 각자 반드시 자신의 역량으로 식량을 생산해 작위와 바꾸도록 하면 농민들이 게으름을 피우지 않는다. 농민이 게으름을 피우지 않으면 나라를 좀먹는 유가의 6슬이 싹을 틔우지 못한다. 나라가 부유할지라도 국고를 계속 채우면서 가난한 백성을 부유하게 만들고 부유한 백성의 부를 덜어내는 '빈치'로 다스리면 나라의 강성함을 배가시킬 수 있다.

'빈치'의 핵심은 많은 부를 쌓은 자의 부를 덜어내 백성의 부를 고르게 만드는 것을 말한다. 상앙은 이를 중부重富로 표현했다. 나라의 부유함을 더한다는 뜻이다. '빈치'와 반대되는 것이 부치富治이다. '부치'는 '빈치'와 정반대로 많은 부를 쌓은 자의 부를 덜어내기는커녕 더욱 부유하게 만드는 것을 뜻한다. 빈부를 가리지 않고 시행하는 무차별적인 무상복지 등이 이에 해당한다. 빈부의 격차가 더욱 심해질 수밖에 없다. 상앙은 이를 중빈重貧으로 표현하면서 패망의 길로 지목했다.

상앙이 백성의 부를 고르게 만드는 '빈치'를 역설한 이유가 여기에 있다. 공자가《논어》에서 역설한 균부均富 이념과 같은 의미다. 상앙과 공자의 사상과 접하는 대목이 여기에 있다.《도덕경》제9장에도 "금옥이 방안에 가득 차면 능히 지킬 수 없고, 부귀하여 교만하면 스스로 허물을 남기게 된다"며 '균부'의 취지를 언급한 대목이 나온다.

공자와 상앙이 부자의 부를 덜어내고 빈자를 부유하게 만들고자 한 궁극적인 목적은 균민均民에 있다. 이는 정치가 제대로 작동하기 위한 전제조건에 해당한다.《도덕경》도 제77장에서 '균민'이 치국평천하의 전제조건임을 분명히 밝히고 있다.

> 천도天道는 마치 활을 당긴 듯하다. 높은 것은 내리누르며 낮은 것은 들어 올리고, 남는 것은 덜어내며 부족한 것은 보태기 때문이다. 천도는 남는 것을 덜어 내고 부족한 것을 보태주고 있는데도 지금 세상 사람들이 행하는 인도人道는 그렇지 않다. 부족한 데서 덜어다가 남는 자에게 바치고 있기 때문이다. 아, 누가 능히 남는 것을 덜어 천도에 부응할 수 있을까? 오직 도를 아는 자일뿐이다.

이는 유가의 덕목을 질타한 것이기도 하다. 유가의 덕목이 가진 자들의 통치를 합리화하기 위한 것임을 통찰한 결과다. 상앙이 〈거강〉에서 "다른 사람의 죄상을 덮어주는 선민善民을 이용해 간사한 죄상을 고발하는 이른바 간민姦民을 다스리게 하면 그 나라는 반드시 어지러워지고 이내 쇠약해진다"고 역설한 것과 취지를 같이한다. 유가의 인위적인 덕목이 지닌 맹점을 통찰한 점에서 상앙과 노자는 서로 통하고 있다.

과감한 결단이 위기를 구한다

상앙이 활동할 당시 비전非戰을 역설한 묵가와 유가의 학설이 풍미하고 있었다. 상앙이 볼 때 이는 패망의 길이었다. '6슬' 개념은 바로 기존의 통념을 뒤집기 위해 상앙이 만들어낸 용어다. 한비자는 이를 가공해 5두 개념을 만들어냈다.《한비자》에 〈5두〉가 편제된 이유다. 이는 '6슬'에서 착상한 것이다. 실제로 '슬蝨'과 '두蠹' 모두 나라의 기둥을 갉아먹는다는 좀벌레의 의

미로 사용되고 있다.

동서고금을 막론하고 '리더십 위기'는 하나같이 경제 문제를 제대로 해결하지 못한 데서 비롯된다. 경제의 요체는 민생이다. 민생 해결의 실패는 곧 시장의 실패를 의미한다. 시장은 인간의 호리지성이 그대로 부딪치는 곳이다. 시장은 재화와 인력이 자유롭게 오가는 장터로 만들어야 한다. 문제는 재화와 인력의 수급이 경색될 때 생기는데, 이것이 바로 시장실패다. 이는 시장 질서를 교란하는 자를 제대로 다스리지 못한 데서 비롯된다. 법 집행이 공정하지 못한 게 가장 큰 원인이다. 또한 단속 권한을 지닌 관원들이 간상들과 손잡고 편파적으로 법을 운용한 결과다. 사마천은 《사기》〈평준서平準書〉에서 이같이 말했다.

나라가 태평할 때는 골목길을 지키는 자도 좋은 음식을 먹었고, 관리들은 자손이 클 때까지 오랫동안 인사이동이 없었다. 사람들은 자중자애하며 범법을 큰일로 생각했다. 의로운 행동을 우선으로 여기며 치욕스런 행위를 배척한 이유다. 당시는 법망이 관대해 백성들이 모두 부유했다. 그러나 이후 부자들이 부를 빙자해 오만방자한 짓을 저질렀다. 어떤 자는 토지를 마구 겸병하기도 했다. 부호들이 관직도 없으면서 위세를 부리며 멋대로 날뛴 배경이다. 봉읍을 지닌 종실과 공경 이하의 사대부들 역시 앞다퉈 사치를 부렸다. 주택과 거마 및 의복 등이 모두 분수를 넘어 한계가 없었다. 모든 것은 성하면 쇠하게 마련이다. 변화가 끊임없이 일어나는 이유다.

이는 한무제 때 잦은 원정과 사치로 인해 국가경제가 피폐해진 배경을 설명한 것이다. 《사기》〈화식열전〉에서 시장에 대한 국가의 간섭을 질타하면서도 〈평준서〉에서 사치와 겸병을 일삼은 부호와 공실 이하의 사대부들을 성토한 것은 시장질서의 확립이 전제되어야 자유시장이 제 기능을 할 수 있다는 점을 역설하기 위한 것이다.

요체는 공정한 법 집행이다. 이것이 이루어지지 않으면 관원과 간상의 유착으로 인한 '부익부빈익빈'의 망국적인 양상이 표면화해 민생이 도탄에 빠지고, 살 길이 막막해진 백성들이 유민이 되어 도적으로 일변하는 와중에 군웅이 나타나 천하 대란으로 이어지게 된다. 춘추전국시대와 삼국시대 등 모든 난세가 바로 이런 패턴에서 한 치도 벗어나지 않았다. 21세기에 들어와 전 세계의 화두로 등장한 '리더십 위기'는 바로 시장질서의 교란으로 인한 민생 해결의 실패를 달리 표현한 것에 지나지 않는다. 민생이 도탄에 빠져 있는 한 '리더십 위기'에서 벗어날 길은 없다.

'리더십 위기'의 덫에서 벗어날 수 있는 유일한 길은 공정한 법 집행을 전제로 한 최고통치권자의 과감한 결단에 있다. 춘추전국시대 당시 이런 이치를 간파한 인물이 바로 상앙이다. 상앙은 비록 상가처럼 '보이지 않는 손'을 인정하지는 않았으나 민생과 군주의 결단이 불가분의 관계를 맺고 있음을 통찰했다. 이를 뒷받침하는 〈약민〉의 해당 대목을 살펴보자.

유가의 덕목처럼 오히려 백성을 사납게 만드는 조치로 억센 백성을 다스리는 이강정강以彊政彊을 행하면 국력이 쇠약해지는 약국弱國이 된다. 사나운 백성이 횡행하기 때문이다. 백성을 법령에 굴복하도록 만드는 조치로 억센 백성을 다스리는 이약정약以弱政弱을 행하면 국력이 강해지는 강국彊國이 된다. 억센 백성이 제거되었기 때문이다. 억센 백성이 존재하는 나라는 국력이 쇠약해지는 약국이 되고, 이들을 가차 없이 제거한 나라는 천하를 호령하는 왕국王國이 된다. 다시 말해 유가의 덕목처럼 백성을 사납게 만드는 조치로 유약한 백성을 다스리는 이강정약以彊政弱을 행하면 영토가 깎이는 삭국削國이 된다. 그러나 백성을 법령에 굴복하게 만드는 조치로 억센 백성을 다스리는 이약정강以弱政疆을 행하면 천하를 호령하는 왕국이 된다.

'이강정강'의 정政은 '바로잡을 정正'의 뜻이다. 정천하正天下는 치천하治天下를 달리 표현한 것이다. 상앙은 〈약민〉에서 유가의 덕목과 법가의 덕목을 난세의 치술로 활용할 경우 국력 및 치도에 미치는 영향을 일목요연하게 정리해놓았다. 이를 도표로 나타내면 다음과 같다.

■ 제자백가의 난세 치술과 치도

제자백가	덕목	치술	치도	국력
맹자	의義	이강정약以彊政弱	왕도王道	삭국削國
순자	예禮	이강정강以彊政彊	선왕후패先王後霸	약국弱國
법가	법法	이약정약以弱政弱	패도覇道	강국彊國
병가	무武	이약정강以弱政彊	강도强道	왕국王國

이 도표를 통해 알 수 있듯이 난세에는 높은 수준의 치도와 치술을 구사할수록 국력은 정반대로 나타나고 있다. 난세와 치세의 치술이 달라야 하는 이유다. 동서고금을 막론하고 병가와 법가의 치술이 난세에 위력을 떨치는 것도 바로 이 때문이다. 현실에 초점을 맞춘 해법을 제시한 덕분이다.

상앙은 한비자와 마찬가지로 백성을 이중적인 존재로 간주했다. 군주가 솔선수범하여 잘 이끌면 천하무적의 전사가 되기도 하고, 이를 제대로 하지 못하면 군주의 존재를 우습게 여기는 폭민暴民이 된다고 본 게 그렇다. 이를 뒷받침하는 〈설민〉의 해당 대목이다.

백성은 다스려지면서도 혼란스럽기 마련이다. 백성이 혼란스러울 때 혼란스러운 방법으로 다스리면 다시 혼란스러워진다. 안정되었을 때 다스려야 잘 다스려지고, 혼란스러울 때 다스리면 계속 혼란스러워지는 이유다.

상앙은 백성의 일이 안정되었을 때 다스리는 것을 '치어기치治於其治', 백성의 일이 어지러울 때 다스리는 것을 '치어기란治於其亂'으로 표현했다. 통치의 요체를 어지러움을 다스리는 치란治亂에서 찾지 않고 안정을 다스리는 치치治治에서 찾은 것은 상앙의 창견創見이다. 상앙은 이중적인 존재인 백성을 제대로 다스리기 위한 '치치'의 요체를 한비자와 마찬가지로 법치와 술치術治 및 세치勢治에서 찾았다. 한비자를 법치와 술치 및 세치 이론의 창시자로 보는 기존의 견해에 수정이 필요한 이유다. 〈금사〉에 이를 뒷받침하는 대목이 나온다.

무릇 군주가 나라를 다스리는 기본 원칙은 보위가 지니고 있는 위세威勢와 다양한 수단을 동원해 신민을 다스리는 권술權術이다. 바람을 타고 나는 쑥이 돌개바람을 만나 1,000리를 갈 수 있는 것은 풍세風勢에 올라탔기 때문이고, 깊은 연못을 측량하는 자가 1,000길이나 되는 깊이를 알 수 있는 것은 줄을 드리우는 술수術數를 썼기 때문이다. 풍세에 의지하면 아무리 멀지라도 반드시 이를 수 있고, 줄을 드리워 깊이를 재는 술수를 쓰면 아무리 깊은 곳도 능히 측량할 수 있다. 칠흑같이 어두운 밤에는 천리안을 지닌 이루離婁조차 산이나 구릉같이 큰 물체도 제대로 분간하지 못하지만, 밝은 햇살이 비치는 맑은 아침에는 위로는 하늘 높이 나는 새도 식별하고 아래로는 추호의 끝까지 볼 수 있다. 눈으로 물체를 식별하는 것은 햇빛을 비추는 일세日勢 덕분이다. 군주가 장악하고 있는 위세가 절정에 이르면 서로 견제하는 관원을 나란히 두지 않아도 관원들은 청렴하고, 연못에 자를 드리우는 식의 권술을 구사하면 만사가 합당하게 처리된다.

　이를 통해 상앙이 결코 법치만 역설한 게 아니라는 사실을 쉽게 알 수 있다. 한비자의 법술세 이론이 사실은 상앙에서 비롯된 것임을 방증한다. 상앙은 자신의 법치 이론 위에 비슷한 시기에 활약한 신불해 및 신도의 술치와 세치 이론까지 흡입해 '농전'을 이론적으로 뒷받침한 셈이다.

원문
..

백성을 법령에 굴복하게 만들면 나라가 강성해진다. 나라가 강성한 것은 백성들이 법령에 굴복해 법을 준수하기 때문이다. 통치를 잘하는 나라는 백성들의 준법을 위해 법령 앞에 굴복하도록 만드는 데 힘쓴다. 백성들이 순박하면 나라가 강성해지고, 백성들이 방탕하면 나라가 쇠약해진다. 백성들이 법령에 굴복하면 법을 준수하고, 방탕하면 이기기를 좋아하는 마음을 갖게 된다. 백성들이 법령에 굴복하면 쓸모가 있고, 백성들이 이기기를 좋아하면 억세져 법을 준수하지 않는다. 그래서 "백성을 사납게 만드는 방법으로 사나운 백성을 없애고자 하는 나라는 쇠약해지고, 백성을 법령에 굴복하도록 만드는 방법으로 사나운 백성을 제거하는 나라는 강해진다"고 말하는 것이다.
　백성은 선정을 베풀면 친족을 아끼고, 군주에게 쓰이는 게 이익이 되도록 하면 군주와 한마음이 된다. 군주가 그들을 사용하면 그들은 소임을 갖게 되고, 그들이 군주와 한마음이 되면 군주를 위해 전력을 다한다. 백성들 모두 맡은 바 임무가 있고, 임무수행을 위해 전력을 다하면 그 나라의 정사는 이내 풍성한 성과를 거두게 된다. 군주가 법을 버리고, 백성들이 선하다고 여기는 인애의 통치술을 구사하면 간사한 일이 많아진다.

백성들이 가난하면 힘써 부를 축적하고, 힘써 부를 축적하면 방탕해지고, 방탕하면 폐해가 나타난다. 백성들이 부유할 경우 그들을 사용하지 않을 때는 식량을 바쳐 작위를 얻도록 한다. 각자 반드시 자신의 역량으로 식량을 생산해 작위와 바꾸도록 하면 농민들이 게으름을 피우지 않는다. 농민이 게으름을 피우지 않으면 나라를 좀먹는 유가의 6슬이 싹을 틔우지 못한다. 나라가 부유할지라도 국고를 계속 채우면서 가난한 백성을 부유하게 만들고 부유한 백성의 부를 덜어내는 방법으로 다스리면 나라의 강성함을 배가시킬 수 있다.

군대는 쇠약해지기는 쉬우나 강해지기는 어렵다. 백성은 살아 있는 것을 즐거워하고 안일한 삶을 좋아한다. 목숨을 바쳐 나라를 위해 싸우도록 만드는 것도 어렵고 출정에 나서도록 유인하는 것도 어려운 일이다. 백성들이 이를 쉽게 여기도록 만들 수 있으면 그 나라는 강해진다. 적국에서 백성들이 전쟁에 대해 부끄러움을 느끼게 되면 거기에는 간사한 자가 많아진다. 이때 아군에서 포상을 적게 줄지라도 전쟁에 패하지 않는다. 적국에 간사한 자가 많아지고 전쟁에 대해 의심하는 자가 많아지면 적의 패배는 필연이다. 이것이 아군에게 유리하게 작용하기 때문이다. 병력이 지극히 강하면 위력이 있고, 전쟁에 대해 부끄러워하지 않으면 유리하다. 병력을 부리면서 오랫동안 유리한 형세에 처해 있으면 반드시 천하를 호령하는 왕자가 된다. 군대는 적이 감히 행하지 못하는 일을 행하면 강해지고, 전쟁은 적이 부끄러워하는 일을 할 수 있으면 유리해진다.

나라에 법이 있으면 백성들은 그들의 지위에 만족하고, 군주가 때에 맞춰 임기응변을 잘하면 국가사업은 적절히 이루어진다. 나라가 백성의 본분을 지키도록 하는 법도를 견지하고, 군주가 권력을 장악하고 있으면 유리하다. 군주는 상황에 따른 임기응변을 귀하게 여기고, 나라는 법이 안정되어 변화가 적은 것을 귀하게 여긴다. 포상으로 받는 작록이 농전 한 가지에서만 나오면 나라에는 물자가 많아지고, 여러 분야에서 작록이 나오면 나라에는 물자가 적어진다. 농전 한 가지만 견지하는 나라는 잘 다스려지고, 유가 등이 제창하는 덕목을 좇는 나라는 어지러워진다. 나라가 잘 다스려지면 강해지고, 어지러워지면 쇠약해진다. 나라가 강하면 천하의 모든 물자가 모이고, 약하면 기왓장처럼 흩어진다. 천하의 물자를 모여들게 하는 것은 나라가 강하기 때문이고, 기왓장처럼 흩어져 나가게 하는 것은 나라가 약하기 때문이다.

백성은 치욕을 당하면 작위를 귀중하게 여기고, 법령에 굴복하면 관원을 존중하고, 가난하면 포상을 중시한다. 형벌로 백성을 다스리면 백성은 군주에게 쓰이는 것을 즐거워하고, 포상으로 싸우도록 격려하면 죽음도 가볍게 여길 것이다. 전쟁을 사전에 준비해 군사를 부리면 나라가 강해진다. 백성들은 사사롭게 영예를 얻을 수 있으면 작위를 천시하며 관직을 경시하고, 부유하면 포상을 가볍게 여긴다. 백성을 다스릴 때 형벌로 치욕을 주면 전쟁할 때 용감하게 싸울 것이다. 백성이 죽음을 두려워하고 정사가 혼란할 때 전쟁을 하면 병사와 농민이 게으름을 피우게 되어 나라가 쇠약해진다.

농업과 상업 및 관직 등 세 가지 직종은 나라가 합법적으로 승인한 직종이다. 농민은 땅을 개간하고, 상인은 물품을 교역하고, 관원은 백성을 다스린다. 이들 세 가지 직종이 만들어내는 일 가운데 나라를 좀먹는 6슬이 있다. 농업을 해치는 것은 연말에 여분의 양식을 마련한 후 손님을 초대하는 세찬歲饌과 진탕 먹고 마시는 식탐食食이다. 상업을 해치는 것은 화려하게 치장하는 미장美裝과 진기한 물건을 추구하는 호기好奇다. 관직을 해치는 것은 소극적으로 업무에 임하는 약지弱志와 복지부동의 자세로 일을 처리해 나가는 관행慣行이다. 이들 6슬이 있는 나라는 반드시 쇠약해진다. 농민은 여유분의 식량이 있으면 연말에 크게 잔치를 열고 손님을 초대한 뒤 진탕 먹고 마신다. 상인은 폭리를 챙기는 가운데 화려한 의복 등으로 치장하고 진기한 물건을 추구함으로써 실용적인 기물의 경영에 손상을 입힌다. 관원은 여러 부서에 배치되어 권한을 휘두르며 일에 열성을 다하지 않는 까닭에 공무수행 의지와 행위가 병들어버린다. 이들 6슬이 습속을 이루게 되면 그 나라 군대는 반드시 크게 패하고 만다.

법이 왜곡되면 정사가 혼란해지고, 공허한 이야기를 하는 선한 자를 임용하면 공리공담이 많아진다. 이런저런 조치가 많아지면 나라가 혼란해지고, 공리공담이 많아지면 군대가 쇠약해진다. 법이 명확하면 모든 조치가 간단해지고, 농전에 힘쓰는 자를 임용하면 이런저런 말이 그치게 된다. 조치가 간략하면 나라가 잘 다스려지고, 공리공담이 그치면 군대가 강해진다. 조치가 광대하면 나라가 약소해지고, 조치가 협소하면 나라가 강대해진다.

조정에서 내리는 일련의 조치가 백성들이 싫어하는 형벌 같은 것이면 백성들이 법령에 굴복해 법을 준수한다. 그러나 백성들이 좋아하는 인의도덕 같은 것이면 백성들은 오히려 사나워져 법령을 우습게 여기며 어기게 된다. 백성이 법령에 굴복하면 나라가 강해지고, 법령을 우습게 여기며 사나워지면 나라가 쇠약해진다. 백성들이 좋아하는 조치를 쓰면 백성들이 억세진다. 이미 사나운데도 이런 방법으로 백성들을 강하게 만들면

약한 군사력이 더욱 쇠약해진다. 백성들이 좋아하는 유가의 덕목으로 다스리고자 하면 백성들이 더욱 사나워진다. 그러나 사나운 백성을 법령에 굴복하도록 만들면 군사력이 더욱 강해진다. 그래서 백성을 사납게 만드는 조치로 다스리면 군대는 더욱 약해지고, 법령에 굴복하게 만드는 조치로 다스리면 군대는 더욱 강해진다. 군대가 더욱 강해지면 이내 천하를 호령하는 왕자가 된다.

유가의 덕목처럼 오히려 백성을 사납게 만드는 조치로 사나운 백성을 다스리는 이강정강을 행하면 국력이 쇠약해진다. 사나운 백성이 횡행하기 때문이다. 백성을 법령에 굴복하도록 만드는 조치로 사나운 백성을 다스리는 이약정약以弱政弱을 행하면 국력이 강해진다. 사나운 백성이 제거되었기 때문이다. 사나운 백성이 존재하는 나라는 국력이 쇠약해지고, 이들을 가차 없이 제거한 나라는 천하를 호령하게 된다. 유가의 덕목처럼 백성을 사납게 만드는 조치로 유약한 백성을 다스리는 이강정약을 행하면 영토가 깎인다. 그러나 백성을 법령에 굴복하게 만드는 조치로 사나운 백성을 다스리는 이약정강을 행하면 천하를 호령하게 된다.

명군은 신하를 부릴 때 임용은 반드시 전공에 따라 행하고, 포상은 반드시 업적을 좇는다. 군주가 백성들로 하여금 이를 마치 밝은 해와 달처럼 신뢰하게 만들면 천하무적이 된다. 전설적인 천리안인 이루離婁는 백보 밖에서도 능히 추호秋毫의 끝을 볼 수 있지만 자신의 밝은 눈을 남에게 줄 수는 없다. 오확烏獲 역시 천균千鈞의 무게를 들 수 있지만 자신의 힘을 남에게 줄 수는 없다. 성현도 뛰어난 성품을 지니고 있지만 이를 남에게 줄 수는 없다. 지금 권력을 장악한 자들이 모두 위대한 성인이 되고자 하는 것은 곧 법치의 실행을 의미한다. 법을 등지고 나라를 다스리면 이는 마치 짐은 무겁고 갈 길은 먼데 말과 소가 없고, 큰 내를 건너는 데 배와

노가 없는 격이다.

인구가 많고 군대가 강하면 이는 제왕의 큰 자산이다. 그러나 명확한 법으로 이를 지키지 않으면 멸망과 이웃하는 격이다. 명군은 법을 명확히 하는 이유다. 그리하면 나라 안의 백성들은 간사하거나 방탕한 마음이 없고, 유세를 하거나 은둔하는 선비들은 전장으로 내몰리게 되고, 온 백성이 모두 농사짓고 싸우는 경전耕戰에 매진하게 된다.

이를 알 수 있는 근거가 있다. 초나라 백성은 행동이 민첩하고 질서가 정연하다. 빠르기가 회오리바람 같고, 완宛 땅에서 나는 강철로 만든 창은 벌이나 전갈의 독침처럼 날카롭고, 상어 가죽과 무소 가죽으로 만든 갑옷을 입으면 쇠와 돌덩이처럼 견고하다. 장강과 한수를 성을 두르는 해자로 삼고, 여수汝水와 영수潁水를 변경으로 삼고 있다. 등鄧 땅의 숲에 가려져 있고, 방성方城이 병풍처럼 둘려 있다. 그러나 진秦나라 군사가 이르자 언鄢과 영郢 땅이 이내 함락되고 말았다. 마치 마른 잎을 쳐 떨어뜨리는 것과 같았다. 초나라 장수 당멸唐蔑은 수사垂沙에서 전사했고, 장교莊蹻는 안에서 반란을 일으켰다. 초나라가 다섯 개로 분열된 이유다. 초나라 영토가 크지 않은 것도 아니고, 백성들이 많지 않은 것도 아니고, 갑옷이나 병기 및 물자가 많지 않은 것도 아니었다. 결국 전쟁에서 승리하지 못했고, 수비도 굳건하지 못했다. 이는 법이 없어 그리된 것이다. 저울을 버리고 무게를 잰 꼴이다.

_〈상군서〉〈약민〉

제5장

비중 있는 것과 아닌 것을 구분한다

군신술君臣術

헛된 명성을 경계하라

군신君臣은 군주와 신민臣民을 뜻한다. 군주와 신하를 치민治民의 주체로 간주하는 '군신공치君臣共治'의 입장을 취한 점에서 유가와 같다. 법가와 유가의 치국평천하 사상이 접목하는 지점이다. 그러나 〈군신〉에서 말하는 '군신공치'는 유가와 사뭇 다르다. 유가는 말 그대로 군주와 신하를 동등한 존재로 간주한다. 공자가 '군군신신君君臣臣'을 역설한 이유다. 순자가 군주를 존중하며 현명한 신하를 현자로 대우하는 이른바 '존군현현尊君賢賢'을 역설한 것도 같은 맥락이다. 공자사상의 정맥이 맹자가 아닌 순자로 이어졌다고 평하는 이유다. 맹자가 군주를 가벼이 여기고 백성을 높이는 '귀민경군貴民輕君'을 역설한 것과 대비된다.

맹자는 공자 및 순자와 마찬가지로 '군신공치'의 입장에 서 있었던 까닭에 그의 '귀민'은 일종의 슬로건에 가깝다. 실제로 열국이 한 치의 양보도 없이 치열한 각축전을 벌인 전국시대 말기에 맹자가 보여준 천하유세는 시종 현실과 동떨어진 '왕도' 행보로 점철되었다. 이는 공자의 천하 유세와 사뭇 다른 것이다.

상앙이 〈군신〉에서 역설한 '군신공치'는 맹자와 정반대다. 신臣을 군君과 분리시켜 민民과 접속시킨 게 그렇다. 겉만 보면 '신'은 '군'과 함께 치자의 범주에 들어가지만 그 내막을 보면 '민'과 함께 피치자의 범주에 들어간다. 순자가 역설한 '존군현현'에서 '존군'만 남고, '현현'은 사라진 셈이다. 신하를 군주의 명을 집행하는 수하로 간주한 결과다. 〈군신〉의 다음 대목이 이를 뒷받침한다.

> 보위에 앉아 있어도 군명君命이 집행되지 않으면 위험하고, 5관이 업무를 분장할지라도 법제가 없으면 혼란스러워지고, 법제가 설치되어 있어도 사적인 선행이 앞서면 백성들은 형벌을 두려워하지 않게 된다. 법제가 명확치 못하면 백성의 군명 이행을 기대하는 것은 불가능하다. 백성들이 군명을 이행하지 않는데도 군주의 존엄을 기대하는 것은 설령 요순의 지혜를 지니고 있을지라도 이룰 수 없는 일이다. 오늘날의 군주는 법을 버린 채 간교한 지혜를 사용하고, 전공을 세운 자를 무시한 채 실력은 없고 헛된 명성만 있는 자를 임용하고 있다. 장병들이 싸우려 하지 않고, 농민들이 각처를 떠도는 이유다.

군명 집행의 요체를 엄격한 법치에서 찾은 결과다. 이는 한비자에게 그대로 이어졌다. 한비자가 스승인 순자의 예치에 회의를 나타내며 상앙의 법치에 귀를 기울인 배경이 여기에 있다. 사실 예와 법은 종이 한 장 차이밖에 없다. 예를 강압적으로 시행하면 곧 법이 되고, 법에 융통성을 부여하면 예가 된다. 한비자가 순자의 예치와 상앙의 법치를 하나로 녹여 법가사상의 수준을 한 단계 끌어올렸다는 평가를 받는 이유다.《도덕경》에 대한 최초의 주석을 가하면서 '무위지치'를 법치의 궁극적인 목표로 상정한 게 그렇다.

아는 만큼 답이 보인다

상앙은 비록 노자의 도치를 구체적으로 언급하지는 않았으나 사상적인 맥락에서 보면 그가 역설한 법치는 노자의 무위지치無爲之治와 맥을 같이하고 있다. 그 역시 엄정하고도 공평무사한 무사법치無私法治를 역설했기 때문이다. 〈군신〉의 가장 큰 특징은 법치를 지극한 정사인 지치至治로 간주한 데있다. 〈군신〉의 해당 대목을 살펴보자.

> 명군은 법제를 중시한다. 말이 법에 맞지 않으면 따르지 않고, 행위가 법에 맞지 않으면 높여주지 않고, 일이 법에 맞지 않으면 실행하지 않는다. 말이 법에 맞으면 옳다고 여기고, 행위가 법에 맞으면 높여주고, 일이 법에 맞으면 실행한다. 나라가 잘 다스려지고, 국토가 광대하고, 군대가 강하고, 군주가 존엄한 이유다. 이것이 지극한 정사다.

원문은 '치지지治之至'로 되어 있는데, 형용사 '지至'를 강조하기 위한 것으로 결국 '지치'와 같은 뜻이다. 〈금사〉에서는 '지치'를 사용해 좀더 구체적으로 이를 논하고 있다.

군주가 비리를 금하고 신민을 부리는 관건은 상벌에 있다. 포상은 전공에 따르고, 형벌은 죄질에 따른다. 군주가 이런 원칙을 분명히 알지 못하면 이는 치국의 기본 원칙이 없는 것과 같다. '지치'의 상황에서는 부부나 친구조차 상대방의 죄과나 비리를 덮어주거나 사적으로 친밀한 관계로 인해 법을 공정성을 해칠 수 없고, 백성들도 서로의 잘못을 덮어줄 수 없다.

비리를 금하고 신민을 부리며 군명君命을 관철하는 완벽한 법치가 곧 '지치'라고 주장한 셈이다. 원래 제자백가 모두 자신들이 제시한 치국방략만이 '지치'를 이룰 수 있는 유일한 길이라고 주장했다. 노자와 장자 및 열자 등 도가는 무위지치로 상징되는 도치道治를 지치로 여겼다. 이를 뒷받침하는 《장자莊子》〈거협胠篋〉의 해당 대목을 살펴보자.

> 그대만이 지덕至德이 유지되었던 시대를 모르고 있다는 말인가? 그 옛날 용성씨容成氏와 복희씨伏羲氏, 신농씨神農氏 등이 다스리던 때는 백성들이 새끼줄을 묶어 서로 의사를 전하고, 자신들의 음식을 달게 먹었고, 자신들의 의복을 아름답게 여겼고, 자신들의 풍속을 즐거워했고, 자신들의 거처를 편안하게 여겼다. 이웃나라가 서로 바라보이고, 닭 우는 소리와 개 짖는 소리가 서로 들릴 정도였다. 사람들은 늙어 죽을 때까지 서로 왕래하지 않았다. 당시야말로 '지치'의 시대였다.

이는 《도덕경》 제81장에 나오는 '소국과민'을 풀이해놓은 것이다. 원래 도가에서 말하는 '지至'는 '무불유無不有'를 전제로 한 '무無'로 표현된 게 특징이다. 무지無知와 무언無言, 무행無行, 무위無爲, 무치無治 등은 결국 지지至知와 지언至言, 지행至行, 지위至爲, 지치至治를 달리 표현한 것이나 다름없다. 《열자列子》〈역명力命〉이 첫머리에서 《도덕경》 제57장의 무위자연無爲自然을 풀이해놓은 다음 대목이 이를 뒷받침한다.

이미 운명이라고 말했다면 어찌 그것을 제어하는 자가 있겠는가? 나는 곧은 것은 협조하고, 굽은 것은 그대로 방임할 뿐이다. 그래서 사람들은 스스로 장수하거나 요절하고, 스스로 현달하거나 궁해지고, 스스로 귀해지거나 천해지고, 스스로 부유하거나 가난해지는 것이다. 내가 어찌 그것을 알 수 있겠는가?

'도'가 인간을 포함한 천지만물의 운명에 직접 개입하는 것 자체를 부인한 것이다. 노자가 역설한 무위자연의 취지에 부합한다. 이런 관점에 입각해야만 비로소 유가에서 말하는 인위적인 덕을 쉼 없이 쌓는데도 현생에서 부귀를 누리지 못하고, 오히려 악덕을 행하는 자가 부귀영화를 누리는 불합리한 상황을 제대로 파악할 수 있다.

이에 대해 공자는 인치仁治, 묵자와 맹자는 의치義治, 순자는 예치禮治를 주장했다. '의치'와 '예치'는 공자가 역설한 '인치'를 자기 나름으로 재해석한 것이다. 《논어》 전 편을 통해 인仁이 예禮와 함께 거론된 점에 비춰보면 순자의 '예치'가 공자의 '인치'에 가깝다. 인의仁義를 역설하면서 '의'에 방점을 찍은 묵자와 맹자의 '의치'는 사실 공자가 말한 '인치'에서 벗어난 이단적인 것이다. 《논어》는 '의'를 이利의 대립 개념으로만 사용하고 있기 때문이다. 이를 의리지변義利之辨이라고 한다. 《맹자》〈진심하盡心下〉는 '지치'를 이같이 풀이해놓았다.

요순은 인간의 선한 본성을 좇아 자연스럽게 행했고, 탕왕과 무왕은 인위적인 노력으로 선한 본성을 회복했다. 이것이 곧 성덕盛德이 지극한 지치다.

성선설에 입각한 해석이다. 아무리 난세가 극에 달했을지라도 오직 왕도를 통해서만 천하를 통일할 수 있다고 역설한 배경이다. 순자는 이를 비판했다. 현실을 무시한 하나의 이상론에 지나지 않는다고 본 것이다. 그가 맹자와 달리 비록 왕도를 앞에 내세우기는 했으나 무력을 배경으로 한 패도霸道에 입각해 천하를 통일하는 것도 가능하다고 주장한 이유다. 이를 뒷받침하는 대목이 《순자》〈강국彊國〉에 나온다.

> 편안한데도 다스려지고, 간약한데도 상세히 처리되고, 번거롭지 않은데도 공을 세우는 것이 '지치'다. 지금 진秦나라가 거의 그런 경지에 이르렀다. 비록 그렇기는 하나 왕자王者의 공명功名과 비교하면 아직 크게 미치지 못하고 있다. 예를 행할 줄 아는 유자儒者가 없기 때문입니다. 그래서 이르기를 "예치를 완전히 행하면 왕자, 불완전하게 행하면 패자, 하나도 행하지 못하면 망자亡者가 된다"고 하는 것이다. 진나라가 부족한 점이다.

순자가 예치를 역설하며 패도를 적극 수용한 것은 바로 이 때문이다. '이상은 이상이고, 현실은 현실이다'라는 과학적인 정신에서 나온 것이다. 그가 예치, 즉 문치文治를 행하는 왕도를 앞세우면서도 법치와 무치武治를 기반으로 한 패도를 그다음으로 수용하는 이른바 선왕후패善王後霸를 역설한 배경이 여기에 있다.

이에 대해 그의 제자 한비자는 스승의 예치 주장에 커다란 회의를 나타냈다. 스승의 예치 역시 '의'를 역설한 맹자의 왕도 주장과 마찬가지로 공허하다고 본 것이다. 사대부들도 인간의 '호리지성'에서 벗어날 수 없다고 판단한 결과다. 그가 상앙의 주장을 좇아 공평무사하면서도 엄정한 법치를 '지치'로 간주한 이유다. 《한비자》도 《상군서》와 마찬가지로 '치지지治之

至'와 '지치'를 함께 사용하고 있다. 먼저 '치지지'를 언급한 부분부터 보자. 《한비자》〈유도有度〉의 해당 대목이다.

군주는 현철賢哲한 신하를 사사로운 감정으로 대하지 않고, 재능이 뛰어난 신하를 사사롭게 편애해 활용하는 일이 없어야 한다. 그리하면 백성들은 살던 고을을 떠나 멀리까지 가서 사람을 사귈 필요가 없다. 100리가 넘는 곳에 사는 사람과 친구가 되는 일도 없을 것이다. 누구든 벼슬이 높은 사람과 낮은 사람이 서로 직분을 넘지 못하게 하고, 어리석은 자와 현명한 자를 저울로 달듯이 능력에 맞게 가려 쓰면 '치지지'를 이루게 된다.

인재의 적재적소 활용에서 '지치'를 찾은 셈이다. 《한비자》〈대체大體〉에서도 '치지지' 용어를 사용해 《도덕경》의 무위지치 이념을 풀이하면서 곁들여 '지치'를 논하고 있다.

군신 상하가 모두 소박해 도를 집으로 삼는다. 끝없는 이익이 쌓이고, 큰 공이 이루어지는 이유다. 살아서는 명성을 떨치고, 죽어서는 그 덕망이 오래도록 이어지니 가히 '치지지'라고 이를 만하다.

《한비자》에 나오는 '치지지'는 법치를 노자의 무위지치 취지에 입각해 도치의 일환으로 해석한 게 특징이다. 이에 대해 '지치' 용어를 쓴 경우는 《상군서》와 마찬가지로 《도덕경》을 끌어들이지 않고 공평무사한 법치 자체를 곧바로 '지치'로 규정한 게 특징이다. 이를 뒷받침하는 《한비자》〈제분制分〉의 해당 대목이다.

무릇 '지치'의 나라는 간사한 짓의 방지를 최우선의 과제로 삼는다. 그 이유는 무엇일까? 간사한 짓의 방지가 바로 인지상정과 상통하고, 치국의 도리에 닿기 때문이다. 그렇다면 은밀하게 행해지는 간사한 짓은 어떻게 제거할 수 있을까? 백성들로 하여금 서로 은밀한 사정을 살피도록 독려하면 된다. 그렇다면 어떻게 서로 은밀한 사정을 살피도록 할 수 있을까? 마을 단위로 묶어 함께 책임지도록 하고, 고발 등을 곧바로 행하지 않으면 연좌連坐시켜 처벌하는 도리밖에 없다. 금령 위반에 따른 연좌가 자신에게 미칠 경우 사람들은 혹여 법규 위반이 없는지 서로 감시할 수밖에 없게 된다.

내용 자체가 《상군서》〈금사禁使〉에서 "지치의 상황에서는 부부나 친구조차 상대방의 죄과나 비리를 덮어주거나 사적으로 친밀한 관계로 인해 법을 공정성을 해칠 수 없다"고 언명한 것을 자세히 풀이해놓은 것이나 다름없다. 《한비자》〈용인用人〉에서는 법치를 통해 이룬 '지치'의 모습을 역사적인 예를 들어 좀더 알기 쉽게 설명해놓았다.

바른 과녁을 무시하고 멋대로 활을 쏘면 비록 적중할지라도 재주가 있다고 말하지 않고, 법제를 버리고 함부로 노여워하면 비록 죽일지라도 간사한 자는 두려워하지 않는다. '지치'의 나라는 상벌만 있고 감정에 따른 희로喜怒는 없다. 뛰어난 법술을 지닌 사람은 전심전력으로 법제를 봉행한다. 형법을 기준으로 징벌을 가하는 일은 있어도 군주의 사적인 분노로 인한 해독害毒이 없는 까닭에 간사한 사람조차 승복하게 된다. 활을 쏘아 과녁을 적중시키듯 상벌을 내리는 게 합당하면 요임금이 다시 소생하고, 전설적인 명궁인 예羿가 다시 온 것과 같다. 이같이 하면 군주는 하나라나 은나라처럼 망할 염려가 없고, 신하는 은나라 마지막 왕 주紂에 의해 가슴이 쪼개진 비간比干처럼 화를 당할 일이 없다.

군주는 베개를 높이 베고, 신하는 즐겨 일에 힘쓰고, 도는 천지에 두루 미치고, 은덕은 만세에 이를 것이다.

원래 상앙의 법치는 법가가 병가와 분화되기 이전에 나타난 까닭에 병가의 무치와 엄격히 구분하기가 힘들다. 일하며 싸우는 부국강병 방략인 '농전' 용어가 상징하듯 법치와 무치를 같은 비중으로 역설하고 있기 때문이다. 주목할 것은 법치를 전제로 한 상앙의 '지치' 주장 속에 노자의 무위지치 사상이 내재해 있는 점이다. 엄정하면서도 공평무사한 법집행을 역설한 게 그렇다. 비록 한비자가 《도덕경》에 주석을 가하며 법치의 수준을 고도로 격상시키기는 했으나 그 단초는 상앙이 제공한 셈이다.

원문

..

옛날 군신과 상하의 구별이 없었을 때는 백성들이 혼란스러워 제대로 다스릴 수 없었다. 성인이 나서 귀천을 나누고, 작위를 제정하고, 명분과 호칭을 확립하고, 군신 및 상하의 관계를 구별한 이유다. 땅은 넓고, 백성은 많고, 만물은 번다했던 까닭에 사도司徒와 사마司馬, 사공司空, 사구司寇, 사사司事 등 다섯 가지 관직인 5관五官을 두고 여러 사안을 종합적으로 다루게 했다. 이어 백성이 많아 간사한 일이 생기자 법제를 수립해 도량형을 제정함으로써 이를 금했다. 군신의 의리와 5관의 직분, 법제의 금지 등이 생겨난 이유다. 신중히 다루지 않을 수 없다.

보위에 앉아 있어도 군명君命이 집행되지 않으면 위험하고, 5관이 업무를 분장할지라도 법제가 없으면 혼란스러워지고, 법제가 설치되어 있어도 사적인 선행善行이 앞서면 백성들은 형벌을 두려워하지 않게 된다. 군주가 존엄하면 군명이 차질 없이 집행되고, 관원이 질서정연하면 법에 따른 업무처리가 가능해지고, 법제가 명확하면 백성들이 형벌을 두려워하게 된다. 법제가 명확하지 못하면 백성의 군명 이행을 기대하는 것은 불가능하다. 백성들이 군명을 이행하지 않는데도 군주의 존엄을 기대하는 것은 설령 요순의 지혜를 지니고 있을지라도 이룰 수 없는 일이다.

명군은 천하를 다스릴 때 법에 근거해 정사를 처리하고, 전공을 헤아려 포상했다. 무릇 백성들이 적극적으로 전쟁에 참여해 죽음을 두려워하지 않는 것은 작록을 얻으려는 열망 때문이다. 명군은 나라를 다스릴 때 병사가 적의 수급을 베고 포로를 잡는 전공을 세울 경우 반드시 작위는 영광으로 여길 정도의 수준으로 하사하고, 녹봉은 능히 먹고 지낼 수 있는 수준으로 내린다. 농민들 가운데 양친의 봉양 문제로 향리를 떠나기 어려운 자에게는 족히 양친을 부양할 수 있는 정도의 상을 내린다. 이것이 군사를 다루는 이치다. 명군의 치세 때 전쟁에 참여하는 장병이 죽음으로 절조를 지키고, 농민이 게으름을 피우지 않는 이유가 여기에 있다.

그러나 오늘날의 군주는 그렇지 않다. 법을 버린 채 간교한 지혜를 사용하고, 전공을 세운 자를 무시한 채 실력은 없고 헛된 명성만 있는 자를 임용하고 있다. 장병들이 싸우려 하지 않고, 농민들이 각처를 떠도는 이유다. 내가 듣건대 "백성을 이끌어가는 관건은 전적으로 군주가 우선시하는 것에 달려 있다"고 했다. 군주가 앞장서야 백성을 농전에 전념하게 만들 수도 있고, 유세하며 관직을 구하게 만들 수도 있고, 학문에 종사하게 만들 수도 있다. 이는 군주가 그들을 어떻게 대우하느냐에 달려 있다.

군주가 전공을 좇아 포상하면 백성들은 다퉈 전쟁에 나아갈 것이고,

《시》와《서》등의 경서를 익힌 정도에 따라 포상하면 백성들은 학문에 힘쓸 것이다. 백성들이 이익을 추구하는 것은 마치 물이 아래로 흐르는 것과 같다. 동서남북 사방 가운데 어느 한쪽을 택하는 게 아니다. 단지 이익을 얻을 수 있기에 그쪽으로 몰리는 것일 뿐이다. 군주가 농전 쪽에만 포상한 결과다.

그러기 위해서는 첫째, 눈을 부릅뜨고 팔을 걷어 부치며 무용담을 늘어놓는 자가 이익을 얻도록 해서는 안 된다. 둘째, 옷자락을 늘어뜨리고 현란한 언변을 구사하는 자가 이익을 얻도록 해서는 안 된다. 셋째, 오랜 세월 권문세족을 위해 일한 자가 이익을 얻도록 해서는 안 된다. 만일 군주가 이들 세 부류의 인간을 존중해 전공이 없는데도 이익을 얻을 수 있게 하면 백성들은 농전을 버리고 이런 일을 하고자 할 것이다. 혹자는 공리공담으로 이익을 추구하고, 혹자는 아첨을 무기로 군주의 총애를 받는 고관을 섬기면서 사리를 추구하고, 혹자는 용맹을 내세워 사리를 다투게 된다. 결국 농전에 종사하는 백성이 날로 줄어들고, 외지를 이리저리 떠돌아다니며 먹고사는 자가 더욱 늘어나게 된다. 나라가 혼란스러워지고, 국토가 줄어들고, 군대는 쇠약해지고, 군주의 위세가 날로 떨어지는 이유다. 군주가 법제를 버리고 헛된 명성을 지닌 자들을 임용한 탓이다.

명군은 법제를 중시한다. 말이 법에 맞지 않으면 따르지 않고, 행위가 법에 맞지 않으면 높여주지 않고, 일이 법에 맞지 않으면 실행하지 않는다. 말이 법에 맞으면 옳다고 여기고, 행위가 법에 맞으면 높여주고, 일이 법에 맞으면 실행한다. 나라가 잘 다스려지고, 국토가 광대하고, 군대가 강하고, 군주가 존엄한 이유다. 이것이 지극한 정사인 지치至治다. 군주는 이를 제대로 살피지 않으면 안 된다.

_《상군서》〈군신〉

제6장

위세를 동원한다

금사술禁使術

역할 분담을 철저히 하라

금사禁使는 금지와 사역을 통칭한 말이다. 엄한 형벌로 신민의 작간作姦을 미연에 방지하고, 후한 포상을 통해 신민의 분발을 촉구해야 한다는 게 골자다. 이는 법치의 중요성을 역설한 것이다. 이를 뒷받침하는 〈금사〉의 해당 대목이다.

> 군주와 관원은 나라를 다스린다는 점에서 하는 일은 같지만 각자의 이익만큼
> 은 달리하는 경우에 해당한다. 그러나 말을 사육하는 관원과 새와 짐승을 사육
> 하는 관원으로 하여금 서로 감시하도록 한다면 이는 옳지 않다. 서로 하는 일
> 이 같고 이익도 같은 경우에 해당하기 때문이다. 만일 새와 짐승이 말을 할 수
> 있다면 말을 사육하는 관원과 새와 짐승을 사육하는 관원 모두 자신들이 저지
> 른 죄적을 피할 길이 없을 것이다. 관원과 짐승의 이익이 다르기 때문이다. 이

익이 일치하고 죄행이 같은 경우 부친은 이들을 이용할지라도 자식을 추궁할 길이 없고, 군주 또한 신하들을 추궁할 길이 없다. 관원 사이의 관계가 바로 이 익이 일치하고 죄행이 같은 대표적인 경우에 속한다. 무릇 선왕은 직무가 일치 하고 이익이 다른 자를 이용해 신민을 바로잡는 데 사용했다. 백성이 군주를 눈과 귀를 가릴지라도 그 잘못을 덮어가며 법을 해치지는 못했다. 법제에 대해 현자도 보탤 수 없고, 불초한 자도 줄일 수 없었다. 현명하다는 소리를 듣는 자 를 버리고 간교한 지혜를 지닌 자를 제거하는 것이 치국의 과정에서 다양한 수 단을 동원해 신민을 다스리는 권수權數의 요체다.

상앙은 여기서 치국의 양상을 군주와 신하의 업무 및 역할 등을 기준으 로 크게 세 가지로 나누고 있다. 첫째, 하는 일은 같지만 각자의 이익만큼은 달리하는 사합리이事合利異다. 둘째, 하는 일이 같고 이익도 같은 사합리동事 合利同이다. 셋째, 이익이 일치하고 죄행이 같은 이합악동利合惡同이다.

'사합리이'는 군주와 신하가 역할을 분담해 나라를 다스리는 것을 말한 다. 나라를 다스린다는 점에서 하는 일은 같지만 각자의 이익만큼은 달리 하는 점에서 '사합리이'에 해당한다. 군주와 신하의 이해관계를 상반된 것 으로 파악하는 법가의 기본입장이 선명히 드러나 있다. 정사는 함께 행하 지만 군주의 이익은 관원이 법을 준수하며 이를 공평히 집행하는 데 있는 반면 관원의 이익은 법을 왜곡해 사리를 꾀하는 데 있다는 판단에 따른 것 이다. 상앙과 한비자 등의 법가가 군주는 '호리지성'에 휘둘리는 신하들의 전횡을 막기 위해 늘 경계해야 한다고 역설한 이유다.

이것이 법가에서 이야기하는 군신공치君臣共治의 핵심 개념이다. 법가는 유가와 마찬가지로 똑같이 '군신공치'를 언급하고 있지만 법가가 말하는 '군 신공치'는 신하를 군주의 동반자가 아닌 수족으로 간주한 까닭에 질적으로 커다란 차이가 있다. 주인과 종 사이의 주종主從 관계로 파악한 결과다. 많은 사람들이 법가의 '군신공치'를 군주독치君主獨治로 간주하는 이유다.

'사합리동'은 관원들의 협잡을 뜻한다. 말을 사육하는 관원과 새와 짐승을 사육하는 관원을 서로 감시하도록 하는 경우가 이에 해당한다. 서로 하는 일이 같고 이익도 같은 까닭에 부정부패를 막을 길이 없다. '사합리동'의 관계에 있는 까닭에 감사가 제대로 이루어질 리 없다. 마치 고양이에게 생선을 맡겨 놓은 격이다.

'이합악동'은 관원과 민간이 서로 작당해 뇌물을 주고받으며 비리부정을 저지르는 것을 말한다. 한비자가 통치의 요체는 백성을 다스리는 데 있지 않고 관원을 다스리는 데 있다며 이른바 치리불치민治吏不治民을 역설한 것도 이 때문이다. 국가권력을 사적인 이익을 위해 휘두르는 이른바 '공권公權의 사권화私權化'를 우려했기 때문이다. 사마천은《사기》〈진시황본기秦始皇本紀〉에서 이를 폭군暴君의 징표로 거론했다. '공권의 사권화'는《예기》〈예운〉의 천하위공天下爲公,《상군서》〈수권修權〉의 위천하치천하爲天下治天下 주장과 정면으로 배치된다. 덕치를 역설한 유가와 법치를 역설한 법가 모두 최악의 통치를 '공권의 사권화'에서 찾은 점에 주목할 필요가 있다. 국가패망의 지름길로 파악한 결과다.《한비자》〈고분孤憤〉은 '공권의 사권화'를 이같이 경계하고 있다.

군주의 이로움은 유능한 자를 임용하는 데 있고, 신하의 이로움은 무능한데도 자리를 차지하는 데 있다. 군주의 이로움이 공을 세운 자에게 작록을 주는 데 있고, 신하의 이로움은 공이 없는데도 부귀를 차지하는 데 있다. 군주의 이로움은 호걸에게 능력을 발휘하도록 하는 데 있고, 신하의 이로움은 무리를 지어 자신의 당우黨羽를 임용하는 데 있다. 이로 인해 대국은 영토가 깎이고 있는데도 세도가의 집안은 부유해지고, 군주는 비천해져도 대신들은 세도가 막강해진다. 군주가 세력을 잃고 신하가 나라를 얻으면 군주의 명칭이 번신藩臣으로 바뀌고, 상국相國이 군권君權을 대신 행사하며 관원을 임면하고 호령을 발하게 된다. 이는 신하가 군주를 속이고 사적인 이익을 도모했기 때문이다.

위세로 상대를 제압하는 법

《상군서》〈금사〉에서 주목할 것은 상앙이 법치 이외에도 세치勢治와 술치術治을 언급하고 있는 점이다. 〈금사〉는 이를 세勢와 수數로 표현해놓았다. '세'는 세력, '수'는 술수, 즉 권수權數 또는 권술權術을 뜻한다. 《한비자》에 나오는 세치와 술치의 원형에 해당한다. 술치의 요체는 신하들이 간교한 방법으로 군주의 눈과 귀를 가리며 백성들을 낚는 협잡挾雜을 금하는 데 있다. 이를 뒷받침하는 〈금사〉의 해당 구절을 살펴보자.

무릇 군주가 나라를 다스리는 기본 원칙은 보위가 지니고 있는 위세威勢와 다양한 수단을 동원해 신민을 다스리는 권수權數다.

원래 법가사상을 집대성한 한비자의 사상은 상앙의 법치와 신불해의 술치, 신도의 세치를 종합한 이른바 법술세法術勢에서 그 특징을 찾을 수 있다. 그러나 〈금사〉는 상앙이 결코 법치만 역설한 게 아니라는 사실을 보여주고 있다. 21세기 현재까지 학계에서는 한비자가 한소후韓昭侯 때 재상으로 있었던 신불해申不害의 이론을 그대로 수용해 자신의 술치 이론을 만들었다는 설이 주류를 이루고 있다.

이는 반만 맞는 말이다. 신불해가 술치를 정교하게 다듬은 것은 사실이나 그 연원은 어디까지나 《상군서》에 있다. 세치와 술치를 언급한 〈금사〉가 그 증거다. 신불해의 저서가 전해지지 않는 상황에서 단언하기는 어려우나 대략 그 역시 상앙과 비슷한 시기를 살기는 했으나 상앙의 술치 이론에서 힌트를 얻어 자신만의 독특한 술치 이론을 만든 것으로 짐작된다. 결과적으로 한비자의 세치 이론 역시 법치 이론과 마찬가지로 《상군서》에 뿌리를 두고 있는 셈이다.

이들 기록을 종합해보면 신불해는 기원전 4세기 초 지금의 하남성 형양현榮陽縣 출신으로 처음에는 한나라의 하급 관리로 일하다가 후에 한소후를 섬겼다. 한나라에서 재상으로 15년간 자리를 지키며 한나라를 태평하게 다스렸다는 기록에 비춰볼 때 그의 재능이 간단하지 않았음을 알 수 있다. 《사기》는 그가 죽은 뒤에도 한나라가 문득 강해져 감히 침략하려는 자가 없었다고 기록해놓았다. 《사기》〈노자한비열전老子韓非列傳〉에는 그의 저서 《신자申子》 두 편이 기록되어 있다. 《한서》〈예문지〉에는 《신자》 여섯 편으로 나온다. 후대인들이 마구 끼워 넣은 것이다. 이는 전한 초기에서 후한 초기에 이르기까지 약 200년 동안 그의 술치 이론에 대한 세인들의 관심이 매우 높았음을 반증한다.

훗날 '신중화제국'의 초대 사회과학원장을 지낸 곽말약郭沫若은 한비자의 술치를 한비자 사상의 백미로 꼽았다. 《한비자》 전체 내용 가운데 술치가 법치와 세치 및 도치를 합친 것보다 훨씬 많은 전체의 6할에 달하고 있는 점을 논거로 제시했다. 분량 면에서 볼 때 한비자가 술치에 가장 깊은 관심을 기울였다는 그의 주장이 터무니없는 게 아니다. 그의 이런 주장은 한비자 법치사상의 요체를 법치에서 찾는 기존의 견해를 완전히 뒤엎는 것이다. 《한비자》〈정법正法〉에 이를 뒷받침하는 대목이 나온다.

상앙은 진나라를 다스리면서 고발과 연좌제를 만들어 실질적인 성과를 추구했다. 10호나 5호를 하나로 묶어 그 안에서 죄를 함께 지도록 하고, 후한 상과 엄한 벌을 확실히 내렸다. 이에 백성들은 쉬지 않고 힘써 일하고, 적을 쫓을 때는 위험에 빠져도 물러나지 않았다. 나라가 부유해지고 군사가 강해진 이유다. 그러나 진나라 군주는 신하의 간사함을 알아내는 법술이 없었다. 애써 이룬 부강이 신하들에게 이익으로 돌아간 이유다. 상앙이 비록 열 배의 노력을 기울여 법제를 바로잡고 나라를 부강하게 만들었으나 신하들은 도리어 이를 자신에게 이롭게 이용했다. 진효공 사후 진나라 군주들이 강대국의 모든 조건을 두루 갖추고도 수십 년이 지나도록 제왕의 대업을 이루지 못한 이유가 여기에 있다. 이는 법치를 이용해 관원들을 바로잡게 하는 법제가 제대로 정비되지 못한 가운데 군주 또한 위에서 제대로 술치를 제대로 구사하지 못한 데 따른 재앙이다.

한마디로 상앙의 법치론 만으로는 궁극적인 통치를 이룰 수 없다고 지적한 것이다. 이는 상앙이 진효공 사후 세족들에 의해 비참한 죽음을 당한 사실을 주목한 데 따른 것으로 보인다. 신불해가 정립한 술치 이론은 고금을 막론하고 아무리 부강을 자랑할지라도 술치를 모르면 결국 신하들에게 이용될 뿐이라는 경고를 담고 있다. 동서고금을 막론하고 군주가 신하들에게 휘둘리면 권귀의 발호로 소민小民에 대한 착취가 극성을 부린다.

한비자가 신불해의 술치 이론을 법가의 통치술로 적극 도입한 것도 이런 관점에서 바라볼 필요가 있다. 그렇다고 한비자가 곽말약의 주장처럼 법치보다 술치에 더 무게를 두었다고 단정하는 것도 약간 지나치다. 한비자는 법치와 술치 가운데 어느 것이 더 중요한지를 묻는 질문에 둘 가운데 어느 것 하나라도 소홀히 해서는 안 된다고 대답했다.《한비자》〈정법〉에는 이런 대목이 나온다.

사람이 열흘 동안 먹지 않으면 곧 죽고, 큰 추위가 한창일 때 입지 않으면 곧 죽는다. 이를 두고 옷과 음식 중 어느 쪽이 더 긴요하냐고 물으면 어느 것 하나도 없어서는 안 된다고 대답할 수밖에 없다. 모두 양생養生의 도구이기 때문이다. 지금 신불해는 술치를 말했고, 상앙은 법치를 시행했다. 술치는 군주가 신하의 능력에 따라 관직을 주고, 건의를 토대로 실적을 추궁하고, 신하의 생살권을 쥔 채 그 능력을 시험하는 것이다. 이는 군주가 확고히 장악하고 있어야 한다. 법치는 관청에 명시되어 있는 법령으로 상벌이 백성의 마음에 깊이 새겨져 있어 법을 잘 지켜 따르면 상을 내리고, 간사한 짓으로 이를 어기면 엄벌을 가하는 것을 말한다. 이는 신하가 확실히 익혀 두어야만 한다. 군주에게 술치의 기술이 없으면 윗자리에 앉은 채 이목이 가리게 되고, 신하에게 법치의 기술이 없으면 아래에서 어지러워진다. 양자 모두 하나도 없어서는 안 되는 것으로 제왕이 두루 갖춰야 할 도구다.

《한비자》 전체 내용의 6할 가량이 술치로 점철되어 있을지라도 이것만 갖고 한비자가 술치를 법치보다 더 중시했다고 단정하기 어려운 이유가 여기에 있다. 〈정법〉에 나와 있듯이 한비자 자신이 술치와 법치를 같은 비중으로 중시했기 때문이다. 게다가 그는 제왕이 갖춰야 할 통치술로 〈정법〉에서 언급한 법치와 술치 이외에도 세치와 도치까지 언급했다. 관점에 따라서는 한비자가 자신의 창견인 '도치'를 《상군서》나 《신자》 등에서 차용한 법치나 술치보다 더 중시했다고 평할 수도 있다. 실제로 《도덕경》에 대한 최초의 주석서에 해당하는 《한비자》의 〈유로喩老〉와 〈해로解老〉는 이후에 나온 그 어떤 《도덕경》 주석서보다 더 뛰어난 창견을 담고 있다.

그럼에도 곽말약의 지적처럼《한비자》가 술치에 무게를 둔 듯한 느낌을 주는 것 또한 부인할 수 없는 사실이다. 신불해의 저서인《신자》가 현존하지 않는 까닭에《상군서》에서 도출된 술치 이론이《신자》에서 어떤 이론적 가공 과정을 거쳐《한비자》로 연결되었는지 자세히 알 길이 없다. 다만《상군서》에 나오는 술치 이론이 매우 소략한 점에 비춰《신자》가 술치 이론을 《한비자》에 나오는 술치 이론 수준에 버금갈 정도로 세련되게 조탁해놓았을 공산이 크다.

《사기》와《한비자》에 나오는 신불해 관련 기록을 토대로 추론할 때 신불해가 말한 술치의 요체는 주변 사람들이 전혀 모르는 은밀한 방법으로 군신들을 통제하고 부리는 데 있다. 신하들이 발호하지 못하도록 미연에 제압하는 측면에서 보면 제신술制臣術 또는 어신술御臣術에 해당하고, 군주가 은밀히 구사한다는 측면에서 보면 일종의 잠어술潛御術에 해당한다. 나라를 다스리기 위해서는 부득이 신하를 활용할 수밖에 없다. 제대로 통제하지 못하면 '허수아비'가 될 수 있다. 만일 조금이라도 경계를 늦추면 군권이 신하들에 의해 잠식당할 우려가 크다.

한비자는 이를 통찰했다. 통치의 요체는 백성을 다스리는 데 있는 게 아니라 군신들을 다스리는 데 있다고 역설한 이유다. 그게 바로《한비자》〈외저설우하外儲說右下〉에서 언급한 치리불치민이다. 한비자의 통치사상을 한마디로 집약시켜놓은 키워드로 이는 원래 상앙에서 비롯되었다. 이를 뒷받침하는《상군서》〈금사〉의 해당 대목을 살펴보자.

잘 다스려지는 나라의 법제하에서는 백성들이 죄를 지은 책임을 피할 수 없다. 이는 마치 눈으로 본 것처럼 마음을 숨길 수 없기 때문이다. 지금 혼란스러운 나라는 그렇지 않다. 많은 관원에 의지하고 있기 때문이다. 관원은 비록 그 수는 많지만 군주를 모시는 직무는 같고, 처해 있는 위치도 같다. 직무와 지위가 같은 자들이 서로 감시하는 것은 옳지 않다. 선왕은 이해관계가 서로 다른 자들을 연대보증의 대상으로 삼았다.

군주와 신하의 이해관계를 상반된 것으로 파악하는 법가의 기본 입장이 선명히 드러나고 있다. 군주와 신하는 함께 정사를 행하지만 군주의 이익은 관원이 법을 준수하며 이를 공평히 집행하는 데 있는 반면, 관원의 이익은 법을 왜곡해 사리를 꾀하는 데 있다는 지적이 그렇다. 한비자가 상앙을 깊이 사숙했음을 보여주는 대목이다.

상앙과 한비자는 군주가 가장 경계해야 할 대상으로 주변의 신하들을 꼽았다. 최상의 방안은 군주가 모르는 음지에서 은밀히 세력을 부식할 계기를 제공하지 않는 것이고, 이를 뒤늦게 알았을 때는 가차 없이 싹을 제거하는 것이다.

《한비자》를 토대로 보면 신불해가 말한 술치는 몇 가지 점에서 상앙이 말하는 법치와 커다란 차이를 보이고 있다. 우선 법치는 드러낼수록 좋은 데 반해 술치술은 드러내지 않을수록 좋다. 법치와 술치의 차이가 가장 극명하게 드러나는 대목이다. 곽말약이 상앙을 법가로 분류하면서 신불해는 법가가 아닌 술가術家로 분류하는 게 타당하다고 주장한 이유다. 그러나 한비자가 집대성한 법가의 통치술은 도치를 비롯해 법치·술치·세치 등 네 가지 기둥 위에 서 있는 만큼 법치와 술치를 구분하는 것은 적절하지 못하다.

신불해의 술치 이론은 기본적으로 통치 권력의 두 축인 군권君權 즉 공권公權과 신권臣權 즉 사권私權으로 구성되어 있다는 전제 위에 서 있다. 통치를 군권과 신권으로 파악한 점에서는 유가와 같으나 신권을 군주의 고용 세력으로 파악한 게 다르다. 이에 반해 유가는《예기》〈예운〉의 천하위공天下爲公

이념에 입각해 신권을 군권과 동일한 창업 세력으로 간주했다. 유가와 법가가 통치 권력의 존재 이유와 발동의 정당성 등을 생각하는 게 서로 다를 수밖에 없다.

그렇다면 누구의 견해가 옳은 것일까? 20세기 중엽 중국의 대표적인 사학자 전목錢穆은 중국의 전 역사를 군권과 신권의 대립관계로 파악한 바 있다. 전목의 관점은 수천 년 동안 제왕정의 중앙집권적 관료통치 체제를 유지해온 동양 전래의 통치문화와 리더십을 분석하는 데 적합하다.

전목의 분석에 따르면 성리학이 등장한 이후 신권이 우위를 보였으나 명청대에 들어와 군권이 압도적인 우위를 차지하게 되었다. 명대 이후 신권 세력의 상징으로 작용했던 재상宰相 제도를 폐지해 조정백관을 군주의 가신으로 만든 후 신불해의 술치에 입각해 대소 관원은 물론 일반 사대부에 이르기까지 철저히 통제한 결과였다. 한비자와 신불해의 주장을 그대로 좇은 셈이다.

엄격한 법치와 술치가 실시된 청조 중엽 강희제에서 건륭제에 이르기까지 중국 역사상 최고의 전성기인 강건성세康乾盛世를 구가했다는 것은 암시하는 바가 크다. 곽말약이 주장한 것처럼 신불해의 술치 이론은 한비자가 집대성한 법가를 가장 법가답게 만든 난세 리더십의 정수에 해당한다.

신불해는 한소후와 접견한 직후 곧바로 재상에 발탁됐다. 인재를 단박에 알아보는 한소후의 지인지감知人之鑑이 간단하지 않았음을 시사한다. 이는 동시에 신불해의 지혜와 식견이 뛰어났음을 보여주는 것이기도 하다.《전국책》〈한책〉에 이를 방증하는 대목이 나온다.

"진소양왕 53년(기원전 254) 어떤 세객이 한환혜왕韓桓惠王에게 말하기를 '선군 한소후는 일세의 명군입니다. 재상 신불해 역시 일세의 현사賢士입니다. 당시 한나라와 위나라는 세력이 균등했으나 신불해는 한소후로 하여금 먼저 왕호를 칭한 위혜왕을 조현朝見하도록 했습니다. 이는 스스로 낮추는 것을 좋아하며 높이는 것을 싫어했기 때문이 아닙니다. 사안을 잘못 판단하거나 논의 끝에 잘못된 계책을 취한 것도 아닙니다. 당시 신불해는 계책을 세우면서 건의하기를, '우리가 조현하면 위나라 왕은 크게 만족해할 것입니다. 그리되면 위나라는 틀림없이 천하의 제후들에게 패해 피폐해지고, 제후들이 위나라를 미워하면 필시 우리 한나라를 받들 것입니다. 이는 다른 군주에게 제압을 당하는 일인지하一人之下의 처지를 면하게 하고, 모든 백성들의 존경을 받는 만인지상萬人之上의 위치에 서는 일을 가능하게 해줄 것입니다. 무릇 위나라 군사를 약하게 만들면 자연스레 한나라의 위세를 높이게 됩니다. 위나라를 조현하는 것보다 더 나은 방안은 없습니다'라고 했습니다."

실제로 신불해의 계책처럼 위혜왕은 자고자대하다가 서쪽 진나라 군사에게 대패해 도성을 동쪽 대량大粱으로 옮기게 됐다. 천하의 웃음거리가 된 것이다. 술치를 창안한 신불해의 방략이 결코 신하들을 제어하는 데 그치지 않고 있음을 보여준다. 신불해의 계책을 기꺼이 받아들여 신하의 예로 조현하면서 위혜왕의 자부심을 한껏 부추긴 한소후 역시 간단한 군주가 아니었음을 알 수 있다.

한소후가 곧바로 신불해를 재상으로 삼은 것은 진효공이 상앙을 받아들인 지 2년 뒤에 좌서장左庶長으로 삼은 것에 비유할 수 있다. 그만큼 한소후의 신불해에 대한 대우는 파격적인 것이었다. 신불해는 재상이 된 후 시종 안으로는 정교政敎를 널리 펼쳐 내정을 안정시키고, 밖으로는 뛰어난 외교 사령外交辭令으로 제후국들과 화친을 유지했다. 《사기》 〈노자한비열전〉에 따르면 신불해가 상국으로 있는 15년 동안 한나라가 크게 다스려지자 주변의 제후국들이 모두 두려워하며 감히 침공할 생각을 하지 못했다. 한나라는 신불해가 재상으로 있을 때가 최고의 전성기였다. 이는 그가 정립한 술치 이론이 난세의 통치술로 얼마나 유효하게 작동할 수 있는지를 반증한다.

신불해는 진나라의 상앙이 거열형을 당한 지 1년 뒤인 기원전 337년에 세상을 떠난 것으로 추정되고 있다. 신불해가 상앙과 비슷한 시기를 살면서 상앙의 '법치' 이론에 비견되는 '술치' 이론을 완성한 것은 결코 우연으로 치부할 수 없다. 이는 당시 상앙의 법가 이론을 습득한 인물이 적지 않았음을 시사한다. 열국간의 경쟁과 난세의 심도가 그만큼 깊어진 결과로 풀이할 수 있다.

한소후는 신불해가 죽은 지 4년 뒤에 세상을 떠났다. 한나라의 입장에서 볼 때 신불해와 한소후의 죽음은 치명타였다. 실제로 한소후 사후 한나라는 줄곧 약세를 면치 못하다가 가장 먼저 패망하고 말았다. 한비자가 등장할 때는 이미 손을 쓰기 어려울 정도로 피폐해 있었다. 그로서도 진나라를 중심으로 한 천하통일의 대세를 어찌할 수는 없었다. 한비자는 한나라의 전성기를 가능케 한 신불해의 술치 이론에 더 깊은 감명을 받았을 공산이 크다. 신불해를 깊이 사숙했을 가능성을 암시하는 대목이다. 비슷한 시기에 활약한 신불해, 신도와 더불어 술치와 세치의 중요성을 언급한 셈이다. 단지 방점이 법치에 찍혔을 뿐이다. 한비자를 법술세 이론의 창시자로 보는 기존의 견해에 수정이 필요하다.

엄격한 리더로 살아남는 법

사마천은 《사기》 〈상군열전〉에서 신불해와 한비자 모두 노자의 도가사상에 뿌리를 둔 것으로 기록해놓았으나 이는 액면 그대로 믿기가 어렵다. 원래 한비자는 상앙의 법치, 신불해의 술치, 신도愼到의 세치 위에 노자사상에서 차용한 도치 이론을 덧붙여 법가사상을 완성했다. 도치는《상군서》에 나오지 않는 것이다. 기존의 법가 이론에 도치 이론을 가미한 것은 한비자의 창견이다. 한비자가《도덕경》에 사상 최초의 주석을 가한 것도 이 때문이다. 신불해가 한비자처럼 노자의 도가사상에 뿌리를 두었다는 사마천의 주장은 근거가 약하다. 신불해 역시 한비자 및 신도와 마찬가지로《상군서》에 사상적 뿌리를 두었다고 보는 게 옳다. 상앙을 '진정한 의미의 법가 효시'로 보는 이유다.

신도의 세치와 신불해가 말한 술치는 병가들이 말하는 전세戰勢 및 전술戰術과 취지를 같이한다. 〈금사〉가 '상앙병법'의 핵심을 이루고 있는 이유다. 〈금사〉 첫 머리에 나오는 다음 구절이 이를 증명한다.

군주가 비리를 금하고 신민을 부리는 관건은 상벌에 있다. 포상은 전공에 따르고, 형벌은 죄질에 따른다. 전공을 논하고 죄질을 살피는 논공찰죄論功察罪는 신중히 심의하지 않을 수 없다. 무릇 전공을 세운 자의 신분을 높이고, 죄를 지은 자의 신분을 낮추는 상고벌하賞高罰下를 시행해야만 한다. 군주가 이런 원칙을 분명히 알지 못하면 이는 치국의 기본 원칙이 없는 것과 같다.

원래 신도가 정립한 세치 이론 역시 법치, 술치와 마찬가지로 1차적으로는 신하들을 제압하는 제신술制臣術로 등장한 것이다. 한비자는 상앙의 법치와 신불해의 술치 이론만으로는 신하들을 군주가 원하는 바대로 부릴 수 없다고 보았다. 그들로 하여금 군주를 두렵게 생각하도록 만들어야 법치와 술치가 제대로 작동할 수 있다고 본 것이다. 세치의 요체가 여기에 있다. 군주는 반드시 신하를 두렵게 만드는 위세威勢를 지니고 있어야 한다고 주장한 이유다. 또한 〈금사〉가 군주에게 보위가 지니고 있는 위세와 다양한 수단을 동원해 신민을 다스려야 한다고 주문한 까닭이다. 《한비자》〈공명功名〉은 그 이유를 이같이 설명해놓았다.

한 척에 불과한 나무일지라도 높은 산 위에 서 있으면 천 길의 계곡을 내려다본다. 이는 나무가 크기 때문이 아니라 서 있는 위치가 높기 때문이다. 하나라의 걸이 천자가 되어 능히 천하를 제압한 것은 그가 현명했기 때문이 아니라 세도가 막중했기 때문이다. 요임금이 필부였다면 세 집안도 바르게 할 수 없었을 것이다. 이는 그가 어리석기 때문이 아니라 지위가 낮기 때문이다. 작은 것이 높은 곳에 자리 잡고 내려다보는 것은 위치 때문이고, 불초한 자가 현자를 제어하는 것은 권세 때문이다. 신하와 군주는 욕망을 같이 하면서도 직분은 달리 하는 존재다. 성인으로서 덕은 요순 같고 행실은 백이 같을지라도 지위가 세상에 실리지 않으면 공을 세우거나 명성을 떨칠 길이 없다. 요임금이 군주로서 남면南面하며 명성을 지키고, 순임금이 신하로서 북면北面하며 공을 세울 수 있었던 이유다.

이는 권력과 지위가 뒷받침되지 않는 한 통치가 불가능하다는 사실을 지적한 것이다. 세치의 핵심은 권세를 누가 어떻게 잡아 오래도록 유지하는가 하는 문제와 직결되어 있다. 세치가 법치보다 술치와 가까운 이유다.

《사기》〈맹자순경열전孟子荀卿列傳〉에 따르면 신도는 원래 조나라 출신으로 제나라 출신 전병田駢과 접자接子를 비롯해 초나라 출신 환연環淵 등과 함께 노자의 학문을 연구했다. 대략 맹자가 활약한 시기와 비슷하다. 그가 저술했다고 하는 《신자愼子》52편은 현재 다섯 편만 전해지고 있다. 현존《신자일문愼子佚文》은 후대인의 위작이다. 세치가 작동하는 기본 배경은 사자가 지닌 위엄과 동일한 위세에 있다. 군주와 신하의 관계는 마치 하늘에 떠 있는 별들이 북극성을 중심으로 사방에 포진한 것과 같다.《한비자》〈외저설 우상外儲說右上〉의 다음 대목이 이를 뒷받침한다.

군주는 신하들의 이해가 집중되는 표적이다. 많은 사람이 군주의 의중에 맞추려 하기 때문에 군주는 신하들의 주목을 받는다. 군주가 호오의 심중을 겉으로 드러내면 신하들은 군주의 마음에 드는 말만 하여 군주를 홀린다. 군주에게 한 말이 누설되면 신하들은 진언하기를 꺼린다. 군주가 신통력을 발휘하지 못하는 이유다.

여기서 신통력은 군주의 위세를 달리 표현한 것이다. 그렇다면 군주의 위세는 어디서 나오는 것일까? 오직 한 사람만이 앉을 수 있는 보위寶位에 해답이 있다.《한비자》〈난세〉에 이를 뒷받침하는 대목이 나온다.

신도가 "권세로 관원을 족히 다스릴 수 있다"고 하자 한 논객이 반박하기를, "반드시 현자가 있어야만 비로소 다스릴 수 있다"고 했다. 무릇 세勢란 이름은 같을 뿐 그 뜻은 매우 다양하다. '세'가 논객의 말처럼 당연한 추세를 뜻하는 자연지세自然之勢라면 더 이야기할 게 없다. 내가 말하고자 하는 것은 사람이 만들어내는 '세'인 인위지세人爲之勢이다. 무릇 요순과 같은 인물이 태어날 때부터 보위에 앉아 있게 되면 비록 걸주가 열 명이 있을지라도 천하를 어지럽힐 수 없다. 추세 자체가 잘 다스려질 수밖에 없는 '자연지세'이기 때문이다. 또 걸주와 같은 인물이 태어날 때부터 보위에 앉아 있게 되면 비록 요순이 열 명이 있을지라도 천하를 잘 다스릴 수 없다. 추세 자체가 잘 다스려질 수 없는 '자연지세'이기 때문이다. 대략 "추세가 잘 다스려지는 쪽이면 어지러워질 수 없고, 추세가 어지러워지는 쪽이면 잘 다스려질 수 없다"는 말이 나오게 된 것도 이 때문일 것이다. 그러나 이는 '자연지세'를 말한 것이지, 사람이 만들어낸 '인위지세'를 언급한 게 아니다. 내가 말하고자 하는 것은 사람이 만들어낸 '인위지세'다. 이 경우 '자연지세'의 현자가 무슨 의미가 있겠는가? 무엇으로 이를 알 수 있는가? 논객은 비유하기를, "어떤 사람이 창과 방패를 팔았다. 방패의 견고함을 자랑하기 위해 어떤 것이라도 이를 뚫을 수 없다고 했다. 얼마 후 다시 창의 예리함을 자랑하기 위해 어떤 것이라도 모두 뚫을 수 있다고 했다. 구경하던 사람이 창으로 방패를 뚫으면 어찌 되겠느냐고 묻자 그는 대답하지 못했다"고 했다. 본래 어떤 것이라도 이를 뚫을 수 없는 방패와 어떤 것이라도 뚫을 수 있는 창은 명목상 양립이 불가능하다. 무릇 현자는 위세로 제압할 수 있는 대상이 아니다. 위세는 일종의 통치 수단으로 이 세상에 이를 금지할 수 있는 게 없다. 위세로 제압할 수 없는 현자와 제압하지 못할 게 없는 위세는 양립이 불가능한 모순矛盾관계에 있다. 현자와 위세가 서로 용납할 수 없다는 것은 분명한 사실이다.

여기서 그 유명한 모순矛盾이란 성어가 나왔다. '자연지세'는 말 그대로 객관적인 상황하에서 만들어진 당연한 위세를 뜻하고, '인위지세'는 군주의 적극적인 노력에 의해 실현된 인위적인 위세를 말한다. '인위지세'는 곧 권세를 뜻한다. 그렇다면 '인위지세', 즉 권세는 구체적으로 무엇을 말하는 것일까? 크게 총명지세聰明之勢와 위엄지세威嚴之勢 두 가지로 나눌 수 있다.

'총명지세'는 천하의 총명을 자신의 총명으로 이용하면 된다. 군주 자신의 총명은 한계가 있을 수밖에 없다. '총명지세'의 요체는 바로 득인에 있는 셈이다. 군주가 신민들과 지혜를 다투는 이른바 투지鬪智를 해서는 안 되는 이유가 바로 여기에 있다. 군주의 '투지'는 하책이다. 군주는 천하의 총명을 자신의 총명으로 이용하면 되는 것이지 신민들과 천하의 총명을 다툴 필요가 없다.

'위엄지세'는 힘으로 다스리는 일종의 역치力治를 뜻한다. 난세에는 결코 군주의 덕성으로 나라를 이끌 수 있는 게 아니다. 난세에 군주가 덕성까지 뛰어나면 더할 게 없이 좋지만 이는 부차적인 것이다. 기본적인 것은 주변 정황을 모두 감안한 올바른 판단과 과감한 결단, 강력한 추진력이다. 이는 반드시 강력한 힘이 뒷받침되어야 한다. '위엄지세'의 요체가 여기에 있다. 《한비자》〈오두〉에서는 "백성이란 본래 자애로운 모습을 보이면 교만해지지만 위세를 보이면 순종하게 마련이다"라고 하며 이를 뒷받침하고 있다. 이는 성악설에 입각한 분석이다. '총명지세'와 '위엄지세' 두 가지로 구성되어 있는 세치는 보위의 유지 문제에 깊은 관심을 기울이고 있다. 명군은 굳이 세치를 구사할 필요가 없다. '자연지세'에 올라타면 되기 때문이다.

문제는 평범한 군주인 용군庸君의 경우다. 용군은 '총명지세'를 기대할 수 없다. 기댈 수 있는 것이라고는 '위엄지세'밖에 없다. 과연 어떻게 하면 '위엄지세'를 만들어낼 수 있는 것일까?《한비자》〈난세〉는 그 해법을 이같이 제시하고 있다.

용군이 법을 쥐고 권세에 의지하는 이른바 포법처세抱法處勢를 행하면 나라가 잘 다스려진다. 그러나 법을 어기고 권세를 버리는 이른바 배법거세背法去勢를 행하면 나라가 어지러워진다. 지금 '배법거세'를 행하면서 요순과 같은 성군을 기다리면 1,000년 만에 요순이 나타나 천하가 비로소 잘 다스려지게 된다. 요순을 기다리는 1,000년 동안 천하는 줄곧 어지럽다가 겨우 1세대에 한해 천하가 다스려지는 셈이 된다. 반대로 '포법처세'를 행하면서 걸주와 같은 폭군을 경계하면 1,000년 만에 걸주가 나타나 천하가 비로소 한 번 어지럽게 된다. 걸주가 등장하는 1,000년 동안 천하는 줄곧 잘 다스려지다가 겨우 1세대에 한해 어지러워지는 셈이다. 1,000년 동안 잘 다스려지다가 1세대 동안만 어지러워지는 것과 1세대만 잘 다스려지고 1,000년 동안 어지러운 것은 극과 극에 해당한다. 권세만이 능히 천하를 다스릴 수 있다는 것은 분명하다. 기름진 밥과 고기를 먹기 위해 100일을 기다리면 굶주린 사람은 이내 죽고 만다. 지금 요순의 출현을 기다리며 당대의 백성들을 다스리는 것은 마치 100일 뒤에 나올 기름진 밥과 고기를 기다리며 굶주린 백성을 구하려는 짓이나 다름없다.

용군이 능히 신하들을 제압하며 의도한 바대로 부릴 수 있는 비결이 바로 법을 쥐고 권세에 의지하는 포법처세抱法處勢에 있다고 주장한 것이다. '포법처세'는 권세를 달리 표현한 것으로 곧 '인위지세'를 말한다. 순자는 인위를 작위作爲로 표현했다. 성인이 심사숙고 끝에 만들어낸 통치의 잣대를 뜻한다. 한비자가 신도의 세치 이론을 법가 통치술의 한 축으로 삼은 것은 스승의 작위 이론을 흡입한 결과로 볼 수 있다. 《사기》〈전경중완세가田敬仲完世家〉에 따르면 신도는 제선왕 때 음양가의 효시인 추연騶衍을 비롯해 맹자와 달리 제선왕의 커다란 신임을 입은 순우곤淳于髡 등 직하학당稷下學堂을 대표한 76명의 학사 중 한 사람이었다. 그 역시 순자처럼 직하학당에서 제자백가 사상을 두루 흡입했을 공산이 크다. 세치가 순자의 '작위' 이론과 취지를 같이하고 있는 게 그 증거다.

순자가 말한 '작위'는 예제禮制를 통해 구현된다. 막강한 황권을 행사했던 청조가 소위 3궤9고두三跪九叩頭를 신하들에게 요구한 게 대표적인 예다. 궤跪는 무릎을 꿇는 것이고, 고叩는 머리를 땅에 닿게 하는 것을 말한다. 무릎을 꿇고 양손을 땅에 댄 다음 머리가 땅에 닿을 때까지 숙이기를 세 번, 이

것을 한 단위로 세 번 되풀이했다. 춘추전국시대 이래 명대에 이르기까지 신하들에게 이런 식의 예제를 강요한 적은 없었다. 물론 고두叩頭의 예는 청조 이전에도 있기는 했으나 청조처럼 제도화되지는 않았다. 청조는 이를 1궤3고, 2궤6고, 3궤9고 등으로 제도화한 뒤 외국사절에게도 가차 없이 적용했다. '포법처세'의 일환으로 해석할 수 있다.

일각에서 한비자의 법치가 스승 순자의 예치와 확연히 구분되는 것으로 간주하고 있으나 이는 잘못이다. 한비자가 보위의 존속 여부를 세치의 구사 여부에서 찾았듯이 순자 역시 그 해답을 예치의 실행 여부에서 찾았다. 《순자》〈의병議兵〉에서 "군주가 예치를 행하면 천하를 얻고, 그렇지 못하면 패망한다"고 역설한 게 그 증거다.

원문

..

군주가 비리를 금하고 신민을 부리는 관건은 상벌에 있다. 포상은 전공에 따르고, 형벌은 죄질에 따른다. 전공을 논하고 죄질을 살피는 논공찰죄論 功察罪는 신중히 심의하지 않을 수 없다. 무릇 전공을 세운 자의 신분을 높이고, 죄를 지은 자의 신분을 낮추는 상고벌하賞高罰下를 시행해야만 한다. 군주가 이런 원칙을 분명히 알지 못하면 이는 치국의 기본 원칙이 없는 것과 같다.

무릇 군주가 나라를 다스리는 기본 원칙은 보위가 지니고 있는 위세와 다양한 수단을 동원해 신민을 다스리는 권수다. 선왕이 자신이 보유한 강한 힘에 의지하지 않고 위세와 권수에 의지한 이유다. 바람을 타고 나는 쑥이 돌개바람을 만나 1,000리를 갈 수 있는 것은 풍세風勢에 올라탔기 때문이고, 깊은 연못을 측량하는 자가 1,000길이나 되는 깊이를 알 수 있는 것은 줄을 드리우는 술수術數를 썼기 때문이다.

풍세에 의지하면 아무리 멀지라도 반드시 이를 수 있고, 줄을 드리워 깊이를 재는 술수를 쓰면 아무리 깊은 곳도 능히 측량할 수 있다. 칠흑같이 어두운 밤에는 천리안을 지닌 이루離婁조차 산이나 구릉같이 큰 물체도 제대로 분간하지 못하지만, 밝은 햇살이 비치는 맑은 아침에는 위로는 하늘 높이 나는 새도 식별하고 아래로는 추호의 끝까지 볼 수 있다.

눈으로 물체를 식별하는 것은 햇빛을 비추는 일세日勢 덕분이다. 군주가 장악하고 있는 위세가 절정에 이르면 서로 견제하는 관원을 나란히 두지 않아도 관원들은 청렴하고, 연못에 자를 드리우는 식의 '권수'를 구사하면 만사가 합당하게 처리된다.

오늘날의 군주는 수많은 관원에 의지하고, 관부는 관원을 보좌하는 부관인 많은 승丞과 관원을 감찰하는 많은 감監을 두고 있다. '승'과 '감'을 설치하는 것은 이들을 통해 사람들이 사리를 도모하는 것을 방지하려는 것이다. 그러나 이들 자신이 사리를 도모할 경우 이를 어찌 금할 것인가? '승'과 '감'을 이용해 나라를 다스리는 것은 근근이 유지하는 근존지치僅存之治에 불과하다. '권수'의 이치를 꿴 군주는 그리하지 않는다. 관원들의 권한과 세력을 엄격히 구분해 통제함으로써 사리를 도모하지 못하게 한다. 그래서 말하기를 "객관적인 추세가 죄를 감추기 어려운 상황이면 설령 도척 같은 자도 비리를 저지르지 않는다"고 하는 것이다. 선왕이 객관적인 추세를 귀하게 여긴 이유다.

혹자는 이같이 말한다.

"군주가 주관적인 선입견을 배제한 허정虛靜한 자세로 사물을 대하면 모든 사물이 이내 검증을 받게 된다. 검증을 거치면 간사한 일이 이내 정체를 드러낸다."

그러나 나는 그리 생각하지 않는다. 무릇 관원은 1,000리 밖에서 독자적으로 정무를 처리한다. 매년 12월이면 그 지방의 정무와 관련한 장부와 보고서는 이미 작성되고, 모든 일은 1년 단위로 장부에 기록된다. 군주가 장부와 보고서를 검토하는 과정에서 의문스런 점을 발견할지라도 결단하지 못하는 것은 시일이 이미 많이 지나 물증이 부족하기 때문이다. 무릇 사물이 앞에 이르면 눈으로 보지 않을 수 없고, 말소리가 가까이 들리면 귀로 듣지 않을 수 없다. 사물이 눈앞에 이르면 명백히 분별할 수 있고, 말소리가 귓가에 다가오면 똑똑히 들을 수 있다. 잘 다스려지는 나라의 법제하에서는 백성들이 죄를 지은 책임을 피할 수 없다. 이는 마치 눈으로 본 것처럼 마음을 숨길 수 없기 때문이다.

지금 혼란스러운 나라는 그렇지 않다. 많은 관원에 의지하고 있기 때문이다. 관원은 비록 그 수는 많지만 군주를 모시는 직무는 같고, 처해 있는 위치도 같다. 직무와 지위가 같은 자들이 서로 감시하는 것은 옳지 않다. 선왕은 이해관계가 서로 다른 자들을 연대보증의 대상으로 삼았다. 최상의 정사인 지치至治의 상황에서는 부부나 친구조차 상대방의 죄과나 비리를 덮어주거나 사적으로 친밀한 관계로 인해 법을 공정성을 해칠 수 없고, 백성들도 서로의 잘못을 덮어줄 수 없다. 군주와 관원은 나라를 다스린다는 점에서 하는 일은 같지만 각자의 이익만큼은 달리하는 경우에 해당한다. 그러나 말을 사육하는 관원과 새와 짐승을 사육하는 관원으로 하여금 서로 감시하도록 한다면 이는 옳지 않다. 서로 하는 일이 같고 이익도 같은 경우에 해당하기 때문이다.

만일 새와 짐승이 말을 할 수 있다면 말을 사육하는 관원과 새와 짐승을 사육하는 관원 모두 자신들이 저지른 죄적을 피할 길이 없을 것이다. 관원과 짐승의 이익이 다르기 때문이다. 이익이 일치하고 죄행이 같은 경우 부친은 이들을 이용할지라도 자식을 추궁할 길이 없고, 군주 또한 신하들을 추궁할 길이 없다. 관원 사이의 관계가 바로 이익이 일치하고 죄행이 같은 대표적인 경우에 속한다. 무릇 선왕은 직무가 일치하고 이익이 다른 자를 이용해 신민을 바로잡는 데 사용했다. 백성이 군주를 눈과 귀를 가릴지라도 그 잘못을 덮어가며 법을 해치지는 못했다. 법제에 대해 현자도 보탤 수 없고, 불초한 자도 줄일 수 없었다. 현명하다는 소리를 듣는 자를 버리고 간교한 지혜를 지닌 자를 제거하는 것이 나라를 다스리는 권수의 요체다.

_《상군서》〈금사〉

제7장

흩어진 것을 하나로 모은다
신법술愼法術

교묘한 속임수를 경계하라

신법愼法은 법의 제정 및 집행에 신중을 기한다는 의미다. 곧 법치에 의한 치국평천하를 말한다. 〈신법〉이 유가의 현치賢治를 신랄하게 비판한 이유다. 상앙이 볼 때 난세에 인의도덕을 앞세워 나라를 다스리는 것은 나라를 패망으로 이끄는 노선에 지나지 않았다. 〈신법〉에서 붕당의 혁파를 역설한 이유가 여기에 있다.

> 세간에서 현능한 자들을 두고 선하고 공정하다고 평하는 것은 사실 끼리끼리 모인 붕당朋黨의 무리가 치켜세운 것에 지나지 않는다. 군주가 이들의 이야기를 곧이곧대로 들으면 칭송을 받는 자들을 유능하다고 생각하게 된다. 이런 일이 계속되면 탐관오리들로 하여금 이를 틈타 간사하고 음험한 일을 꾸미게 만들고, 소인배에게 교묘한 속임수를 구사하도록 부추기는 결과를 낳는다.

상앙이 한비자와 마찬가지로 이른바 군치주의君治主義를 역설한 것도 이런 관점에서 접근할 필요가 있다. 이는 흔히 민주주의로 번역되는 서구의 민치주의民治主義와 대비되는 개념이다. '민지주' 또는 '민주' 용어를 가장 먼저 사용한 것은《춘추좌씨전》〈문공 17년〉조다. 이에 따르면 기원전 610년 여름 4월, 제의공齊懿公이 군사를 이끌고 가 노나라의 변경을 침공했다. 노나라가 중원의 패권국인 진晉나라와 가까이 한 것을 보복한 것이다. 노나라 대부 동문양중東門襄仲이 급히 제나라로 갔다. 이해 6월, 두 나라가 곡穀 땅에서 결맹했다. 겨울 10월, 동문양중이 제나라로 가 결명에 대해 사례를 올린 뒤 돌아와 노문공에게 이같이 복명했다.

"신이 들건대 '제나라 군사가 장차 노나라의 보리를 먹으려 한다'고 했습니다. 그러나 신이 보건대 그들은 그렇게 할 수 없을 것입니다. 제나라 군주는 목전의 일만 생각해 멀리 내다보지 못한 채 되는 대로 말합니다. 장문중이 말하기를, '민주民主로서 되는 대로 말하다가는 반드시 일찍 죽음을 맞이할 수밖에 없다'고 했습니다."

장문중臧文仲은 노나라의 현인이다. 그는 동문양중과 함께 사절로 갔다가 제의공의 행보를 보고 이내 제명에 죽지 못할 것을 예언한 것이다. 실제로 이듬해에 제의공은 비명횡사하고 말았다. 이는 그가 모호한 행보를 보인 데 따른 후과였다. 그는 공자일 때 자신의 수레를 모는 병촉邴歜의 부친과 땅 문제를 놓고 다퉜으나 이기지 못한 적이 있다. 이후 보위에 오르자 병촉의 죽은 아비의 무덤을 헤쳐 시체를 꺼낸 뒤 발목을 끊는 형벌을 가했다. 그러고는 병촉에게 자신의 수레를 몰도록 했다. 제의공은 이후 신하 염직閻職의 아내를 빼앗은 뒤 염직을 자신이 타는 수레의 호위병으로 삼았다.

이 해 여름 5월, 제의공이 도성 옆의 신지申池에서 노닐고 있을 때 병촉과 염직이 연못에서 함께 목욕하게 되었다. 이때 병촉이 말채찍으로 염직을 때리자 염직이 크게 화를 냈다. 그러자 병촉이 이같이 힐난했다.

"다른 사람이 네 마누라를 빼앗아도 성내지 않았는데 내가 너를 한 번 때린 것이 무슨 문제가 있겠느냐!"

이에 염직도 이같이 힐난했다.

"제 아비의 발목을 끊어도 원망할 줄 모르는 자는 어떠한가?"

드디어 두 사람은 제의공을 죽이기로 모의한 뒤 제의공을 죽이고는 그 시체를 대나무 밭에 버려두었다. 이어 아무렇지도 않은 듯 돌아와서는 서로 건배하며 술을 다 마신 뒤 달아났다. 장문중이 예언한 것처럼 '민주'로서 방자한 행동을 일삼다가 비명횡사한 셈이다. 후대인들이 그를 암군暗君의 전형으로 거론된 배경이다.

《상군서》가 군주의 독재 또는 독단을 군단君斷과 독제獨制로 표현해놓았다는 것은 앞서 언급한 바와 같다. 난세가 극에 달할 때 군주의 '군단'과 '독제'가 실행되지 않으면 이내 국가공동체가 패망할 수밖에 없다는 게 논지다. 병서에서 장수의 '전제'를 역설한 것과 같은 취지다.

그럼에도 일반인은 물론 학자들조차 민주와 군주, 독재와 전제 등의 의미를 제대로 헤아리지 못한 채 무턱대고 '민주'만이 옳다는 식의 주장을 펴고 있다. 난세가 정점으로 치닫고 있는 와중에 맹자가 수많은 제자들을 이끌고 열국을 주유하며 "오직 덕치만으로 천하를 통일할 수 있다"고 떠벌인 것과 닮았다.

리더는 비난을 두려워하지 않는다

맹자는 귀민경군貴民輕君을 역설했지만 사실 백성을 치자의 범주에서 제외했다. 통치의 주체를 신권세력으로 간주하는 이른바 신치주의臣治主義를 역설한 결과다. 실제로 남송 때 주희가 맹자를 사실상 공자보다 더 높인 성리학을 집대성한 이후 군권이 약하고 신권이 강한 군약신강의 양상이 나타났다. 선진시대 제자백가서 가운데 '군약신강' 표현을 쓴 것은 《상군서》가 유일하다.

> 붕당의 무리는 군주에게 의지하지 않고도 자신들의 입맛에 맞게 일을 처리할 수 있는 자들이다. 군주가 붕당의 무리 가운데 한 명을 발탁하면 백성들은 군주를 외면한 채 권세가와 사적인 교제를 맺으려 든다. 백성들이 군주를 외면하고 권세가와 사적인 교제를 맺으면 이내 군주는 약하고 신하는 강한 '군약신강'의 상황이 빚어진다.

《전국책》〈제책〉에도 '군약신강'을 경계하는 일화가 나온다. 기원전 311년 장의가 연횡책을 구사하기 위해 제선왕齊宣王을 찾아가 이같이 유세했다.

> "천하의 강국 중 제나라보다 더 강한 나라는 없고, 조정대신과 종실이 많고 부유하기로 제나라만 한 나라도 없습니다. 그러나 대왕을 위해 계책을 내는 자들 모두 눈앞의 현실만 염두에 둔 채 일시적인 유세에만 급급할 뿐 만세에 걸친 이익은 고려하지 못하고 있습니다. 합종책을 주장하는 자들은 하나같이 대왕에게 말하기를 '제나라는 서쪽으로 강한 조나라와 남쪽으로 한나라와 위나라가 완충지대로 위치해 있고, 동쪽으로는 바다를 업고 있어 매우 안전한 부해지

국입니다. 게다가 땅도 넓고 백성도 많으며 군사는 강하고 병사들이 하나같이 용감합니다. 비록 진나라가 100개 있다 한들 장차 우리 제나라를 어찌하겠습니까?'라고 할 것입니다. 대왕은 그런 유세만 듣고 실체에 대해서는 제대로 살피지 못하고 있습니다. 무릇 합종책을 주장하는 자들은 작당하여 사리를 꾀하는 이른바 붕당비주朋黨比周의 인물들입니다. 이들 가운데 합종책만이 가히 좋을 만하다고 떠들지 않는 자가 없습니다. 노나라는 과거 춘추시대 당시 제나라와 세 번 싸워 세 번 모두 이겼으나 오히려 위험한 지경에 처했다가 이내 망하고 말았습니다. 비록 명분상으로는 이겼으나 실제로는 망하고 만 것입니다. 이는 무슨 연고이겠습니까? 제나라는 크고 노나라는 작았기 때문입니다. 대왕이 만일 진나라를 섬기지 않으면 진나라는 한나라와 위나라를 몰아 제나라의 남쪽 땅을 치게 할 것이고, 조나라 군사를 몰아 제나라의 북쪽 땅을 치게 할 것입니다. 그리되면 도성인 임치臨淄는 대왕의 소유가 되지 않을 것입니다. 만일 하루아침에 공격을 받게 되어 그때야 비로소 진나라를 섬기겠다고 한들 성사될 리 없을 것입니다."

붕당비주는 공자가 《논어》에서 군자와 대비되는 소인의 행보를 언급한 것으로 상앙이 농전을 해치는 치명적인 해악으로 지목한 것이기도 하다. 《상군서》〈신법〉은 '붕당'을 당여黨與로 표현해놓았다. '붕당비주'를 질타한 〈신법〉의 해당 대목이다.

당여의 무리는 군주에게 의지하지 않고도 자신들의 입맛에 맞게 일을 처리할 수 있는 자들이다. 군주가 당여의 무리 가운데 한 명을 발탁하면 백성들은 군주를 외면한 채 권세가와 사적인 교제를 맺으려 든다. 백성들이 군주를 외면하고 권세가와 사적인 교제를 맺으면 이내 군주는 약하고 신하는 강한 군약신강

君弱臣强의 상황이 빚어진다.

'붕당비주'의 소인배 행보가 곧 '군약신강'으로 이어진다고 경고한 것이다. 《논어》〈위정爲政〉에서는 "군자는 주이불비周而不比하고, 소인은 비이부주比而不周한다"라고 표현했다. '주이불비'는 여러 사람과 두루 어울리면서 붕당을 만들지 않는 것을 말하고, '비이부주'는 붕당을 만들면서 여러 사람과 두루 어울리지 못하는 것을 말한다. 훗날 주희는 '주周'를 두루 미친다는 뜻의 보편普遍으로 해석하면서 공公을 의미하는 것으로 새겼다. '비比'는 이와 정반대되는 것으로 곧 끼리끼리 뭉치는 편당偏黨으로 풀이하면서 사私로 새겼다. 타당한 해석이다. 그러나 예나 지금이나 사리를 도모하는 소인들 역시 겉으로는 공리公利와 공의公義를 내세운다. 사람을 제대로 볼 줄 아는 안목이 없으면 소인과 군자를 거꾸로 보는 일도 생긴다.

해방 이후 한국의 역대 정권이 하나같이 실패한 것도 붕당과 아첨을 일삼는 소인배를 군자로 착각한 후과로 볼 수 있다. 《논어》〈위정〉에서 말하는 '주'는 두루 교제하며 조화를 이루는 주선화해周旋和諧, '비'는 무리를 형성해 사리를 도모하는 이른바 비당영사比黨營私로 풀이하는 게 낫다. 공자는 《논어》〈자로子路〉에서도 "군자는 화이부동和而不同하고, 소인은 동이불화同而不和한다"고 언급했다. '화이부동'은 조화를 이루되 붕당을 만들지 않는다는 뜻으로 '주이불비'와 같고, '동이불화'는 붕당을 만들면서 조화를 이루지 못한다는 뜻으로 곧 '비이부주'를 의미한다.

원문

..

무릇 현세의 군주들 가운데 혼란을 초래하는 방법으로 나라를 다스리지 않는 자가 없다. 작게 다스리면 작게 혼란해지고, 크게 다스리면 크게 혼란해진다. 군주들 가운데 백성을 제대로 다스리는 자는 하나도 없고, 혼란스럽지 않은 나라가 하나도 없다. 무엇을 두고 혼란을 초래하는 방법으로 나라를 다스린다고 하는 것인가? 무릇 현능한 자를 임용하는 것이 세상의 군주들이 나라를 다스리는 방법이다. 이게 바로 나라를 혼란하게 만드는 이유다. 세상에서 말하는 현자는 그들의 말이 공정하다는 취지에서 나온 것이다.

그러나 세간에서 현능한 자들을 두고 선하고 공정하다고 평하는 것은 사실 끼리끼리 모인 붕당朋黨의 무리가 치켜세운 것에 지나지 않는다. 군주가 이들의 이야기를 곧이곧대로 들으면 칭송을 받는 자들을 유능하다고 생각하게 된다. 이들에 대한 평판을 붕당의 무리에게 물어보고는 더욱 그렇다고 확신하게 된다. 그들이 전공을 세우는 것을 기다리지도 않은 채 곧바로 중용하고, 그들이 지목한 자의 죄행이 분명히 드러나지 않았는데도 곧바로 주살하는 이유다.

이런 일이 계속되면 탐관오리들로 하여금 이를 틈타 간사하고 음험한 일을 꾸미게 만들고, 소인배에게 교묘한 속임수를 구사하도록 부추기는 결과를 낳는다. 애초부터 관원과 백성에게 간사奸詐한 짓을 꾸미도록 부추기는 배경을 제공한 뒤 마지막 단계에서 그들이 단정하고 성실한 모습을 보여주길 기대하는 격이다. 이런 식으로 다스리면 설령 우임금이라 할지라도 단 열 명의 백성조차 제대로 부릴 수 없다. 하물며 평범한 용군庸君이 한 나라의 백성을 다스리고자 하는 경우이겠는가!

130

저들 붕당의 무리는 군주에게 의지하지 않고도 자신들의 입맛에 맞게 일을 처리할 수 있는 자들이다. 군주가 붕당의 무리 가운데 한 명을 발탁하면 백성들은 군주를 외면한 채 권세가와 사적인 교제를 맺으려 든다. 백성들이 군주를 외면하고 권세가와 사적인 교제를 맺으면 이내 군주는 약하고 신하는 강한 군약신강의 상황이 빚어진다.

군주가 '군약신강'의 배경을 제대로 살피지 못하면 설령 열국 제후들의 침공을 받지 않을지라도 반드시 백성들의 겁박劫迫을 받게 된다. 붕당 세력의 교묘한 언설이 횡행하면 현자나 불초한 자나 모두 이를 따라 배울 것이다. 선비들이 언변에 뛰어난 사람에게서 배우면 일반 백성은 실질적인 일을 팽개친 채 허황된 언설을 낭송하고 다닐 것이다. 국력이 줄어들고 서로를 비난하는 이야기가 난무하는 이유다. 군주가 이를 제대로 살피지 못하면 전쟁이 일어났을 때 반드시 장병을 모두 잃을 것이고, 성을 지키고자 할지라도 반드시 성을 팔아먹는 자가 나타날 것이다.

명군과 충신이 세상에 등장해 나라를 제대로 다스리고자 하면 잠시라도 공평무사한 법치의 이치를 잊어서는 안 된다. 붕당을 결성하거나 비호하는 세력을 타파하고, 교묘한 언변과 허황된 주장을 철저히 단속하고, 법에 의거해 일을 처리하면 나라가 잘 다스려질 것이다.

관원들로 하여금 법을 제외하고는 좇을 게 없다는 사실을 주지시키면 설령 아무리 간교한 자일지라도 함부로 간사한 짓을 벌이지 못한다. 또 백성들로 하여금 전공을 세우지 않고는 능력을 발휘할 곳이 없다는 사실을 주지시키면 설령 아무리 음험한 자일지라도 함부로 속임수를 쓰지 못한다. 법을 통해 서로 견제하게 하고, 권수權數를 통해 서로 관원을 천거하게 하면 붕당의 무리가 서로 어울려 사리를 추구하는 일이 불가능하게 된다. 남을 헐뜯는 자들 또한 함부로 남에게 해를 끼치지 못할 것이다.

백성들은 서로 감싸주는 것이 무익하다는 것을 보면 간사한 자에게 부화뇌동附和雷同하는 것을 서로 단속하고, 남을 헐뜯는 것이 아무 효과가 없다는 것을 보면 평소 증오하는 사람일지라도 서로 해치는 일이 없다. 무릇 아끼는 자를 편애하지 않고, 증오하는 자를 해치지 않고, 좋아하고 싫어하는 것이 도리에 부합하면 지극한 정사인 '지치'를 이룰 수 있다. 내가 "법치에 맡겨야 나라가 잘 다스려진다"고 말한 이유다.

병거 1,000대를 보유한 약소국이 굳게 지킬 수 있는 것은 스스로 만반의 대비책을 강구해 보존하기 때문이다. 병거 1만 대를 보유한 강대국이 다른 나라를 칠 수 있는 것은 스스로 타국을 공격할 만한 무력을 갖췄기 때문이다. 이런 상황에서는 하나라의 걸桀과 같은 암군조차 일언반구의 대꾸할 길이 없는 상황에 몰릴지라도 결코 투항하는 길을 택하지 않을 것이다. 밖으로 타국을 공격할 수 없고, 안으로 방어를 제대로 할 수 없다면 설령 요임금 같은 명군일지라도 포학한 나라에 무릎을 꿇고 신하를 칭하며 스스로 불선지국不善之國의 잘못을 빌지 않을 수 없게 된다.

이로써 보건대 나라가 중시되고 군주가 존중받는 이유는 바로 힘을 보유하고 있기 때문이다. 나라가 중시되고 군주가 존중받는 두 가지 상황은 힘을 보유한데서 비롯된 것이다. 그런데도 요즘 군주들은 이런 힘을 보유치 못하고 있으니 그 이유는 무엇인가?

백성들을 고통스럽게 하는 것으로 농사짓는 것보다 더한 게 없고, 위태롭게 만드는 것으로 전쟁만 한 게 없다. 농사와 전쟁 두 가지 일은 효자도 그의 부모를 위해 여기에 종사하는 것을 어려워하고, 충신도 군주를 위해 여기에 뛰어드는 것을 어려워한다. 내가 생각건대 군주가 자신의 백성을 효자와 충신도 어려워하는 농전에 매진하게 만들고자 하면 반드시 형벌로 강요하고 포상으로 부리는 방안이 아니고는 안 된다.

그런데도 요즘 세속의 군주들 가운데 법도를 버린 채 간교한 언변과 간교한 지혜에 의지하지 않는 자가 없고, 공적과 실력을 뒤로 미룬 채 인의를 앞세우지 않는 자가 없다. 백성들이 경전에 애쓰지 않는 이유다. 백성들이 경작에 힘쓰지 않으면 대내적으로 식량이 부족하게 되고, 기개와 뜻을 전쟁에 쏟지 않으면 대외적으로 전투력이 쇠약해지게 된다. 국경 안으로 들어와서는 식량이 부족하고, 국경 밖으로 나가서는 전투력이 약하다면 설령 사방 1만 리의 큰 영토와 100만 명의 대군을 보유하고 있을지라도 마치 황야에 홀로 서 있는 독립평원獨立平原 상태와 같다.

선왕은 백성들로 하여금 적이 휘두르는 창검의 날을 밟고 자신에게 날아드는 시석矢石을 무릅쓰고 싸우게 했다. 그 백성들이 진심으로 원해 그러했겠는가? 아니다. 백성들이 계속 서로 본받아가며 그런 모습을 보일 수 있었던 것은 기본적으로 그리함으로써 참전하지 않은 데 따른 형벌을 피할 수 있었기 때문이다.

내가 보건대 신민을 향한 교령敎令은 "백성들 가운데 이익을 얻고자 하는 자는 경작을 하지 않으면 이익을 얻을 길이 없고, 형벌을 피하고자 하는 자는 전쟁에 참여하지 않으면 형벌을 면할 길이 없다"는 내용이 되어야 한다. 이리하면 국내 백성들 가운데 경전에 애쓴 덕분에 자신의 좋아하는 것을 얻지 않는 자가 없게 된다. 국토가 작아도 식량이 남아돌고, 백성이 적어도 병력은 오히려 막강한 이유가 여기에 있다. 이 두 가지 교령을 국내에 시행할 수 있으면 천하를 호령하는 패왕지도霸王之道를 마련한 셈이다.

_《상군서》 〈신법〉

제8장

이익보다는 명분을 우선시한다
정분술定分術

공과 사는 반드시 지킨다

정분定分은 곧 군신과 신민 간의 분계分界를 명확히 한다는 뜻이다. 요체는 직무의 범위 및 권한 등과 관련해 그 소재를 명확히 하는 명의名義의 정립에 있다. 상앙이 〈정분〉에서 명의 변경과 왜곡을 막기 위해 법령의 부본副本을 궁중에 따로 보관해야 한다고 주장한 이유다.

"법령은 모두 부본을 만들고, 천자의 궁전에 부본 한 부를 비치합니다. 법령을 보관하기 위해 출입이 금지된 금실禁室을 만든 뒤 자물쇠 장치로 외부인의 출입을 통제하면서 봉인해둡니다. 법령의 부본 한 부가 이 금실 안에 보관되고, 봉인은 금실의 인장으로 합니다. 금실의 봉인을 함부로 뜯거나, 금실에 들어가 소장된 법령을 몰래 보거나, 금실에서 법령을 한 글자라도 고치는 자가 있으면 모두 사형에 처하고 사면하지 않습니다. 조정은 매년 금실의 법령에 근거해 관원에게 법령을 반포합니다."

〈정분〉에서 아무리 뛰어난 지혜와 언변과 거만의 재산을 지니고 있는 자일지라도 법령을 왜곡하거나 훼손할 수 없도록 엄히 단속해야 한다고 역설한 것도 같은 맥락이다. 관원이 임의로 법령을 왜곡해 사리를 챙기는 것을 미연에 방지하고자 한 것이다. 상앙이 강력한 군권을 바탕으로 한 엄정한 법치를 역설한 이유다. 한비자도 상앙의 이런 취지를 그대로 이어받았다. 이를 뒷받침하는《한비자》〈팔설八設〉의 해당 대목이다.

범이나 표범처럼 사나운 짐승일지라도 발톱과 어금니를 잃어 쓰지 못하게 되면 그 위력은 작은 생쥐와 같게 된다. 억만금을 가진 부자라도 그 많은 재화를 쓰지 못하면 문지기의 재력과 다를 바가 없게 된다. 영토를 아무리 많이 가진 군주일지라도 좋아하는 자를 이롭게 하지 못하고, 싫어하는 자를 해롭게 하지 못하면 아무리 사람들로부터 두려움과 존경의 대상이 되고자 할지라도 이는 불가능한 일이다.

범이나 표범이 백수의 왕으로 군림할 수 있는 것은 발톱과 어금니가 있기 때문이다.《한비자》는 이를 '호표조아虎豹爪牙'로 표현해놓았다. '조아'는 공을 세운 신하에게 포상하고 잘못을 범한 신하에게 벌을 내리는 상벌권賞罰權을 상징한 것으로 인사대권까지 포함한 개념이다. 만일 작은 생쥐가 '조아'를 갖게 되면 어찌되는 것일까? 능히 백수의 왕이 될 수 있다. 이른바 혜서조아鼷鼠爪牙의 등장이다.《서유기》에 나오듯이 작은 원숭이에 불과한 손오공이 여의봉을 손에 쥐고 천하를 횡행한 것에 비유할 수 있다.

인간은 만물의 영장이다. 본질적으로 '호표'와 '혜서'만큼의 차이가 없을 턱이 없다. 인간 사이에 차이를 보이는 것이라고는 오직 학덕學德의 연마에 따른 후천적인 차이밖에 없다. 공자를 비롯해 맹자와 순자 등이 학덕을 연마하기만 하면 길을 가는 필부일지라도 군자는 물론 능히 성인도 될 수 있다고 역설한 이유다. 엄밀히 따지면 현자와 불초한 자의 차이 또한 백지 한 장 차이밖에 없다. 한비자는 이를 직시했다. 군주가 '조아'를 잃는 순간 그 '조아'를 취득한 신하에게 이내 제압당할 수밖에 없다고 역설한 이유다.

한비자는 유가와 달리 아예 성인과 범인凡人의 차이를 인정하지 않았다. 요순堯舜 같은 성군과 걸주桀紂 같은 폭군의 출현은 매우 특이한 경우에 지나지 않는다고 본 결과다. 그가 초점을 맞춘 것은 요순과 걸주도 아닌 바로 평범한 군주인 용군庸君이다.《한비자》〈난세〉의 해당 대목이다.

> 요순 및 걸주와 같은 인물은 1,000년 만에 한번 나올 뿐, 어깨를 나란히 하고 발꿈치를 좇는 것처럼 잇달아 나오는 게 아니다. 세상에는 통상 중간 수준의 군주가 연이어 나온다. 내가 말하고자 하는 권세는 바로 이런 중간 수준의 군주인 '용군'을 위한 것이다. 중간 수준의 용군은 위로는 요순과 같은 성군에 못 미치고, 아래로는 걸주와 같은 폭군에 이르지 않은 군주를 지칭한다.

한비자의 주장인즉, 용군도 '조아'만 쥐고 있으면 능히 천하를 다스릴 수 있다는 것이다. 유가와 법가의 통치술이 극명하게 엇갈리는 대목이 바로 여기에 있다. 대표적인 예로 공자가 역설한 군군신신君君臣臣에 대한 해석의 차이를 들 수 있다.《논어》〈안연顏淵〉에 따르면 하루는 제경공齊景公이 공자에게 정치에 관해 묻자 공자가 이같이 대답했다.

"군주는 군주답고, 신하는 신하답고, 아비는 아비답고, 자식은 자식다워야 합니다."

제경공이 맞장구를 쳤다.

"좋은 말이오. 실로 군주가 군주답지 못하고, 신하가 신하답지 못하고, 아비가 아비답지 못하고, 자식이 자식답지 못하면 비록 곡식이 있을지라도 내가 어찌 그것을 먹을 수 있겠소!"

명분을 중시하는 유가의 정명正名사상을 상징하는 일화다. 군군君君, 신신臣臣, 부부父父, 자자子子는 공자가 생각한 국가공동체의 기본질서에 해당한다. 훗날 순자는 여기에 사사士士, 농농農農, 공공工工, 상상商商 등의 이른바 사민론四民論을 덧붙였다.

상앙과 한비자도 유가처럼 '명분'을 이야기했다. 그러나 방점은 실질적인 내용에 찍혀 있다. 이를 형명참동形名參同이라고 한다. 형명의 형形은 사물의 실체 또는 형태를 뜻한다. 명名은 사물의 명칭 또는 명분의 의미다. '명'의 실제 내용이 바로 '형'인 셈이다. 형명은 곧 겉과 속, 명목과 실제, 명분과 실리를 뜻한다. 참동參同은 명목과 실제를 비교해 공죄를 판정한 뒤 그에 맞춰 상벌을 내리는 것을 의미한다. 한비자는 형명참동을 상벌賞罰의 뜻으로 새겼다. 이를 뒷받침하는《한비자》〈주도主道〉의 해당 대목이다.

> 도는 만물의 시작이고, 시비의 근본이다. 명군은 만물의 시작을 중시해 만물이 생겨난 근원을 알고, 그 기본을 잘 다스려 성패의 단서를 안다. 이에 명군은 마음을 비우고 고요히 상대를 지켜봄으로써 신하가 스스로 자신의 생각을 말하게 하고, 이후 그에 따른 책임을 지워 자연스럽게 그 일이 이루어지게 한다.

형명참동을 같은 〈주도〉에서 동합형명同合刑名으로 표현해놓기도 했다. 명목과 실제가 완전히 일치하는 상황을 지칭한 것이다. 이는 공자가《논어》〈자로〉에서 정치를 할 때 명분부터 바로잡아야 한다고 역설한 것과 취지를 같이한다. 《묵자墨子》〈경상〉은 명실합위名實合爲로 표현해놓았다. 제자백가 모두 비록 방점은 달리 찍었지만 드러난 명목 또는 명분을 중시했다는 점에서는 별반 차이가 없다.

원래 춘추시대 말기에 활약한 제경공은 안영晏嬰과 같은 명신을 얻어 제나라의 중흥을 이룬 덕분에 후대 사가들로부터 제환공의 패업에 준하는 대공을 이뤘다는 평을 받았다. 주목할 것은 그럼에도 그가 권신인 진항陳恒을 제거하지 않고 방치하는 바람에 후손이 보위에서 쫓겨나고 나라마저 빼앗기는 결과를 낳은 점이다. 한비자가 제경공을 질타한 이유다. 《한비자》〈인주人主〉에 이를 뒷받침하는 대목이 나온다.

군주가 몸이 위태로워지고 나라까지 망하는 참화를 입는 것은 대신이 너무 존귀해지고 좌우 측근이 너무 위세를 떨치기 때문이다. 무릇 말이 무거운 짐을 실어 나르고, 수레를 끌면서 먼 길을 갈 수 있는 것은 근력筋力 덕분이다. 위세는 군주의 '근력'이다. 힘을 잃고도 나라를 유지한 군주는 1,000명 가운데 단 한 사람도 없다. 범과 표범이 능히 사람을 이기고 백수의 왕으로 군림하는 것은 조아가 있기 때문이다. 범과 표범이 조아를 잃으면 사람에게 제압당한다. 위세는 군주의 조아다. 군주가 조아를 잃으면 조아를 잃은 범과 표범의 처지가 되고 만다. 제간공齊簡公은 조아를 권신인 진항에게 빼앗겼다. 빼앗긴 조아를 재빨리 되찾지 못한 까닭에 이내 몸은 죽음을 당하고 나라는 패망하고 말았다.

제간공은 제경공의 손자다. 제경공 사후 제도공齊悼公과 제간공 모두 권신 진씨의 손에 의해 이내 죽음을 당하고 나라마저 빼앗기고 말았다. 한비자가 공자가 말한 '군군신신' 주장에 공명하면서도 방법론에 이의를 제기한 이유다. 제경공이 인사대권을 통해 권신 진항을 가차 없이 제거해야 하는데도 그리하지 못한 까닭에 결국 진씨에게 나라를 빼앗기게 되었다는 것이다. 공자가 말한 식의 명분만으로는 사직을 보전할 수 없고 반드시 '조아'를 지니고 있어야 한다고 역설한 것은 바로 이 때문이다. 《한비자》는 '조아'를 위세와 권세, 법술 등으로 혼용해 표현하고 있으나 이는 인사대권 및 상벌권을 달리 표현한 것에 지나지 않는다.

'군군신신'을 두고 공자를 비롯해 후대의 유가 모두 "군주는 군주다워야 하고, 신하는 신하다워야 한다"고 풀이했다. 한비자가 볼 때 이는 공허하기 짝이 없는 말장난에 불과했다. 그가 유가의 인의仁義를 비웃은 이유다. 상가 이론을 집대성한 사마천도 별반 차이가 없었다. 그는 《사기》〈화식열전〉에서 입만 열면 인의를 떠벌이는 속유들을 이같이 질타했다.

집이 가난한데다 어버이는 늙고, 처자식은 못 먹어 연약하고, 명절 등이 돌아와도 조상에 제사조차 지내지 못하고, 스스로 의식衣食을 해결하지 못해 남의 도움으로 근근이 먹을 것과 입을 것을 해결하는 자가 있다. 이런 참혹한 상황에 있는데도 전혀 부끄러운 줄 모른다면 언급할 가치조차 없다. 도인처럼 세상을 등지고 깊은 산 속에 사는 것도 아니면서 오랫동안 빈천한 처지에 놓여 있는데도 입만 열면 '인의'를 떠벌이는 자들이 있다. 이 역시 부끄럽기 짝이 없는 일이다.

그렇다면 한비자는 '군군신신'을 어떻게 해석한 것일까? 지극히 현실적인 관점에서 접근했다. 그가 '군군신신'의 취지에는 동의하면서도 이를 유가처럼 당위론으로 접근할 경우 예외 없이 실패할 수밖에 없다고 본 이유다. 〈인주〉에서 "힘을 잃고도 나라를 유지한 군주는 1,000명 가운데 단 한 사람도 없다"고 일갈한 게 이를 뒷받침한다. 여기의 '힘'은 곧 군주의 조아를 뜻하고, 이는 군주가 전일적으로 행사하는 인사대권과 형벌권을 축약해 표현한 것이다. 한비자는 군권이 신권보다 막강한 우위를 유지해야만 난세를 타개할 수 있다고 생각했다. 신권의 막강한 위세를 통찰한 결과다. 이를 뒷받침하는 《한비자》〈삼수三守〉의 해당 대목이다.

> 군주가 아무리 현명할지라도 나랏일을 혼자 이끌어갈 수는 없는 일이다. 신하들이 군주를 위해 감히 충성을 다하려 들지 않으면 그 나라는 이내 패망하고 만다. 이를 일러 '나라에 신하가 없다'고 하는 것이다.

군주는 신하들이 없으면 단 하루도 나라를 다스릴 수 없다. 그러나 신권을 제압하기가 결코 쉬운 일이 아니다. 군주가 난세는 말할 것도 없고 치세에도 신권에 대한 우위를 유지하기 위해 부단히 노력해야 하는 이유다. 그리하지 않으면 군주는 이내 허수아비가 되어 제간공처럼 권신에 의해 시해를 당하고 나라를 빼앗기게 된다. 동서고금의 역대 왕조사를 개관하면 한비자의 이런 주장이 단 하나의 예외도 없이 그대로 적중했음을 알 수 있다.

한비자가 군권을 공권公權, 신권을 사권私權으로 간주한 이유가 여기에 있다. 공권은 확고한 군권을 배경으로 통용되는 천하의 저울을 뜻한다. 군주는 천하의 저울을 거머쥔 자다. 공권이 천하에 널리 통용되기 위해서는 저울질이 공정해야 한다. 관건은 공정한 법집행에 있다. 사사로운 저울질은 공권의 존재 자체를 위태롭게 만든다. 한비자는 군주가 신하들을 제대로 제어하지 못한 데서 사사로운 저울질이 등장하게 된다고 보았다. 권신이 등장해 백성들을 그물질하는 것을 사권의 전형으로 간주한 이유다.

한비자는 신하를 군주에 의해 고용된 가신家臣으로 간주했다. 신권의 상징인 승상 역시 군주의 집안을 돌보는 집사에 불과하다. 집사가 주인 행세를 하도록 방치해서는 안 되는 이유다. 그런 기미를 보일 때는 상벌권을 발동해 과감히 제거해야만 한다. 군주는 집사가 은밀히 세력을 키우는 것을 막기 위해 감시를 게을리해서는 안 된다. 일꾼들과 연계해 집사의 일거수일투족을 상시 감시하는 방안을 제시한 이유다.

신하를 부리는 관리자부터 다스려라

《한비자》는 전 편을 통해 군주에게 사직을 지키기 위한 두 가지 방안의 실천을 역설하고 있다. 하나는 나라를 부강하게 유지하는 부국강병이고, 다른 하나는 군권의 신권에 대한 우위를 유지키 위한 제신술制臣術이다. 부국강병은 상앙이 역설한 '농전', 제신술은 비록 신불해와 신도 등이 정치하게 이론을 다듬기는 했으나 상앙이 《상군서》에서 최초로 거론한 술치 및 세치 등과 취지를 같이한다. 〈정분〉의 다음 대목을 보면 상앙의 법치 이론이 협의의 법치가 아니라 술치와 세치를 하나로 녹인 것임을 쉽게 알 수 있다.

법령은 백성을 부리는 명령이고, 나라를 다스리는 근본이고, 백성을 보호하는 수단이다. 나라를 다스리면서 법령을 버리는 것은 마치 기아를 면하고자 하면서 음식을 버리고, 추위에 시달리지 않고자 하면서 옷을 버리고, 동쪽으로 가고자 하면서 서쪽으로 가는 것과 같다. 토끼 한 마리가 달아날 때 100명의 사람이 그 뒤를 쫓는 것은 토끼를 100등분할 수 있기 때문이 아니라 누구 소유인지 정해지지 않았기 때문이다. 물건을 파는 사람이 시장에 가득한데도 도적이 감히 물건을 가져가지 못하는 것은 물건이 누구의 소유라는 명의名義가 이미 정해져 있기 때문이다. 명의가 정해지지 않으면 요순 같은 성인조차 구차하게 도끼 뒤를 쫓는다. 하물며 일반 백성은 어떻겠는가! 명의를 확정하는 게 바로 잘 다스리는 쪽으로 객관적인 추세를 만들어 나가는 길이다. 무릇 객관적인 추세가 어지러운 쪽이면 다스릴수록 더욱 어지러워지고, 객관적인 추세가 다스려지는 쪽이면 다스릴수록 더욱 잘 다스려진다. 성왕이 다스림을 다스리고, 어지러움을 다스리지 않는 이른바 치치불치란治治不治亂을 행한 이유다.

'치치불치란'은 법술세 이론을 하나로 녹인 것으로 상앙의 통치사상을 한마디로 집약한 것에 해당한다. 주목할 점은 상앙이 치치治治와 치란治亂의 차이를 객관적인 추세에서 찾으면서 명의의 정립을 그 요체로 간주한 점이다. 이는《한비자》가 통치의 요체를 치민治民이 아닌 치리治吏에서 찾으면서 치리불치민을 역설한 것과 맥을 같이한다.《한비자》〈외저설우하〉의 해당 대목이다.

군주는 법을 지키고 성과를 내도록 권해 공적을 쌓도록 해야 한다. 관원이 나라를 어지럽게 할지라도 홀로 자신의 몸을 깨끗하게 지키는 선민善民이 있다는 이야기는 들었지만, 난민亂民이 횡행하는데도 홀로 나라를 잘 다스리는 관원이 있다는 이야기는 듣지 못했다. 명군은 관원을 다스리는 '치리'에 애쓸 뿐 백성을 직접 다스리는 '치민'에 애쓰지 않는다.

이는 상앙이《상군서》〈정분〉에서 언급한 '치치불치란'과 같은 취지다. 상앙의 '치치'는 곧 한비자의 '치리', 상앙의 '치란'은 한비자의 '치민'에 해당한다. 두 사람 모두 표현만 달리했을 뿐 관원의 제압을 치국평천하의 관건으로 간주한 셈이다. 실제로 이들이 역설했듯이 군주가 수고스럽게 백성 전체를 일일이 다스리고자 할 경우 이는 불가능하기도 할 뿐 아니라 수고만 많이 들고 아무런 소득이 없다. 요체는 백성을 실무차원에서 다스리는 관원들을 다스리는 데 있다. 일벌백계 취지와 같다. 상앙과 한비자 모두 변죽을 울리는 대증對症의 해법 대신 문제의 핵심을 찾아 다스리는 근치根治를 주장한 셈이다.

이는 백성의 이중적인 성격을 통찰한 결과다.《순자》〈애공哀公〉은 공자의 입을 빌려 '수즉재주水則載舟, 수즉복주水則覆舟'를 언급했다. 백성은 물과 같아 배를 띄울 수도 있고 때론 침몰시킬 수도 있다는 뜻이다. 배에 비유된 군주가 물에 비유된 백성과 맞서 싸우는 것은 무모하기 짝이 없는 짓이다. 풍랑이 일면 일거에 뒤집히기 때문이다. 승조원에 해당하는 신하들을 잘 다스려 날씨와 파도 등을 헤아리며 예정된 목적지까지 안전운항하는 게 관건이다. 상앙과 한비자가 '치치불치란'과 '치리불치민'을 역설한 이유다.

서양에도 유사한 견해를 피력한 인물이 있다. 바로 아리스토텔레스Aristoteles다. 그는《정치학》에서 민주정의 타락한 형태인 우민정愚民政을 군주정의 타락한 형태인 참주정僭主政보다 더 해악적으로 보았다. 우민정은 무치無治나 다름없다. 무치하에서는 '만인의 만인에 대한 투쟁'이 빚어지게 된다. 조직폭력배가 천하를 다스리는 상황이 그렇다. 중국의 역대 왕조가 교체할 때마다 이런 조직폭력배들이 천하를 분할해 다스렸다. 그들이 바로 군벌, 즉 토황제土皇帝들이다. 백성들에게는 지옥이나 다름없다. 왕조교체기 때마다 강력한 황권을 바탕으로 한 새 왕조의 창건이 절실히 필요했던 이유다. 상앙이 언급한 '치치불치란'은 바로 이런 상황을 언급한 것이다. 그는 마지막 편인 〈정분〉의 마지막 대목을 '치치불치란'에 대한 해설로 할애하면서《상군서》의 대미를 장식하고 있다.

법령과 규칙을 좇지 않고도 잘못을 범하지 않는 사람은 1천만 명에 한 명 있을까 말까 하다. 성인은 법령을 만들 때 반드시 명확하고, 모든 사람이 쉽게 알수 있게 했다. 명의와 개념이 정확한 까닭에 우매한 사람이나 지혜로운 사람이나 모두 법령을 명확히 이해할 수 있었다. "성인이 천하를 다스리면 형벌로 죽는 자가 없다"고 한 것은 형벌로 사람을 죽이지 않는다는 뜻이 아니다. 법령의 시행이 명백하며 알기 쉽고, 법을 다루는 관원이 백성의 스승 역할을 해 만민을 위험에 빠뜨리지 않아야 한다는 취지에서 나온 것이다. 화를 피하고 복을 맞이하는 것은 모든 사람이 법령을 이용해 스스로 단속하고 절제하는 것을 의미한다. 명군은 잘 다스려지는 객관적인 추세를 좇아 치국평천하의 임무를 완수했다. 천하가 크게 다스려진 배경이다.

원문

..

진효공이 상앙에게 물었다.

"오늘 법령을 마련한 뒤 내일 아침 천하의 관원과 백성들로 하여금 모두 그 법령을 잘 이해하도록 하고, 집행하는 것이 하나같이 공평무사하게 하려면 어찌해야 하오?"

상앙이 대답했다.

"먼저 법령을 제정하고 관원을 둡니다. 기본적인 자질이 법령에서 말하는 바를 잘 알고, 천하를 향해 공평무사한 법집행을 할 수 있는 인물이 있으면 천자에게 천거합니다. 천자는 그들에게 각지 해당 법령을 주관하게 합니다. 이들 모두 궁전의 섬돌 아래로 내려가 명을 받은 뒤 관직에 취임합니다. 이들 가운데 자신이 주관하는 법령의 취지와 조문 내용을 잊고 제대로 집행하지 못한 자가 있으면 각각 그들이 잊어버린 조문에 따라 처벌합니다. 법령을 주관하는 관원이 다른 자리로 옮기거나 사망할 경우 즉시 후임자에게 해당 법령의 취지와 내용을 배우고 익히게 합니다. 이때 규정을 두어 정해진 시일 내에 해당 법령에서 말하는 내용을 완전히 익히게 합니다. 이를 이행하지 못하면 그에 상응하는 법령을 만들어 처벌합니다. 감히 법령을 고쳐 한 글자라도 첨삭添削하면 즉각 사형에 처하고 사면하지 않습니다. 뭇 관원과 백성들이 해당 관원에게 법령의 내용을 문의하면 법령을 주관하는 해당 관원 모두 문의 법령에 근거해 그 내용을 분명히 알려주어야 합니다.

이들 모두 각각 1척 8촌의 부신符信을 만들어 연월일시와 문의한 법령의 조문을 명확히 기재한 뒤 문의한 관원과 백성에게 고지합니다. 이를 이행하지 않을 경우 문의한 관원이나 백성이 죄를 짓고 그 죄목이 문의한 법령 조문이라면 문의한 법령 조목에 따라 법령 주관 관원을 처벌합니다. 문의에 답할 때는 부신의 좌권左券을 문의한 자에게 주고, 우권右券을 목갑 안에 잘 넣어 내실에 보관하면서 법령 주관 관원의 인장으로 봉인합니다. 이후 법령 담당 관원이 죽게 될지라도 부신에 기록된 내용을 좇아 일을 처리합니다.

법령은 모두 부본副本을 만들고, 천자의 궁전에 부본 한 부를 비치합니다. 법령을 보관하기 위해 출입이 금지된 금실禁室을 만든 뒤 자물쇠 장치로 외부인의 출입을 통제하면서 봉인해둡니다. 법령의 부본 한 부가 이 금실 안에 보관되고, 봉인은 금실의 인장으로 합니다. 금실의 봉인을 함부로 뜯거나, 금실에 들어가 소장된 법령을 몰래 보거나, 금실에서 법령을 한 글자라도 고치는 자가 있으면 모두 사형에 처하고 사면하지 않습니다. 조정은 매년 금실의 법령에 근거해 관원에게 법령을 반포합니다.

천자는 법관 세 명을 둡니다. 궁전 안에 한 명의 법관을 두고, 감찰을 맡은 어사대御史臺에 법관 한 명과 부속 관원을 두고, 승상부에 법관 한 명을 둡니다. 각 제후국과 군郡 및 현縣에 모두 법관 한 명과 부속 관원을 둡니다. 이들 모두 조정에 있는 법관의 명을 따릅니다. 각 군과 현 및 제후는 일단 조정에서 보낸 법령을 접수하면 그 법령을 학습해야 합니다. 관원과 백성들 가운데 법령을 알고 싶은 자는 모두 법관에게 문의할 수 있습니다. 천하의 관원과 백성들 가운데 법령을 모르는 자가 없는 이유입니다.

관원은 백성들 모두 법령을 숙지하고 있다는 사실을 알고 있는 까닭에 감히 불법적인 수단으로 백성을 대할 수 없고, 백성들 또한 법을 어기며 법관의 영역을 범하지 못합니다. 이같이 하면 천하의 모든 관원과 백성은 아무리 간교한 지혜를 지니고 있을지라도 법을 왜곡하는 말을 단 한마디도 할 수 없게 됩니다. 비록 1,000금이 있을지라도 법을 범하는 데는 단 한 푼도 쓸 수 없습니다. 온갖 술수를 아는 매우 유능한 자일지라도 모두 분발해 군주가 바라는 일을 행하고, 스스로 몸을 닦으며 봉공奉公하는 데 힘쓰는 이유입니다. '백성이 우직하면 다스리기 쉽다'는 말은 법을 명확히 해 누구나 쉽게 알 수 있고, 적용 사안이 나타나면 해당 법이 반드시 적용된 데서 나온 것입니다.

법령은 백성을 부리는 명령이고, 나라를 다스리는 근본이고, 백성을 보호하는 수단입니다. 나라를 다스리면서 법령을 버리는 것은 마치 기아를 면하고자 하면서 음식을 버리고, 추위에 시달리지 않고자 하면서 옷을 버리고, 동쪽으로 가고자 하면서 서쪽으로 가는 것과 같습니다. 그리해서는 나라가 잘될 가망이 없다는 것 또한 분명합니다. 토끼 한 마리가 달아날 때 100명의 사람이 그 뒤를 쫓는 것은 토끼를 100등분할 수 있기 때문이 아니라 누구의 소유인지 명의名義가 정해지지 않았기 때문입니다.

물건을 파는 사람이 시장에 가득한데도 도적이 감히 물건을 가져가지 못하는 것은 물건이 누구의 소유라는 명의가 이미 정해져 있기 때문입니다. 명의가 정해지지 않으면 요순과 우왕 및 탕왕과 같은 성인조차 말이 질주하듯 분주하게 토끼의 뒤를 쫓을 것입니다. 명의가 정해지면 아무리 탐욕스런 도적일지라도 감히 빼앗지 못합니다.

지금은 법령이 명확하지 않고, 명의도 확정되지 않으면 천하 사람들이 모두 이를 논의하게 됩니다. 이들의 논의는 사람마다 달라 결론을 낼 길이 없습니다. 군주가 위에서 법령을 정하고, 백성들이 아래서 이를 의논할 경우 이는 법령이 확정되지 않은 탓에 백성들이 군주의 역할을 대신하는 것과 같습니다. 이를 두고 '명의가 확정되지 않았다'고 합니다. 무릇 명의가 정해지지 않았을 때는 요순 같은 성인조차 구차하게 그것을 추구하는데 하물며 일반 백성이겠습니까!

이는 간사한 자가 크게 흥하고, 군주는 위세를 빼앗기고, 나라가 망하고 종묘사직이 끊어지도록 만드는 길입니다. 지금 선대의 성인들이 글을 지어 후세에 전한 이후에는 반드시 법관인 스승이 강의한 내용을 배워야만 비로소 그 내용과 취지를 이해할 수 있습니다. 법관인 스승이 이를 강의해주지 않고, 사람들마다 각자 마음대로 이를 의논하면 죽어도 그 글의 내용과 취지를 알 길이 없습니다. 성인이 법령의 시행과 관련해 반드시 법관을 둔 뒤 그로 하여금 휘하에 속관을 두고 천하 사람들의 스승노릇을 하게 한 이유입니다. 명의를 정한다는 게 바로 이것입니다. 명의가 정해되면 큰 사기꾼도 마음이 곧고 신의가 있게 됩니다. 큰 도적도 신중하고 성실해집니다. 각기 자신을 잘 관리하게 된다. 명의를 확정하는 게 바로 잘 다스리는 쪽으로 객관적인 추세를 만들어나가는 길입니다. 그리하지 않는 것은 어지러운 쪽으로 객관적인 추세를 만들어나가는 길입니다.

객관적인 추세가 다스려지는 쪽이면 어지럽힐 수 없고, 어지러워지는 쪽이면 다스릴 길이 없습니다. 무릇 객관적인 추세가 어지러운 쪽이면 다스릴수록 더욱 어지럽고, 객관적인 추세가 다스려지는 쪽이면 다스릴수록 더욱 잘 다스려집니다. 성왕이 다스려지는 상황에서 다스리고, 어지러운 상황에서 다스리지 않는 이른바 치치불치란을 행한 이유가 여기에 있습니다.

무릇 그 내용이 심오하고 현묘한 까닭에 마음속으로만 깨달을 수밖에 없는 말은 최상의 지혜를 지닌 사람도 어려워하는 바입니다. 법령과 규칙을 좇지 않고도 잘못을 범하지 않는 사람은 1천만 명에 한 명 있을까 말까 합니다. 성인은 수천만 명을 상대해 천하를 다스립니다. 지자智者만 알 수 있는 것은 법령으로 삼을 수 없습니다. 백성들이 모두 지혜로운 것은 아니기 때문입니다. 현자賢者만 알 수 있는 것도 법령으로 삼을 수 없습니다. 백성들이 모두 현능한 것은 아니기 때문입니다.

성인은 법령을 만들 때 반드시 명확하고, 모든 사람이 쉽게 알 수 있게 했습니다. 명의와 개념이 정확한 까닭에 우매한 사람이나 지혜로운 사람이나 모두 법령을 명확히 이해할 수 있었습니다. 또 법관과 속관인 법리法吏를 두고 천하 사람들의 스승 역할을 하게 함으로써 천하 만민이 위험한 상황에 빠지지 않게 만들었습니다. '성인이 천하를 다스리면 형벌로 죽는 자가 없다'고 하는 것은 형벌로 사람을 죽이지 않는다는 뜻이 아니라 법령의 시행이 명백하며 알기 쉽고, 법관과 법리가 백성의 스승 역할을 해 만민을 위험에 빠뜨리지 않는다는 뜻입니다. 화를 피하고 복을 맞이하는 피화취복避禍就福은 모든 사람이 법령을 이용해 스스로 단속하고 절제하는 것을 의미합니다. 명군은 잘 다스려지는 객관적인 추세를 좇아 치국평

천하의 임무를 완수하는 이른바 인치종치因治終治를 행했습니다. 천하가

크게 다스려지는 대치大治를 이룬 배경입니다."

_《상군서》〈정분〉

제2부

사전에
작은 것부터
대비한다

농전책
農戰策

어려울수록 내부에 집중한다

농전農戰은 농경과 전쟁을 뜻한다. 상앙은 〈농전〉에서 부국강병의 기본방략인 증산과 전력강화 방안을 집중 논의하고 있다. 부국이 전제되어야 강병을 이룰 수 있고, 부국의 전제조건은 농업생산의 증산에 있다는 판단에서 나온 것이다. 이는 폭리를 취하는 상인과 사치품을 만드는 수공업자에 대한 강력한 제재와 맞물려 있다. 유생과 세객들에 대한 단속도 같은 맥락에서 이해할 수 있다. '농전'에 해로운 존재로 간주한 결과다.

권력과 명예를 뜻하는 관작官爵이 오직 '농전' 한 가지를 통해서만 가능하도록 해야 한다는 게 '농전' 논리의 핵심이다. 상앙은 명리名利를 추구하는 민성民性을 통찰했다. 〈약민〉과 〈신법〉에는 경전耕戰으로 되어 있는데, 같은 뜻이다. 사마천이 "일찍이 상앙의 〈개색〉과 〈경전〉을 읽어본 적이 있다"고 말한 〈경전〉은 바로 〈농전〉을 언급한 것이다.

상앙이 볼 때 농전을 성사시키기 위해서는 시서예악詩書禮樂과 수신인애修身仁愛 등 개인적인 덕목에 치중하는 유가와 엄격히 갈라설 필요가 있었다. 그가 〈농전〉에서 유가의 열 가지 덕목을 집중 비판한 이유다. 한비자는 상앙의 이런 취지를 그대로 이어받았다. 이를 뒷받침하는 《한비자》 〈현학〉의 해당 대목이다.

> 1,000리에 달하는 너럭바위를 소유하고 있을지라도 부유하다고 말할 수 없고, 100만 개에 달하는 인형을 보유하고 있을지라도 강하다고 말할 수 없다. 바위는 곡물을 생산할 수 없고, 인형은 적을 막을 수 없기 때문이다. 지금 돈으로 관직을 산 상인과 기예를 지닌 장인匠人 모두 농사를 짓지도 않는데 편히 먹고 산다. 이래서는 땅이 개간될 리 없다. 또 지금 유생과 협객들 모두 전쟁터에서 공을 세우지도 않았는데 높은 자리에 올라 영화를 누리고 있다. 이래서는 백성을 부릴 수 없다.

이는 맹자가 역설한 왕도로는 결코 약육강식의 모습을 연출하고 있는 전국시대 말기의 난세를 제대로 헤쳐 나갈 수 없다는 사실을 지적한 것이다. 치세와 난세는 마치 여름의 부채와 겨울의 털옷처럼 완전히 다른 대응이 필요하다는 게 논지다. 한비자가 '유생과 협객' 운운한 것은 전공도 세우지도 않은 채 높은 자리에 앉아 있는 자들을 질타한 것이다. 이런 자들은 난세에 도움이 되기는커녕 해가 되는 자들에 불과하다는 취지를 담고 있다.

한비자의 주장은 맹자의 주장과 정반대다. 원래 맹자의 왕도는 고대의 전설적인 성왕인 요순을 '롤 모델'로 삼은 것이다. 덕이 있는 자에게 보위를 물려주는 게 골자다. 설령 전설적인 요순시대가 존재했다고 가정할지라도 덕이 많은 사람에게 보위를 넘겨주는 평화로운 선양禪讓이 지속될 수는 없는 일이다. 한비자는 유가의 이런 주장에 극히 비판적이었다. 이를 뒷받침하는《한비자》〈오두〉의 해당 대목이다.

요堯가 천하를 다스릴 당시 띠 풀을 엮어 만든 지붕은 다듬지도 않았고, 상수리나무로 만든 서까래는 깎지도 않았고, 음식은 벼를 매통에 갈아서 왕겨만 벗기고 속겨는 벗기지 않은 매조미쌀 등으로 만든 떡 모양의 밥에 야채와 콩잎으로 만든 국을 먹었다. 겨울에는 사슴의 가죽옷을 입고, 여름에는 갈포 옷을 입었다. 비록 지금 문지기 생활을 하는 자일지라도 입고 먹는 것이 이보다 덜하지 않았다. 우禹가 천하를 다스릴 때도 크게 다르지 않았다. 왕 자신이 직접 쟁기와 괭이를 들고 백성에 앞서 일했다. 넓적다리에 비육肥肉이 없고, 정강이에 털이 나지 않았다. 비록 노비들의 노동일지라도 이보다 고달프지는 않았다. 이로써 말하면 옛날 천자의 자리를 양보한 것은 문지기 같은 대우를 버리고, 노비 같은 노동에서 벗어나려고 한 것이다. 천하를 양보하는 것이 결코 대단한 일이 아니었다.
그러나 지금은 상황이 다르다. 요즘의 고을 현령은 어느 날 갑자기 죽어도 그 자손이 대대로 수레를 타고 다닐 만큼 부귀해지는 까닭에 그 자리를 크게 중시한다. 자리 양보의 의미가 달라진 탓이다. 고대에는 심지어 천자의 자리까지도 쉽게 양보했지만 지금은 일개 현령의 자리를 떠나는 것을 매우 어렵게 여긴다. 자리에 따른 혜택의 후하고 박한 실속이 크게 다르기 때문이다. 옛날 사람이 천자의 자리를 쉽게 버린 것은 인격이 고상하기 때문이 아니라 세력과 실속이 박했기 때문이고, 요즘 사람이 권귀에 의탁해 미관말직을 놓고 서로 다투는 것은 인격이 낮기 때문이 아니라 이권에 따른 실속이 많기 때문이다. 성군은 재화의 많고 적음과 이권의 크고 작음을 헤아려 다스렸다. 형벌이 가볍다고 하여 자비로운 것도 아니었고, 엄하고 무겁다고 하여 난폭한 것도 아니었다. 백성의 습속에 맞도록 모든 일을 행했을 뿐이다. 일은 시대의 변화에 따라야 하고, 대비책 역시 일에 맞춰야 한다.

이는 법치사상의 진수가 어떤 것인지를 잘 보여주고 있다. 미관말직조차 이권과 권력 등이 연계되면서 선양하는 풍토가 사라졌다고 단언한 대목에 주의할 필요가 있다. 보위를 아무렇지도 않게 이양하는 것은 부족사회 때까지만 통용되었다. 부족사회의 우두머리인 군장君長의 자리는 각 씨족이 돌아가면서 차지했다.

한비자가 〈오두〉에서 "우가 천하를 다스릴 때도 크게 다르지 않았다"고 언급한 것은 바로 부족사회의 이런 특징을 언급한 것이다. 중국 학계의 주류는 우禹를 실존인물로 간주하면서 그가 최초의 왕국인 하夏나라를 세운 것으로 보고 있으나 지금까지 출토된 고고학적 자료를 토대로 보면 한비자의 지적이 옳다. 중국 최초의 왕국은 은殷나라로 보는 게 타당하다.

주목할 것은 한비자가 최초의 왕국인 은나라가 들어서면서 이권으로 인해 "일개 현령의 자리를 떠나는 것을 매우 어렵게 여겼다"고 지적한 대목이다. 전국시대에는 "고을 현령이 어느 날 갑자기 죽어도 그 자손이 대대로 수레를 타고 다닐 만큼 부귀해진다"는 한비자의 지적처럼 미관말직조차 온갖 종류의 이권과 직결되어 있었다. 사람들이 미관말직의 자리를 놓고도 아귀다툼을 벌일 수밖에 없었다. 21세기의 상황은 더 말할 게 없다.

난세에는 난세의 논리가 필요하다. 한비자가 맹자의 성선설과 '왕도' 운운에 통렬한 비판을 가한 이유다. 그는 《한비자》〈외저설좌상〉에서 맹자를 이같이 빗대어 비판했다.

무릇 어린아이들이 소꿉장난을 할 때는 흙으로 밥을 짓고, 진흙으로 국을 만들고, 나무로 고기를 만든다. 그러나 날이 저물면 반드시 집으로 돌아가 밥을 먹는다. 이는 흙으로 만든 밥과 진흙으로 만든 국은 가지고 놀 수는 있어도 먹을 수는 없기 때문이다. 예로부터 전해오는 성군의 덕치에 관한 전설과 송가頌歌는 듣기에는 좋으나 현실성이 떨어진다. 그들이 행한 것처럼 덕치를 실천하는 것으로는 결코 나라를 바르게 할 수 없다. 이 역시 소꿉장난처럼 즐길 수는 있지만 치국에 사용할 수 있는 게 아니다. 무릇 인의를 숭상하는 바람에 나라가 약해지고 어지럽게 된 대표적인 사례로 위魏·조趙·한韓 등 이른바 3진三晉을 들 수 있다. 반대로 인의를 숭상하지는 않았지만 잘 다스려지고 강해진 대표적인 사례로 서쪽 진秦을 들 수 있다. 그럼에도 진나라가 아직 천하통일을 이루지 못한 것은 법치·술치術治·세치勢治 등의 법술法術을 완전히 갖추지 못했기 때문이다.

법치·술치·세치는 한비자가 집대성한 법가사상의 3대 이론이다. 이는 원래 《상군서》에 나오는 것이다. 한비자는 《상군서》에 나오는 병치술·법치술·술치술·세치술 등 네 가지 핵심 이론 가운데 무치술을 제외한 나머지 이론 위에 《도덕경》의 도치술 이론을 덧씌워 법가 이론을 완성했다. 그가 노자의 《도덕경》에 사상 최초로 주석을 가한 이유가 여기에 있다. 그가 기존의 법가 이론 위에 노자가 역설한 무위지치無爲之治의 도치술 이론을 덧씌워 자타가 공인하는 법가 이론을 완성한 것은 높이 평가할 만하다.

그러나 상앙이 방점을 찍고 있는 무치술의 기본 취지는 크게 퇴색되고 말았다. 일각에서 상앙을 법가가 아닌 병가로 분류해야 하고, 《상군서》를 《한비자》와 구별해 병서의 일종으로 간주해야 한다는 주장이 나오는 이유다. 실제로 《한서》〈예문지〉는 《상군서》 27편을 법서가 아닌 병서 목록에 기록해놓았다. 《상군서》가 오랫동안 '상앙병법'으로 불린 것도 이와 무관하지 않다.

열국이 하루가 멀다 하고 전쟁을 벌인 전국시대는 오직 강한 무력을 지닌 자만이 살아남을 수 있었다. 맹자가 주장을 좇는 것은 송양지인宋襄之仁에 지나지 않았다. 열국의 제후들이 맹자의 유세를 들을 때마다 외양상 경청하는 모습을 보이면서도 내심 귓등으로 흘려들은 이유다. 난세의 상황에 부합하지 않는 하나의 이상론에 지나지 않는다는 것을 숙지하고 있었기 때문이다.

생산력을 최대한 이용하라

《한서漢書》〈식화지食貨志〉에 따르면 상앙이 역설한 농전은 전국시대 초기 위문후魏文侯 치세 때 활약한 위나라 이회李悝의 이른바 진지력지교盡地力之敎를 흉내 낸 것이다. '진지력지교'는 땅의 생산능력을 최대한 활용하는 군주의 교령敎令을 뜻한다.

이회는 빈곤에 시달리는 농민들이 이탈하는 것을 막기 위해 이른바 평적법平糴法을 시행해 물가를 안정시켰다. 이는 풍년이 들 때 국가가 사들였다가 흉년이 들었을 때 백성들에게 싼 값으로 공급하는 제도를 말한다. 풍년에는 시장에 내놓는 곡식 가격이 저렴하므로 곡식 가격의 폭락으로 인해 농민들이 피해를 입지 않도록 나라에서 곡식을 평소 가격으로 사들인다. 흉년이 들어 가격이 오르게 되면 평소 가격으로 팔아 가격을 안정시켰다. 작황의 영향을 받지 않고 곡식 가격에 변동이 없자 백성들의 생활도 좀더 안정되었고, 국가의 조세 수입도 보장받을 수 있게 되었다.

평적법은 이후 중국 역대 왕조의 균수법均輸法으로 나타났다. 이는 송나라 때 정부재정의 균형을 이루기 위해 시행한 경제정책을 말한다. 정부의 소비경제를 합리적으로 개혁하고, 상인들의 중간 착취를 배제하고, 원거리 물자수송에 따른 민간인들의 수송 부담을 균등화하려는 취지였다. 지금의 재무부에 해당하는 중앙의 삼사三司는 현지 출장소인 양주揚州의 발운사發運司에 중앙정부에서 필요로 하는 물자의 종류와 수량을 통지했다. 도성에서 가깝기도 하고, 물품이 다량으로 생산되는 현지에서 직접 조달하도록 했다. 또 민간에게는 생산되지 않는 물품은 요구하지 않고 가장 많이 생산되는 물품을 대납하도록 했다. 발운사는 그 잉여 물품을 수요가 많은 지역으로 운반하여 매각함으로써 이익을 올리고자 했다.

국가가 운영하는 상평창常平倉도 같은 맥락이다. '상평'은 상시평준常時平準의 약어다. 풍년이 들어 곡가가 떨어지면, 국가는 곡물을 사들여서 곡가를 올리고, 흉년이 들어 곡가가 폭등하면 국가는 상평창의 곡물을 풀어서 곡가를 떨어뜨린다. 또는 수확기에 사들여서 햅쌀이 나올 무렵에 방출하는 방법 등으로 곡가의 부당한 변동을 방지하려는 목적이었다. 곡가의 변동에 따라 생활을 위협받는 일반 농민을 보호하고, 부당한 이윤을 취하는 상인의 활동을 억제하려고 하는 취지를 담고 있다.

상앙이 부국강병의 계책으로 농전을 제시한 것은 이회의 '진지력지교'를 그대로 수용한 결과다. 그 역시 이회처럼 농민들의 수입을 적자상태에 놓아둠으로써 빈궁을 탈출하기 위한 유일한 수단인 군공軍功을 앞다퉈 세우도록 유도했다. 그 효과는 엄청나서 진나라 백성들은 전쟁이 터지면 부귀에 참여할 기회가 생겼다고 서로 축하하고 자나 깨나 전쟁이 일어나기를 노래했다. 《상군서》〈획책〉에는 "군공을 세우지 못하면 절대 집에 돌아올 생각을 하지 말라!"는 자식과 남편을 전쟁터로 떠나보내는 부모와 아내들의 절규가 나온다.

상앙은 이런 일련의 부국강병 조치를 바탕으로 생산증대를 독려했다. 이로 인해 해마다 국고 수입이 100여만 금에 달하게 되었다. 진나라의 막강한 군사력은 바로 여기서 가능했다. 상앙과 한비자가 공히 농민을 유사시 전사로 활용할 수 있는 농업을 적극 장려해야 하고, 이를 해치는 상공업을 적극 억제해야 한다는 주장을 펼친 배경이 여기에 있다. 당시 상앙은 농한기를 이용해 백성들을 쉼 없이 훈련시켰다. 백성들 모두 전쟁에 나가서는 목숨을 걸고 용감하게 싸우는 전사가 되었다. 진나라가 최강의 병력을 보유한 배경이다. 상앙은 진효공의 죽음과 함께 귀족층의 반격으로 처형되었지만 그의 변법은 계속 이어져 진시황이 천하통일을 이루는 기초가 되었다.

승리의 바탕은 기본에 있다

상앙이 말한 농전은 농업을 중시하는 중농주의와 전쟁을 국가안위의 관건으로 삼는 이른바 승전주의勝戰主義를 합친 말이다.《상군서》가 병서와 법서의 성격을 동시에 띠고 있는 것도 바로 이 때문이다. 현존하는 24편 가운데 이런 특징이 가장 잘 드러난 것이 제3편인〈농전〉이다.〈농전〉의 다음 대목은 기본 취지가 어디에 있는지를 잘 보여주고 있다.

무릇 군주가 백성을 격려하는 수단은 관작官爵이고, 나라가 흥성하는 길은 농사를 지으며 싸우는 농전이다. 백성들은 군주가 상으로 내리는 작록爵祿이 농전 한 가지에서만 나오는 것을 보면 전심전력으로 농전 한 가지에만 종사할 것이다. 백성들이 농전 한 가지에만 전념하면 다른 일을 꾀하지 않고, 백성들이 다른 일을 꾀하지 않으면 민력民力이 커지고, 민력이 커지면 나라가 강대해진다.

농전 한 가지에만 힘을 쏟으면 나라가 부유해진다. 나라가 부유하고 잘 다스려지는 것이 바로 천하를 호령하는 왕자王者의 길이다.

상앙의 '농전'사상은 중농이 수단, 승전이 목적의 관계를 이루고 있다. 그의 중농주의는 통상 중농억상重農抑商으로 해석되고 있다. 이회의 '진지력지교'를 답습한 결과다. '중농'의 취지는 〈약민〉의 다음 대목에 잘 나타나 있다.

백성들이 가난하면 힘써 부를 축적하고, 힘써 부를 축적하면 방탕해지고, 방탕하면 폐해가 나타난다. 백성들이 부유할 경우 그들을 사용하지 않을 때는 식량을 바쳐 작위를 얻도록 한다. 각자 반드시 자신의 역량으로 식량을 생산해 작위와 바꾸도록 하면 농민들이 게으름을 피우지 않는다. 농민이 게으름을 피우지 않으면 유가의 가르침으로 인한 폐해가 싹을 틔우지 못한다. 나라가 부유할지라도 국고를 계속 채우면서 백성을 빈궁하게 만드는 방법으로 다스리면 강성함을 배가할 수 있다.

상앙이 시행한 일련의 변법은 이회와 마찬가지로 '중농'의 취지가 너무 선명해 특별히 덧붙일 게 없다. 그러나 상앙은 이회와 달리 '억상'에도 커다란 의미를 부여했다. 이로 인해 21세기 현재까지 적잖은 사람들이 그가 추진한 '억상'을 단순히 '중농'과 반대되는 모든 조치로 해석하고 있다. 결론부터 말하면 그는 상업과 수공업의 필요성을 통찰하고 있었다. 결코 '중농'과 반대되는 개념으로 접근한 게 아니다. 좀더 정확히 표현하면 상업과 수공업을 농업에 대한 보조 산업으로 파악했다고 보는 게 타당하다. 중농억상보다는 중농경상重農輕商에 가깝다. 이를 뒷받침하는 대목이 《상군서》〈외내〉에 나온다.

백성들이 행하는 대내적인 일로 농사보다 어려운 게 없다. 가벼운 조치인 경치 輕治로는 백성들을 농사에 전념하게 만들 수 없는 이유다. 무엇을 '경치'라고 하는가? 첫째, 농민은 가난한데 상인은 부유한 것을 말한다. 식량의 가격이 떨어지면 돈이 귀해지기 마련인데 식량의 가격이 떨어져 농민이 가난해지고, 돈이 귀해져 상인이 부유해지는 경우다. 둘째, 상업과 수공업을 금하지 않아 사치품을 만드는 수공업자가 이득을 보고, 사방을 돌아다니며 먹고사는 자가 많은 것 등이 바로 '경치'다.

'경치'가 행해지면 농민들은 힘들여 일하며 고생을 가장 많이 하는데도 얻는 이득이 적어 상인이나 수공업자만도 못하다. 상인이나 수공업자가 늘어나지 못하도록 하는 것은 곧 나라를 부유하게 만들려는 생각을 포기한 것으로 불가능한 일이기도 하다. 그래서 말하기를 "농업에 의지해 나라를 부유하게 만들고자 하면 국내의 식량 가격이 반드시 치솟고, 농업에 종사하지 않는 자에게 부과하는 요역이 반드시 늘어나고, 시장 이익에 대한 조세 또한 반드시 가중된다"고 하는 것이다.

그 경우 백성들은 농사를 짓지 않을 수 없고, 농사를 짓지 않는 사람은 식량을 구할 길이 없다. 식량 가격이 오르면 농사짓는 자들이 유리하고, 농사짓는 자들이 유리하면 농업에 종사하는 자들이 늘어난다. 식량 가격이 오르면 식량을 사들이는 게 불리하고, 부세와 요역을 가중시키면 백성들은 상업과 수공업을 버리고 농업에 종사하지 않을 수 없게 된다. 백성들 모두 농업생산에 심혈을 기울여 이익을 얻고자 할 것이다.

상앙의 중농억상은 시장의 기능과 역할에 대한 불신에서 비롯된 것임을 쉽게 알 수 있다. 주목할 것은 상앙이 "상인이나 수공업자가 늘어나지 못하도록 하는 것은 곧 나라를 부유하게 만들려는 생각을 포기한 것으로 불가능한 일이기도 하다"고 언급한 대목이다.

그가 추진한 일련의 중농 정책은 상인이나 수공업자를 없애는 게 목표가 아니다. 상인의 폭리와 사치 공예품의 횡행을 저지하는 데 기본취지가 있다. 한비자도 같은 입장이다. 《한비자》〈오두〉에 이를 뒷받침하는 대목이 나온다.

무릇 명군의 치국 정책을 보면 상공인과 놀고먹는 유식지민游食之民의 숫자를 줄이면서 그 신분을 낮춘다. 극히 적은 사람만이 본업인 농사에 종사하려 하고, 대다수가 말업인 상공업으로 나아가려 하기 때문이다. 지금 세상은 관작을 돈으로 살 수 있다. 관작을 돈으로 살 수 있게 되면 상공인의 신분이 천하지 않게 된다. 상공업의 수익이 농사의 몇 배가 되는 까닭에 농사를 짓고 전쟁터에 나가 공을 세우는 경전지사耕戰之士보다 더 존경을 받는다. 그리되면 바르고 곧은 '경전지사'는 줄어들고, 상공업에 종사하는 자만 늘어나게 된다.

이는 상앙의 이른바 '중농경상' 입장을 그대로 수용한 것이다. 상앙은 물류를 담당하는 상인의 필요성을 정확히 인식하고 있었다. 다만 폭리를 취해 농민의 근로의욕을 꺾어 필요 이상으로 그 숫자가 늘어나고, 그로 인해 기간산업인 농업이 피폐해질까 우려한 것이다. 전사의 주축 세력이 농민이고, 부국강병의 기본이 농산農産의 증대에 있었던 까닭에 중농에 방점을 찍었을 뿐이다. 이를 제대로 이해하지 못해 적잖은 사람들이 상앙을 극단적인 '농업지상주의자'로 오해하고 있다. 기존의 견해에 일정 부분 수정이 필요한 대목이다. 《상군서》〈간령〉의 다음 대목이 이를 뒷받침한다.

영내營內에 설치된 시장의 상인에게 명해 소재지 주변 부대가 필요로 하는 병기를 공급하고 늘 부대의 전투 상황 등에 주의를 기울이게 한다.

이 대목은 '중농억상'의 요체가 사실은 '중농'을 실현하기 위해 상업과 수
공업 등을 보조 수단으로 활용하는 '중농경상'에 있음을 보여준다. 《상군
서》를 관통하는 '농전'의 기본 취지가 백성들로 하여금 평시에는 본업인 농
사에 매진하도록 하다가 전쟁이 일어나면 천하무적의 용감한 전사로 활약
하게 만드는 데 있는 점을 감안할 때 당연한 것이기도 하다. 군량의 수송과
뛰어난 무기 및 장비의 보급 등은 상인과 수공업자의 조력이 없으면 불가
능한 일이다. 상앙은 강병을 이루기 위한 전제조건으로 부국을 역설한 것
도 바로 이 때문이다. 이를 뒷받침하는 《상군서》〈입본〉의 해당 대목이다.

농전을 중시하는 정책이 실행되면 재화가 축적되고, 재화가 축적되면 포상이
더해진다. 포상이 전공 하나에만 집중되면 작위가 존귀해지고, 작위가 존귀해
지면 포상을 이롭게 여긴다. 그래서 말하기를 "용병은 바른 정사에서 비롯되
는 까닭에 정사에 따라 강약이 다르고, 풍속은 법에서 나오지만 법에 따라 천
차만별이고, 적을 제압하는 전세는 본래 마음에서 출발하지만 대비태세에 따
라 다양한 모습을 보인다"고 하는 것이다. 이들 세 가지를 분명히 알면 강국
이 된다. 강대한 나라는 반드시 부유하고, 부유한 나라는 반드시 강대하다는
뜻이다.

상앙의 '농전' 사상은 궁극적으로 막강한 무력을 배경으로 전쟁에서 승리
를 거두는 데 그 목적이 있고, 전쟁의 승리는 강대한 국력에서 출발하고, 강
대한 국력은 재화의 축적을 통한 부국이 전제되어야 하고, 재화의 축적은
농업증산을 기본으로 하여 상업과 수공업이 뒷받침되어야 한다는 논리 위

에 서 있다. 상앙이 추진한 일련의 변법을 '중농억상'이 아닌 '중농경상'의 관점에서 접근해야 하는 이유다. 제2부의 주제를 관통하는 《상군서》〈농전〉을 살펴보자.

무릇 군주가 백성을 격려하는 수단은 관작官爵이고, 나라가 흥성하는 길은 농사를 지으며 싸우는 농전이다. 지금 백성들이 관직과 작위를 얻는 것이 모두 농전의 실적에 근거하지 않고 간교한 언변인 교언巧言과 유가 학설처럼 공허한 도리에 의존하고 있다. 이는 백성에게 교언허도를 권하는 것이나 다름없다. 백성에게 교언허도를 권하면 나라는 반드시 힘이 없어지고, 힘이 없어지면 나라는 반드시 쇠약해진다.

나라를 잘 다스리는 자는 백성을 가르치기를 모두 농전 한 가지만 전심전력을 다해 관직과 작위를 얻도록 교육하고, 농전 한 가지에 전념하지 못하는 사람은 벼슬을 하지 못하고 작위를 얻지 못하도록 조치한다. 나라가 공허한 언변을 제거하면 백성들이 순박해지고, 백성들이 순박하면 방종하지 않는다. 백성은 군주가 상으로 내리는 작록이 농전 한 가지에서만 나오는 것을 보면 전심전력으로 농전 한 가지에만 종사할 것이다. 백성들이 농전 한 가지에만 전념하면 다른 일을 꾀하지 않고, 백성들이 다른 일을 꾀하지 않으면 민력民力이 커지고, 민력이 커지면 나라가 강대해진다.

지금 나라 안의 백성들이 모두 말하기를 "농전은 피할 수 있고, 관작을 얻을 수 있다"고 한다. 재주가 뛰어난 사람들이 기꺼이 직업을 바꾸고자 하여 《시》와 《서》를 힘써 배우고, 다른 나라의 권세가를 추종한다. 우수한 자는 높은 지위를 얻을 수 있고, 뒤처지는 자일지라도 관작을 얻을 수 있다. 평범하고 미천한 자는 상업이나 수공업에 종사하면서 모두 농전을 피한다. 이런 두 가지 상황이 모두 존재하면 그 나라는 위험해진다. 백성들이 이를 본받아 배우면 그 나라는 반드시 영토가 깎인다.

나라를 잘 다스리는 자는 식량 창고가 가득 찰지라도 농사를 소홀히 하지 않고, 나라가 크고 백성이 많을지라도 공허한 언변을 방임하지 않는다. 그리하면 백성들은 순박하고 하나같을 것이다. 백성이 순박하고 하나같은 것은 관작을 간교한 언변으로는 얻을 수 없기 때문이다. 관작을 간교한 언변으로 얻을 수 없으면 간사한 사람이 생기지 않고, 간사한 사람이 생기지 않으면 군주가 미혹되지 않는다.

지금 나라 안의 백성과 관작을 받은 자들 모두 조정에서 간교한 언변과 능란한 유세를 이용해 관작을 얻을 수 있고, 오히려 관련 법규를 좇아서는 결코 얻을 수 없다고 생각한다. 조정에 나아가면 군주의 비위를 맞추고, 조정에서 물러나면 사리사욕을 채우는 것만 생각한다. 그리되면 아래에서 자신의 권세를 이용해 이익을 챙기게 된다.

군주의 비위를 맞추고 사리사욕을 꾀하는 것이 국가에 이로운 것이 아닌데도 저들이 그리하는 것은 작록 때문이다. 아래에서 자신의 권세를 과시하고 이를 이용해 이익을 취하면 충신이 아닌데도 저들이 그리하는 것은 재물 때문이다. 하급 관원 가운데 승진을 바라는 자는 모두 이같이 말한다.

"재물이 많아야 높은 관직을 바라볼 수 있다!"

이들은 또 이같이 말한다.

"내가 상관에게 재물을 쓰지 않고 승진을 추구하는 것은 마치 살쾡이를 미끼로 쥐를 유혹하는 이리이서以貍餌鼠와 같을 따름이니 아무 희망도 없다. 만일 진심으로 상관을 섬겨 승진을 바란다면 마치 끊어진 먹줄을 뽑아내 휘어진 목재를 곧게 하려는 것과 같으니 더욱 희망이 없다. 이 두 가지 방법으로 승진할 수 없다면 내가 아래로 사람들에게 일을 시켜 재물을 모으고 이를 상관에게 바쳐 승진하는 것을 어찌 추구하지 않을 수 있겠는가?"

덩달아 백성들까지 이같이 말한다.

"나는 부지런히 부모를 봉양한다. 군주를 위해서는 목숨을 걸고 싸워 군주의 위상을 높이고 나라의 안전을 지키고자 했다. 그러나 그 결과 나라의 창고는 텅 비고, 군주의 위상은 떨어지고, 나의 가정은 빈곤하다. 그렇다면 차라리 관직을 구하는 게 나을 것이다."

친척과 친구들이 모이면 농전에 종사하려던 생각을 바꾸는 이유다. 재주가 뛰어난 사람은 《시》와 《서》를 배우고, 대국의 권세가를 추종하고, 평범하고 미천한 사람은 상업과 수공업에 종사한다. 모두 농전을 피하는 것이다. 백성들이 이를 본받아 배우면 곡식 생산이 어찌 줄어들지 않고, 병력이 어찌 약화되지 않겠는가?

나라를 잘 다스리는 자는 관원을 임용하는 법제도가 공정하기 때문에 지모가 뛰어난 사람을 임용하지 않는다. 군주가 오로지 농전 한 방면에만 힘쓰기 때문에 백성들이 다른 일을 도모하지 않게 된다. 국력이 결집되는 이유다. 국력이 결집되면 강해지고, 나라에서 공허한 언변을 좋아하면 나라는 약화된다. 그래서 말하기를 "농전에 종사하는 사람 1,000명, 《시》와 《서》를 익혀 언변이 뛰어나고 간교한 지혜가 넘치는 자가 한 명이면 1,000명이 모두 농전에 태만해진다. 농전에 종사하는 사람이 100명, 수공업을 하는 사람이 한 명이면 100명이 농전에 태만해진다"고 하는 것이다.

나라는 농전에 의존해 안정되고, 군주는 농전에 의존해 위상이 높아진다. 무릇 백성이 농전에 종사하지 않는 것은 군주가 공허한 언변을 좋아하고, 관원을 임용하면서 법도가 없기 때문이다. 법규대로 관직을 수여하면 나라가 잘 다스려질 것이고, 오로지 농전 한 가지에만 힘을 쏟으면 나라가 부유해진다. 나라가 부유하고 잘 다스려지는 것이 바로 천하를 호령하는 왕자王者의 길이다. 그래서 말하기를 "천하의 왕자가 되는 길은 외교에 있지 않다. 몸소 백성들을 독려해 농전 한 가지에 매진하는 길뿐이다"라고 하는 것이다.

지금 군주가 사람들의 재능과 영리한 지혜인 혜지慧智를 살펴 임용하면 혜지를 지닌 자는 군주가 좋아하는 것과 싫어하는 것을 은밀히 살펴 관원을 부리고 일을 판단해 군주의 비위를 맞출 것이다. 그러면 관원을 임용하는 일에 법도가 없게 되고, 나라는 혼란스러워져 농전 한 가지에만 전념해 종사하지 않고, 언변에 능한 사람의 무법천지가 될 것이다. 그러고도 백성들이 힘쓰는 일이 어찌 늘어나자 않을 수 있고, 전답이 어찌 황폐해지지 않을 수 있겠는가?

시詩·서書·예禮·악樂·선량善良·수신修身·인애仁愛·염결廉潔·언변言辯·혜지慧智 등 유가에서 말하는 열 가지 덕목이 나라에 있으면 군주는 백성들을 부려 적을 방어하거나 공격할 없다. 이들 열 가지 덕목을 사용해 나라를 다스리면 적이 쳐들어올 경우 반드시 국토를 상실하고, 설령 쳐들어오지 않을지라도 반드시 가난해진다. 나라가 이들 열 가지 덕목을 제거하면 적이 감히 쳐들어오지 못하고, 설령 쳐들어올지라도 반드시 물리칠 수 있고, 군사를 일으켜 출정하면 반드시 승리를 거두고, 진군을 멈추고 싸우지 않으면 반드시 부유해진다.

실력을 숭상하는 나라는 어렵게 얻은 실력을 사용해 다른 나라를 공격한다. 그같이 하는 나라는 반드시 흥성한다. 간교한 언변을 숭상하는 나라는 손쉽게 얻어지는 공허한 언변만 믿고 다른 나라를 공격한다. 그같이 하는 나라는 반드시 위험해진다. 성인과 명군은 세상의 만물을 두루 아는 게 아니라 만물의 요체만 안다. 나라를 다스린다고 하는 것은 오직 치국평천하의 요체를 살피는 것뿐이다.

지금 나라를 다스리는 군주들 모두 다스리는 요체를 모르고 있다. 조정에서 정사를 논하면서 각기 분분히 떠들고, 서로 상대방의 주장을 바꾸려고만 든다. 나라의 군주는 여러 의견 속에서 혼미해지고, 관원은 공허한 언변이 난무하는 가운데 혼란스러워 하고, 백성은 나태하고 산만해져 농사를 짓지 않는다. 국내의 백성이 모두 일변해 공허한 언변을 좋아하고, 비현실적인 학문을 즐기고, 폭리를 추구하는 상업과 사치스런 물품을 만드는 수공업에 종사하면서 농전을 피하게 된다. 이같이 하면 패망할 날이 멀지 않다. 나라에 일이 생겼을 때 배운 사람들은 법을 싫어하고, 상인은 상황에 맞춰 변하기를 잘하고, 수공업에 종사하는 사람은 임용할 수 없기에 이내 적에게 쉽게 패하고 만다. 농사짓는 사람은 적은데 놀고먹는 사람은 많기에 그 나라는 가난하고 위태롭게 된다.

무릇 이화명충과 메뚜기, 나비애벌레 같은 해충은 봄에 태어나 가을에 죽는다. 그러나 일단 나타나기만 하면 백성은 수년 동안 제대로 먹지를 못한다. 지금 한 사람이 경작해 100명이 생산하는 식량을 먹는다면 이는 이화명충과 메뚜기, 나무애벌레 같은 해충보다 그 해가 더 클 것이다. 비록 《시》와 《서》가 향리마다 한 묶음씩 있고 집집마다 한 권씩 있을지라도 나라를 다스리는 데는 오히려 아무런 보탬이 되지 않는다. 그것이 가난하고 위태로운 상황을 부유하고 안전한 상황으로 바꾸는 계책이 아니기 때문이다.

옛 선왕은 농전에 의존해 그런 상황을 바꿨다. 그래서 말하기를 "100명이 농사짓고 한 명이 놀고먹는 나라는 왕자王者가 되고, 열 명이 농사짓고 한 명이 놀고먹는 나라는 강자强者가 되고, 절반이 농사짓고 절반이 놀고먹는 나라는 위자危者가 된다"고 하는 것이다. 나라를 다스리는 자들 모두 백성들이 농사짓는 것을 원하는 이유다. 나라가 농사를 중시하지 않으면 다른 나라 제후들과 무력을 동원해 패권을 다툴 때 스스로를 지켜낼 수 없다. 민력이 상대적으로 부족하기 때문이다. 열국이 다른 나라의 약한 틈을 타 소요를 일으키고, 쇠퇴한 틈을 타 공격해 오는 이유다. 그러면 영토는 잠식당하고, 국세는 떨쳐 일어날 길이 없게 된다. 손을 쓸 틈조차 없다.

성인은 치국의 요체를 알고 있다. 백성들로 하여금 기꺼이 농사짓는 마음을 갖도록 노력하는 이유다. 마음이 농사짓는 쪽으로 되돌아오면 백성은 순박해져 바로잡을 수 있다. 성실한 까닭에 부리기 쉽고, 유사시 그들을 앞세워 적의 침공을 막을 수 있다. 백성이 농전에 전적으로 매진하면 상벌을 이용해 나아가게 할 수 있고, 다른 나라와 싸울 때 활용할 수 있다. 백성이 군주를 친근하게 여기고 법령을 위해 목숨을 바치는 것은 그들이 아침부터 저녁까지 농사에 종사하기 때문이다. 백성이 쓰일 수 없는 것은 간교한 언변으로 유세하는 자들이 군주를 모시면서 자신의 지위를 높일 수 있고, 상인이 집안을 부유하게 할 수 있고, 수공업자들도 충분히 먹고 살 수 있는 것을 보기 때문이다.

백성들이 이들 세 가지 직업의 쉽고도 유익한 점을 보면 반드시 농사를 피한다. 농사를 피하면 백성은 살던 곳에 계속 머무는 것을 가볍게 여긴다. 살던 곳을 가볍게 여기면 반드시 군주를 위해 싸우지 않게 된다. 무릇 나라를 다스리는 자는 백성이 흩어져 국력을 결집시킬 수 없는 것을 걱정한다. 성인이 오로지 농전 한 가지만 중시해 민력을 결집시킨 이유다.

나라가 1년 동안 농전 한 가지만 전념하면 10년 동안 강성하고, 10년 동안 농전 한 가지만 전념하면 100년 동안 강성하고, 100년 동안 농전 한 가지만 전념하면 1,000년 동안 강성하다. 1,000년 동안 강성한 나라는 천하를 호령하는 왕국王國이 된다. 군주는 상벌을 제정해 백성들이 농전 한 가지만 전념하도록 하는 가르침을 널리 펴야 한다. 군주의 가르침에 일관성이 있고, 정사 또한 커다란 성과를 거두는 배경이다.

천하를 호령하는 왕자는 백성을 다스리는 가장 핵심적인 요체를 터득하고 있다. 상을 내리지 않아도 백성들이 군주를 친근히 여기고, 작록을 주지 않아도 백성들이 농전에 종사하고, 형벌을 사용하지 않아도 목숨을 바치는 이유다. 나라가 위태롭고 군주가 근심스러울 때는 유세객들이 떼 지어 있을지라도 나라의 안위에는 전혀 도움이 되지 않는다.

무릇 나라가 위태롭고 군주가 근심하는 것은 강적과 대국 때문이다. 군주가 강적을 제압하지 못하거나 대국을 깨뜨릴 수 없다면 방어설비를 갖추고, 전장의 지형을 익히고, 민력을 결집시키고, 외부에서 일어나는 일 등에 대비해야 한다. 그런 연후에 우환을 제거할 수 있고, 천하를 호령하는 왕자가 될 수 있다. 명군은 정치를 개혁하고 농전 한 가지만 전념한다. 쓸모없는 일을 없애고, 공허한 유가의 학문을 배우거나 허황된 이야기에 미혹된 백성이 없도록 한다. 그들이 농전에 전념하도록 한 연후에 비로소 나라도 부강해지고, 민력도 결집시킬 수 있다.

오늘날의 군주는 모두 자국이 위태롭고 병력이 약한 것을 걱정하면서도 힘써 유세객들의 말에 귀를 기울인다. 유세객들이 무리를 지어 간교한 말을 마구 떠벌여 대지만 실제로는 아무 쓸모가 없다. 군주는 그들의 언변을 좋아하면서 실제 효용을 추구하지 않는다. 유세객들은 뜻을 이루고, 크고 작은 길거리에서 공허한 언변을 늘어놓으며 끼리끼리 무리를 짓는다. 백성들은 그들이 왕공대인王公大人의 환심을 사는 것을 보고 모두 본받고자 한다.

무릇 사람들이 붕당을 만든 뒤 국사에 대해 논쟁하며 의견이 분분해지면 평범한 백성들 가운데 농사에 종사하는 사람은 적어지고, 놀고먹는 유식자游食者는 많아진다. 유식자가 많아지면 농사짓는 사람까지 나태해지고, 농사짓는 사람까지 나태해지면 경지가 황폐해진다. 공허한 학문으로 벼슬을 얻는 것이 기풍을 이루면 백성들은 농사를 버려둔 채 말로 논변하는 일에 종사할 요량으로 공리공론을 끊임없이 늘어놓게 된다.

백성이 농사를 버려둔 채 놀고먹으면서 지위를 높이고자 하면 백성들 가운데 군주에게 등을 돌리고 신하로서 복종하지 않는 자들이 무리를 이루게 된다. 이것이 바로 나라를 가난하게 만들고 병력을 약화시키는 교화教化다. 무릇 나라가 공허한 언변을 좇아 관원을 임용하면 백성은 농전을 마다하게 된다. 공허한 학문과 언변을 좋아하는 것이 군사력을 강화하거나 영토를 넓혀주지 못한다는 사실은 오직 명군만이 안다. 성인이 나라를 다스릴 때 농전 한 가지에 전념하면서 백성들을 하여금 농전에 매진하게 한 이유다.

제1장

실전에 필요한 지침부터 세운다
간령술墾令術

사소한 부분까지 통제하라

간령墾令은 황무지 개간에 관한 법령을 말한다. 상앙이 실시한 제2차 변법의 골자인 황무지 개간에 관한 영을 기록해놓은 것으로, 농전의 구체적인 실천 지침이 담겨 있다. 그 요체가 바로 황무지 개간이다. 말할 것도 없이 군량 확보를 겨냥한 것이다. 모두 20가지 방안이 제시된 까닭에 〈간령〉역시 총 20개절로 나뉘며, 지세의 징수, 관원 임용, 식량의 매매, 자원의 국유화, 형벌제도, 주거제도, 귀족의 기득권 제한, 군사운용, 관세와 물품세, 상인 통제, 식량운송제도, 사건변호제도 등 매 절마다 법령이 한 조목씩 들어가 있다. 20개절 모두 황무지가 반드시 개간된다는 뜻의 초필간草必墾으로 끝나고 있다. '간령'이라는 제목이 나온 배경이다.

〈간령〉은 제1차 변법이 마무리된 뒤에 나온 조치인 까닭에 부국강병의 취지가 선명히 드러나 있다. 제1차 변법은 통치제도의 개혁에 초점을 맞춘 데 반해 제2차 변법은 지방행정 조직 및 경제체제의 개혁에 방점을 찍고 있다. 제1차 변법의 골자는 크게 네 가지로, 천도遷都·관작官爵·십오什伍·준법遵法이다. 제1차 변법의 상징은 새 도성인 함양 궁궐의 조영이었다. 지금의 섬서성 서안시 서북쪽에 있는 함양의 궁궐 조영은 진나라의 새로운 출발을 알리는 신호탄이었다. 진효공 12년(기원전 350), 마침내 함양의 궁궐이 완공되었다. 진효공은 길일을 택해 천도했다. 《사기》〈진본기〉는 이때의 천도로 인해 이주한 큰 성씨만도 수천 가家에 이르렀다고 기록해놓았다. 나라 자체가 이동한 것이나 다름없었다.

천도가 끝난 이듬해인 진효공 13년(기원전 349), 상앙이 마침내 제2차 변법을 시행했다. 제2차 변법의 골자는 크게 세 가지로, 치현置縣·개간開墾·증산增産이다. 제2차 변법 시행 이듬해인 진효공 14년(기원전 348), 농지의 면적에 따라 세금을 부과하는 부세법賦稅法을 시행했다. 모든 전답의 국유화를 전제로 한 이 제도는 황무지를 남김없이 개간하기 위한 비상조치였다. 농지는 사방 6자가 1보步, 사방 250보가 1무畝로 정해졌다. 규정을 어기거나 속임수를 쓰는 자가 있으면 토지를 몰수당했다. 이는 전국시대 초기 위나라 이회가 시행한 '변법'을 응용한 것이었다.

또 군사 이동의 신속성을 확보하기 위해 사방으로 길을 뚫고 징세의 공정을 기하기 위해 도량형의 표준을 정했다. 진시황이 천하를 통일한 뒤 도량형을 통일한 것은 상앙 때 정립된 진나라의 통일된 도량형을 천하 각지로 확대한 것이다. 그는 이를 기반으로 20등급의 군공軍功에 따른 작위를 설치하고, 군공의 대소에 따라 상이한 작위와 토지, 가옥 등을 내렸다. 이를 군공작軍功爵이라고 했다.

당시 군공이 없는 자는 설령 종실일지라도 포상 대상에서 배제되었다. 이는 세족의 소멸과 새로운 지주층의 흥기를 촉진시키는 계기로 작용했다.

진나라는 진효공 때부터 이미 신분 세습의 봉건질서를 뿌리부터 자르기 시작한 것이다.

훗날 순자는 진나라 군사가 강성한 이유를 여기서 찾았다. 상앙의 변법사상은 '철두철미한 부국강병'으로 요약할 수 있다. 백성들은 쉼 없이 훈련을 받은 까닭에 전쟁에 나가기만 하면 목숨을 걸고 용감하게 싸우는 정예군사가 되었다. 열국이 진나라를 두려워한 것은 당연했다. 열국 제후들의 압박에 시달리던 주현왕은 진효공을 새로운 패자로 지목해 주왕실의 잔명을 잇고자 했다. 그의 이런 뜻은 곧바로 진나라에 전달되었다. 진효공이 크게 기뻐했다.

진효공은 재위 19년(기원전 343)에 주왕실로부터 방백方伯의 칭호를 하사받았다. 춘추시대의 패자가 유사한 명예를 얻게 된 셈이다. 당시는 춘추시대와 전국시대의 구분이 없었다. 주왕실로서는 월왕 구천 이후 100여 년 만에 새로운 중원의 패자를 선정한 것이나 다름없다. 당시 진효공의 나이는 38세였다. 춘추시대 중기 진목공이 서백西伯의 칭호를 받은 적이 있다. 그러나 이는 서쪽 지역의 패자에 지나지 않았다. 진효공의 선친 진헌공도 주왕실로부터 패자를 상징하는 보불지복黼黻之服을 상으로 받았으나 패자로 공인받은 것은 아니었다. 당시 제후들이 일제히 사자를 진나라로 보내 하례를 올린 것은 주왕실로부터 '방백'의 칭호를 받은 게 크게 작용했다.

진효공은 자신을 방백으로 공인한 주현왕의 후의에 사례하기 위해 곧바로 좌우에 명해 군사들을 이끌고 가 지금의 하남성 개봉시 인근인 봉택逢澤에서 제후들과 회동해 함께 주현왕을 조현하게 했다. 진나라가 중원의 제후들을 제압하기 위해서 '천자'의 권위는 매우 중요한 의미를 지니고 있었다. 이는 매우 의미 있는 행보였다.

실제로 이를 계기로 중원의 제후들 모두 진나라가 천하의 맹주가 된 사실을 절감하지 않을 수 없었다. 진시황의 천하통일은 진효공이 중원의 패자로 공인받은 뒤 근 100여 년 뒤에 실현되었다. 로마가 하루아침에 이루어지지 않았듯이 진 제국 역시 하루아침에 이루어지지 않았다. 천하제일의 막강한 무력을 확보한 진나라가 근 100년 뒤까지 주왕실을 그대로 보존시킨 것도 바로 이 때문이다. 진시황의 천하통일 때까지 '천자'의 권위를 최대한 활용하고자 한 것이다. 그런 점에서 진제국의 초석을 놓은 인물이 바로 진효공이라고 할 수 있다. 여기에 상앙이라는 뛰어난 법가사상가의 헌신적인 보필이 결정적인 공헌을 한 것은 부언할 필요도 없다.

쓸모없는 이상은 버려라

당시 진효공은 내심 변법을 구상하고는 있었으나 비난을 받을까 적잖이 우려하고 있었다. 이는 기우가 아니었다. 감룡과 두지의 반발이 이를 뒷받침한다. 진효공의 입장에서 볼 때 자신의 복안을 강력 뒷받침해줄 인물이 필요했다. 상앙은 이를 정확히 읽었다. 그가 거듭 변법의 필요성을 역설하고 나서자 진효공이 이내 그의 손을 들어준 게 그 증거다. 이는 명군과 현신의 만남에 해당한다. 진효공과 상앙의 만남을 춘추시대 중기 최초의 패업을 이룬 제환공과 관중의 만남에 비유하는 이유다.

중국의 초대 사회과학원장을 지낸 곽말약은 《십비판서十批判書》에서 진효공을 중국의 역대 군주 가운데 가장 대공무사大公無私한 행보를 보였다고 평했다. 상앙을 전폭 신뢰해 변법을 완성시켰다는 게 그의 논거다.

진효공이 역사상 가장 '대공무사'한 정사를 펼칠 수 있었던 것은 법가사상가인 상앙을 전폭 신임했기 때문에 가능했다. 그의 상앙에 대한 신임과 지지는 춘추시대 관중에 대한 제환공의 신임, 삼국시대 제갈량에 대한 유비의 신임, 북송대 왕안석王安石에 대한 신종神宗의 신임 등 그 어느 것과 비교할 수 없을 정도로 높았다.

법가사상을 집대성한 한비자는 진효공보다는 상앙에 초점을 맞췄다. 그의 상앙에 대한 칭송은 곽말약의 진효공에 대한 칭송 못지않다. 《한비자》〈오두〉의 다음 대목이 그 증거다.

지금 열국의 정사가 혼란을 면치 못하게 된 것은 무슨 까닭인가? 백성들이 쓸모없는 자들을 칭송하고, 군주가 이들을 예우하기 때문이다. 이는 나라를 어지럽게 만드는 길이다. 지금 나라 안의 백성 모두 정치를 말하고, 《상군서》와 《관자》의 법가 서적을 집집마다 소장하고 있지만 나라가 더욱 가난해지는 것은 무슨 까닭인가? 입으로 농사짓는 자만 많을 뿐 정작 손에 쟁기나 호미를 잡고 농사를 짓는 자는 적기 때문이다. 나라 안의 백성 모두 군사를 말하고, 《손자병법》과 《오자병법》의 병가 서적을 집집마다 소장하고 있지만 군사가 더욱 약해지는 것은 무슨 까닭인가? 입으로 용병하는 자만 많을 뿐 정작 갑옷을 입고 전쟁터로 나가 싸우는 자는 적기 때문이다. 명군은 백성들의 힘을 사용할지라도 그들의 말을 듣지 않고, 그 공로에 상을 줄지라도 반드시 쓸모없는 행위는 금지한다. 그러면 백성들은 사력을 다해 군주를 따르게 된다.
무릇 힘을 다해 경작하는 것은 수고롭지만 백성들이 이를 행한다. 그 이유는 무엇인가? 백성들은 흔히 말하기를 "부자가 될 수 있기 때문이다"라고 한다. 전쟁을 하는 것은 위험하지만 백성들이 그것을 하는 것은 무슨 까닭인가? 백성들은 말하기를 "귀인이 될 수 있기 때문이다"라고 한다. 지금 유가의 경전을 배우고 말재주를 익히기만 하면 수고롭게 경작하지 않아도 부유해지고, 위험한 전쟁을 하지 않아도 존귀해진다면 누가 이를 행하려 하지 않겠는가? 100명이 쓸모없는 지혜를 섬기고 단 한 명이 일을 하는 꼴이다. 쓸모없는 지혜를 섬기는 백성이 많아지면 법이 무너지고, 일을 하는 자가 적어지면 나라는 가난해진다. 세상이 혼란스러운 까닭이다.

상앙을 관중과 같은 반열에 올려놓고 칭송한 것은 극찬에 속한다. '농전'을 관철시켜 진나라를 일약 최강국으로 주조해낸 점을 높이 평가한 결과다. 여기서 주목할 점은 한비자가 활약하는 전국시대 말기에 세상 사람들이 법가 사상서를 대표하는 《상군서》와 《관자》를 집집마다 비치해놓고 열심히 읽은 것이다. 사마천이 《사기》 〈손자오기열전〉에서 집집마다 《손자병법》 및 《오자병법》을 비치해놓고 열심히 읽었다고 기록해놓은 것과 닮았다. 당시 《상군서》가 《관자》와 더불어 부국강병에 대해 최고의 방략을 담고 있는 고전으로 통했음을 시사한다. 《상군서》를 읽을 때 반드시 《한비자》와 《관자》 및 《손자병법》 등을 곁에 두고 두루 비교하며 읽어야 하는 이유다. 사실 그래야만 그 의미를 제대로 파악할 수 있다.

원문

..

황무지를 일구기 위해서는 첫째, 관원은 당일 처리해야 할 일을 다음 날로 미뤄서는 안 된다. 그래야 간사한 관원이 백성들을 대상으로 사리를 채울 틈이 없다. 백관이 공무를 서로 지연시키지 않으면 농민은 여유가 생긴다. 간사한 관원이 백성들을 대상으로 사리를 채울 틈이 없으면 농민은 피해를 입지 않는다. 농민이 피해를 입지 않고 여유를 갖게 되면 황무지는 반드시 개간된다.

둘째, 곡물의 산출량을 헤아려 조세를 징수하면 군주의 제도가 통일되고, 백성의 부담이 공평해진다. 군주의 제도가 통일되면 믿음이 생기고, 믿음이 생기면 신하들이 감히 간사한 짓을 못한다. 농민의 부담이 공평하면 자신의 일에 신중할 것이고, 자신의 일에 신중하면 다른 일로 바꾸기 어렵다. 군주가 믿음이 있어 관원이 감히 간사한 짓을 하지 않고, 농민이 자신의 일에 신중해 다른 일로 바꾸기 어려워하면 백성은 군주를 그르다고 여기지 않고 마음속으로 관원을 원망하지 않는다. 백성들이 군주를 그르다고 여기지 않고, 마음속으로 관원을 원망하지 않으면 장년의 백성이 힘써 농사지으며 다른 일로 바꾸지 않는다. 장년의 백성이 힘써 농사짓고 다른 일로 바꾸지 않으면 청년들이 이를 본받아 쉬지 않고 농사짓는다. 청년들이 이를 본받아 쉬지 않고 경작하면 황무지는 반드시 개간된다.

셋째, 대국의 위세와 권력 때문에 작위를 내리거나 관직을 수여하지 않으면 백성들은 학문을 중시하지 않고, 농사를 천시하지 않는다. 백성들이 학문을 중시하지 않으면 우둔해지고, 우둔해지면 대국과 교류하지 못하고, 대국과 교류하지 못하면 나라는 농사에 힘쓰고 꾀를 부리지 않는다. 백성들이 농사를 천시하지 않으면 나라는 안전해 위태롭지 않다. 나라가 안전해 위태롭지 않고, 부지런히 농사에 힘쓰고 꾀를 부리지 않으면 황무지는 반드시 개간된다.

넷째, 고관은 녹봉이 많은 만큼 세금이 많아야 한다. 빈둥대며 놀고먹는 자가 많으면 농사를 해치게 된다. 놀고먹는 자의 숫자에 따라 부세를 징수하고, 부역을 가중시킨다. 그러면 고관세족은 식객을 많이 거둘 수 없고, 간사한 재주로 이리저리 유세하면서 게으름 피우는 자는 먹고살 길이 없게 된다. 백성이 먹고살 길이 없게 되면 반드시 농사를 짓는다. 백성이 농사를 지으면 황무지는 반드시 개간된다.

다섯째, 상인은 쌀을 사들이지 못하고, 농민은 쌀을 내다 팔지 못하게 한다. 농민이 쌀을 내다 팔 수 없으면 게으름 피우는 농민이 부지런히 일하게 된다. 상인이 쌀을 사들일 수 없으면 풍년이 들어도 쌀을 사들이는 즐거움을 누리지 못한다. 풍년이 들 때 쌀을 사들여 쌓아두는 즐거움을 누리지 못하면 흉년이 들어도 쌓아둔 쌀을 대거 방출해 큰 이익을 올리는 일이 불가능해진다. 큰 이익이 없으면 상인은 두려워하게 된다. 상인이 두려워하면 농사를 짓게 된다. 게으름 피우는 농민이 부지런히 일하고, 상인이 농사를 짓고자 하면 황무지는 반드시 개간된다.

여섯째, 음탕한 음악과 기이한 복장이 각 현縣에 유행하지 못하도록 한다. 그러면 백성들은 집을 나가 일할 때 기이한 복장을 보지 못하고 집에서 쉴 때 음탕한 음악을 듣지 못하게 된다. 집에서 쉴 때 음탕한 음악을 들을 수 없으면 정신이 흐트러지지 않는다. 또한 집을 나가 일할 때 기이한 복장을 볼 수 없으면 마음이 반드시 한결같게 된다. 마음이 한결같고 정신이 흐트러지지 않으면 황무지는 반드시 개간된다.

일곱째, 품팔이꾼을 고용하지 못하면 경대부卿大夫는 집을 건축하거나 수리하지 않고, 그들의 귀한 자식들은 놀고먹지 않는다. 나태한 사람들도 더 이상 게으름을 피우지 않을 것이므로 품팔이꾼은 먹고살 길이 없어 반드시 농사를 짓는다. 경대부가 집을 건축하거나 수리하지 않으면 농사가 지장을 받지 않는다. 그들의 귀한 자식들과 나태한 자들이 더 이상 게으름을 피우지 못하면 전에 경작하던 농지가 황폐해지는 일이 없다. 농사가 지장을 받지 않고 농민이 더욱 부지런히 농사를 지으면 황무지는 반드시 개간된다.

여덟째, 객점客店의 문을 닫게 하면 간사하고 교활한 자, 농사짓는 일에 안심하지 못하는 자, 사사롭게 외국과 결탁하는 자, 농민을 미혹하게 만드는 자가 여행을 떠나지 못한다. 객점을 운영하는 백성도 먹고살 길이 없게 되면 반드시 농사를 짓는다. 이들이 모두 농사를 지으면 황무지는 반드시 개간된다.

아홉째, 산림과 호수를 통합관리하면 농사짓는 것을 싫어하고, 게으름 피우고, 탐욕스런 자들은 먹고살 길이 없게 된다. 이들이 먹고살 길이 없으면 반드시 농사를 짓게 된다. 이들이 모두 농사를 지으면 황무지는 반드시 개간된다.

열째, 술과 고기의 가격을 올리고, 이에 대한 조세를 무겁게 해 원가의 열 배가 되게 한다. 그러면 상인은 줄어들고 농민은 술을 마음껏 마시며 즐길 수 없고, 대신은 정무를 태만히 하며 진탕 먹고 마시지 못한다. 상인이 줄어들면 나라는 식량을 낭비하지 않게 된다. 농민이 술을 마음껏 마시며 즐기지 못하면 농사일을 늦추지 않게 된다. 대신이 정무를 태만히 하지 않으면 국사가 지체되는 일이 없고, 군주는 잘못된 조치를 취하지 않게 된다. 나라가 식량을 낭비하지 않고 농민이 농사일을 늦추지 않으면 황무지는 반드시 개간된다.

열한째, 형벌을 엄히 하고 사람들의 죄를 연좌해 처벌하면 속이 좁고 성미가 급한 자는 싸우지 않고, 흉악하고 난폭한 자는 언쟁을 벌이지 않고, 게으른 자는 빈둥거리지 않고, 돈을 물 쓰듯 하는 자는 낭비하지 않고, 달콤한 말로 아첨하고 나쁜 마음을 품은 자는 사람을 속이지 않게 된다. 이들 다섯 가지 부류가 국내에 존재하지 않으면 황무지는 반드시 개간된다.

열두째, 마음대로 이사하지 못하게 하면 백성들은 우직하게 된다. 그러면 농민을 미혹하게 만드는 자들도 먹고살 길이 없게 되어 반드시 농사를 짓는다. 우직하거나 다른 일을 하고자 하는 자가 모두 농사에 뜻을 두면 농민은 사는 곳에 안주하며 농사에 전념한다. 농민이 안주해 농사에 전념하고 우직한 마음을 견지하면 황무지는 반드시 개간된다.

열셋째, 적장자를 제외한 세족 자제들의 요역에 관한 법령을 일반 백성과 동등하게 제정해 반포한다. 그들을 항렬에 따라 요역을 하도록 하고, 요역을 면제하는 기준을 까다롭게 하고, 담당 관원을 통해 식량을 배급받게 하고, 배급량을 일정한 표준에 맞추도록 한다. 그러면 요역을 피할 길이 없다. 고관의 자제라는 이유로 요역을 피할 수 없게 되면 세족 자제들은 권세가를 찾아다니지 않을 것이다. 그러면 반드시 농사를 짓게 된다. 이들이 농사를 지으면 황무지는 반드시 개간된다.

열넷째, 나라의 대신과 대부들이 널리 듣고 배우거나, 속임수로 변론하며 간교한 지혜를 사용하거나, 외지로 돌아다니며 타향에 거주하거나, 각 현으로 가 거주하며 활동을 하는 등의 일을 못하게 한다. 그러면 농민들은 기이한 언변과 이상한 학설을 접할 곳이 없게 된다. 농민이 기이하고 유가의 공허한 언변과 학설을 접할 일이 없게 되면 지혜로운 농민은 전부터 해오던 일에서 벗어나지 않고, 우직한 농민은 유가의 학설을 알려고 하지 않을 것이다. 우직한 농민이 유가의 학문을 알려고 하지도 않고 좋아하지도 않으면 농사에 힘쓰게 된다. 우직한 농민은 물론 지혜로운 농민까지 전부터 해오던 일에서 떠나지 않으면 황무지는 반드시 개간된다.

열다섯째, 상인을 엄히 통제하기 위해서는 우선 영내塁內에 설치된 시장에 여인의 출입을 금하는 명령을 내린다. 이어 그곳의 상인에게 명해 소재지 주변 부대가 필요로 하는 병기를 공급하고 늘 부대의 전투상황 등에

주의를 기울이게 한다. 마지막으로 영내 시장에 몰래 식량을 운반하는 자가 없게 한다. 그러면 사리를 꾀하는 간교한 계책을 감출 길이 없고, 식량을 몰래 운반하고자 해도 은밀히 저장할 곳도 없고, 경망하고 나태한 자도 영내 시장에서 활동하지 못하게 된다. 식량을 몰래 팔고자 해도 팔 길이 없고, 식량을 운송하는 자도 사리를 도모할 수 없고, 경망하고 나태한 자가 영내 시장에서 활동하지 못하면 농민들은 떠돌아다니지 않는다. 나라의 식량 또한 허비되는 일이 없다. 그러면 황무지는 반드시 개간된다.

열여섯째, 각 현의 제도를 통일하면 자리를 옮기거나 승진되어서 가는 관원은 자신을 미화할 수 없고, 후임으로 오는 관원 또한 감히 통일된 제도를 바꾸지 못한다. 과오를 저질러 파면된 자 또한 자신의 과오를 숨길 수 없다. 과오를 숨길 수 없으면 관원 가운데 간사한 자가 없게 된다. 자리를 옮기거나 승진한 관원이 자신을 미화할 수 없고, 후임으로 오는 관원이 제도를 바꾸지 못하면 관속官屬이 줄어들고 백성들 부담도 줄어든다. 관원이 간사하지 않으면 백성은 그들을 피해 다니지 않는다. 백성들이 관원을 피해 다니지 않으면 농사가 쇠퇴하는 일이 없다. 관속도 줄고 조세 또한 많지 않게 된다. 백성들 부담이 적어지면 농사짓는 날이 늘어난다. 농사짓는 날이 늘어나고, 조세도 많지 않고, 농사가 쇠퇴하지 않으면 황무지는 반드시 개간된다.

열일곱째, 관문과 시장에서 유통하는 물품의 조세를 무겁게 하면 농민은 상인이 되는 것을 싫어하고, 상인은 주저하고 나태해지는 마음이 생길 것이다. 농민이 상인이 되는 것을 싫어하고 상인이 주저하며 나태해지는 마음이 생기면 황무지는 반드시 개간된다.

열여덟째, 농민이 상인이 되는 것을 싫어하고 상인이 주저하며 나태해지는 마음이 생상인 집안의 사람 수에 따라 상인에게 요역을 할당한다.

상인 집안에서 땔나무를 하는 노복과 수레를 끄는 노복, 그 밖에 허드렛일을 하는 여러 노복과 어린 종들을 반드시 관부에 등록시키고, 명부에 근거해 요역을 부과한다. 그러면 농민은 편안하고 상인은 고달파진다. 농민이 편안하면 좋은 전답이 황폐해지는 일이 없고, 상인이 고달프면 오가며 전하는 선물이 여러 현으로 흘러들어갈 일이 없다. 그러면 농민은 굶주리지 않고, 나다니며 치장하는 일이 없게 된다. 농민이 굶주리지 않고 나다니며 치장하는 일을 하지 않으면 공적인 일도 반드시 부지런히 처리하고, 사적인 일도 방치하지 않을 것이다. 그러면 농사도 반드시 잘 지을 것이고, 농사를 잘 지으면 황무지 또한 반드시 개간된다.

열아홉째, 식량을 운반할 때 남의 수레를 빌리지 못하게 하고, 돌아올 때 역시 남에게 고용되는 일이 없게 한다. 수레와 소를 포함해 수레에 싣는 짐의 무게는 반드시 관부에 등록된 내용과 같게 한다. 그러면 가고 오는 것이 신속하고, 식량운송 작업이 농사에 지장을 주는 일이 없게 된다. 식량운송 작업이 농사에 지장을 주지 않으면 황무지는 반드시 개간된다.

스무째, 죄인이 관원에게 청탁해 음식을 받는 일이 없게 하면 간사한 자들은 주인이 없게 된다. 간사한 자에게 주인이 없으면 간사한 짓을 저지르는 자들이 고무되지 못한다. 농민은 상처받지 않고, 간사한 자들은 의지할 곳이 없다. 간사한 자들이 의지할 곳이 없으면 농민은 피해를 입지 않는다. 농민이 피해를 입지 않으면 황무지는 반드시 개간된다.

_《상군서》〈간령〉

제2장

사람의 본성을 파악한다

설민술說民術

이익을 좇는 자는 멀리하라

설민說民은 백성에 대해 이야기한다는 뜻이다. 백성을 논의한다는 뜻의 논민論民과 같다. 치민治民에 대한 다양한 방안을 두루 언급한 이유다. 국가의 정령이 차질 없이 집행되는 나라는 천하를 호령하는 왕자王者가 되고 그렇지 못한 나라는 이내 쇠약해져 패망하게 된다는 게 요지다. 인의도덕을 역설하는 유가를 질타한 것이다.

상앙은《상군서》〈획책〉에서 일을 하지도 않으면서 밥을 먹고, 녹봉을 받지 않고도 부유하고, 관직도 없이 권세를 떨치는 자를 간민姦民이라고 했다. 그러나 〈거강〉과 〈설민〉에서는 간민을 임용하면 오히려 나라가 더 부강해진다고 주장했다. 같은 '간민'을 두고 〈획책〉은 법가의 관점, 〈거강〉과 〈설민〉은 유가의 관점에서 달리 표현한 것이다. 법가와 유가의 인간의 본성에 대한 해석이 전혀 다른 데 따른 것이다.

맹자는 전국시대 말기인 기원전 4세기 무렵 공자의 사상적 후계자를 자처하며 '인간의 본성은 선하다'는 명제를 사상 최초로 내놓았다.

원래 성性이라는 글자는 심心과 생生이 합쳐진데서 알 수 있듯이 천성적인 능력이나 기질을 의미한다. 공자가 말한 '성'이 바로 이것이다. 《논어》 〈양화陽貨〉에서는 "성은 서로 가까우나 사회적 습관으로 인해 서로 멀어진다"고 했다. 공자가 말한 '성'은 인성론에서 이야기하는 성선설 또는 성악설과는 아무 상관이 없고, 단순히 인간의 기질을 지칭한 것이다. 이것이 훗날 맹자에 의해 종교적 도그마에 가까운 선악의 평가대상으로 변질되어버린 것이다. 원래 공자는 맹자와 달리 인성에 관해 단 한마디도 전혀 언급하지 않았다. 선악의 잣대를 들이대는 것을 못마땅하게 생각한 결과다. 《논어》 〈공야장公冶長〉에 나오는 수제자 자공은 "나는 선생님의 문장文章은 가히 들을 수 있었다. 그러나 선생님이 인성과 천도天道를 이야기하는 것은 들을 수 없었다"며 이를 뒷받침한다.

하늘의 도를 뜻하는 천도는 불변의 진리를 상징한다. 성리학을 집대성한 남송대의 주희는 이를 천리天理로 바꿔 표현했다. 인성의 '성'과 천리의 '리'를 합친 말이 바로 '성리'다. 맹자의 성선설을 절대화한 것이다. 성리학은 맹자의 성선설을 종교적 교리로 변질시킨 학문이라고 해도 과언이 아니다. 실제로 주희는 이 대목을 두고 풀이하기를, "자공은 이때에 이르러 비로소 인성과 천도에 대한 이야기를 얻어 듣고 그 훌륭함에 감탄한 것이다"라고 했다. 이는 공자로부터 '성'과 '천도'에 대해 전혀 들은 바가 없다고 술회한 자공의 언급과 완전히 배치되고 있다. 성리학을 합리화하기 위한 억지 해석이다.

전국시대 말기 순자와 한비자 등이 맹자의 성선설에 맹공을 가한 것도 바로 이 때문이다. 성선설이 도그마로 변질될 가능성을 읽은 결과다. 순자는 맹자와 정반대의 입장에서 인간의 본성을 파악했다. 사람은 본래 이익을 좋아하고 매우 이기적이어서 만족할 줄을 모른다는 게 그의 기본적인 생각이었다. 이를 뒷받침하는 《순자》〈성악性惡〉의 해당 대목이다.

> 사람은 나면서부터 귀와 눈의 욕망이 있어 아름다운 소리와 빛깔을 좋아한다. 그러나 이것을 따르면 혼란이 생기고, 예의와 아름다운 형식도 없어지게 된다.

그는 이익을 향해 무한 질주하는 인간의 호리심好利心과 남과 자신을 비교하며 시기하는 투기심妬忌心, 이성의 미색에 혹하는 색욕色欲 등을 방치할 경우 국가공동체가 이내 혼란에 빠져 패망할 수밖에 없다고 보았다. 욕정에 뿌리를 둔 정情을 '성'의 일환으로 간주한 이유다. 그가 볼 때 '성'과 '정'은 서로 분리시킬 수 없는 성정情性 그 자체였다. 일각에서 그의 인성론을 성악설이 아닌 정악설情惡說로 규정하는 이유다. 순자는 공연히 '성악'이라는 표현을 쓰는 바람에 오해를 산 것에 지나지 않는다는 것이다.

사실 맹자와 정반대되는 성악설을 주장한 장본인은 순자의 제자인 한비자다. 그는 군주와 신하는 말할 것도 없고 심지어 부부와 부모자식 관계에 이르기까지 모든 인간관계를 이해관계로 파악했다. 순자의 '정악설'은 맹자의 성선설과 한비자의 성악설 사이에 존재한다. 순자가 맹자의 성선설을 공박한 것은 국가공동체의 안녕 때문이다. '성정'의 무절제한 발산으로 인한 국가공동체의 혼란을 우려한 순자는 예치禮治를 처방전으로 제시했다. 《순자》〈성악〉의 해당 대목이다.

> 사람이 무턱대고 '정'을 좇는다면 반드시 서로 쟁탈전을 벌이게 되고, 끝내 분수를 어기고 이치를 어지럽혀 난폭해진다. 반드시 스승과 법도에 의한 교화敎化

와 예의禮義로 나라를 다스려야 하는 이유다.

그는 이기심과 욕망으로 가득 찬 사람도 예치를 통해 원래의 소박한 성정으로 되돌릴 수 있다고 보았다. 그의 '정악설'은 비록 맹자 수준까지는 아닐지라도 상당 부분 낙관적인 전망을 토대로 한 것이다. 〈성악〉의 다음 대목이 이를 뒷받침한다.

길거리의 사람도 우임금과 같은 성인이 될 수 있다. 그 까닭은 무엇인가? 바로 인의와 올바른 법도를 행하기 때문이다.

결론으로 보면 "길거리의 모든 필부가 바로 성인이다"라는 파격적인 명제를 제시한 맹자와 별반 차이가 없다. 그러나 방법론에서는 커다란 차이를 보인다. 맹자는 이욕에 휘둘리는 '정'을 개인 차원의 수양을 통해 능히 억제하거나 소거消去할 수 있다고 보았다. 인간의 선한 본성에 대한 맹자의 확신은 강고했다. 나름 평가할 만하나 지나치게 낙관적이다. 성인이 되는 길을 지나치게 '우습게' 봤다는 비판을 받은 이유다.

순자의 '정악설'은 바로 이런 비판에서 출발하고 있다. 그가 볼 때 개인 차원의 수양으로는 결코 이욕에 휘둘리는 '정'을 억제하거나 소거하는 일이 불가능했다. 공자와 같은 성현의 말씀을 토대로 죽을 때까지 꾸준히 연마해야만 '정'을 억제하거나 소거하는 일이 가능하다고 보았다. 국가가 전면에 나서 백성들을 예제로 다스려야 한다고 주장한 이유다. 《순자》〈정명正明〉에 이를 뒷받침하는 대목이 나온다.

본성에서 표출되는 호好·오惡·희喜·노怒·애哀·락樂을 '정'이라고 한다. '정'이

자연스럽게 움직여 마음이 그것을 선택하는 것을 사려思慮라고 한다. 사려를 통해 그리 행하는 것을 작위作為라고 한다.

작위는 배워서 깨우친 뒤 실행하는 것을 말한다. 나름 일리 있는 방안이기는 하나 예제는 기본적으로 나라의 제도다. 예제를 관철시키는 배경은 권력이고, 권력의 정점에 군주가 있다. 만일 현실 속의 군주가 능력이나 의지 등이 부족해 성현을 좇지 못할 경우 과연 예제가 제대로 시행될 수 있을까? 한비자가 스승의 예치를 버리고 법치를 역설한 이유가 여기에 있다.

한비자는 기본적으로 강압성이 배제된 예제로는 결코 이욕에 휘둘리는 '정'을 억제하거나 소거하는 일이 불가능하다고 보았다. '정'과 '성'을 하나로 묶어본 점에서는 스승과 입장을 같이하면서도 구체적인 방안에서는 전혀 다른 처방전을 제시한 셈이다. 유가에서 출발했다가 법가로 전환한 배경이 여기에 있다. 한비자가 법가사상을 집대성할 때 결정적인 도움을 준 것이 바로 상앙의 《상군서》다. 많은 사람들이 법가사상의 기원을 《상군서》에서 찾는 이유다.

사마천은 《사기》〈상군열전〉에서 "상앙은 전국시대 중기 위衛나라 공족의 서얼 출신으로 일찍부터 형명학形名學을 좋아하여 조예가 깊었다"고 기록해놓았다. 형명학은 법가사상과 병가사상이 분화되기 이전에 하나로 합쳐져 있던 학문의 흐름을 말한다. 《손자병법》〈병세〉는 "수많은 병사를 전투에 참가시키면서도 약간의 병사를 전투에 참가시키듯 하는 비결이 '형명'에 있다"고 하면서 이를 뒷받침하고 있다.

삼국시대의 조조는 기왕의 《손자병법》을 새롭게 편제한 《손자약해》 주석에서 '형'을 진형과 전술을 재빨리 변화시킬 때 사용하는 깃발, '명'을 군대의 전진과 후퇴를 명할 때 사용하는 징과 북으로 풀이했다. 법가인 한비자는 '형'을 사물의 실체 또는 형태, '명'을 사물의 명칭 또는 명분으로 풀이했다. 여기서 법가사상을 상징하는 형명참동形名參同 개념이 도출되었다. 명목과 실제를 비교해 공과를 판정한 뒤 그에 맞춰 상벌을 내리는 것을 의미한다. 한비자가 형명참동을 상벌賞罰의 뜻으로 새긴 이유다. 이를 뒷받침하는 《한비자》〈주도〉의 해당 대목이다.

> 명군은 마음을 비우고 고요히 상대를 지켜봄으로써 신하가 스스로 자신의 생각을 말하게 하고, 이후 그에 따른 책임을 지워 자연스럽게 그 일이 이루어지게 한다. 마음을 비우면 상대의 실정을 알 수 있고, 고요히 지켜보면 그 행동의 시비를 알 수 있다. 신하가 말한 바와 그 실적을 대조하는 '형명참동'을 행하면 군주는 아무 일을 하지 않아도 신하의 모든 실정이 밝게 드러난다. 그런 까닭에 군주는 현명하지 않으면서도 현명한 자의 스승이 되고, 지혜롭지 못하면서도 지혜로운 자의 우두머리가 된다.

사마천이 《사기》에서 언급했듯이 상앙이 '형명학'에 밝았다는 것은 곧 법가와 병가사상을 두루 꿰었다는 것을 의미한다. 실제로 그의 저서 《상군서》는 법가서인 동시에 병가서이기도 하다. 법가와 병가사상을 관통하는 '형명'은 기본적으로 인간의 본성을 선악善惡 또는 시비是非가 아닌 이해利害의 잣대로 파악한 데서 출발하고 있다. 이익이 있으면 달려가고, 해로움이 있으면 멀리 피하는 게 바로 인간의 본성이라는 시각이다. 매우 단순하면서도 엄중한 상식 위에 서 있다. 사마천도 같은 입장이다. 이를 뒷받침하는 《사기》〈화식열전〉의 해당 대목이다.

> 연못이 깊어야 물고기가 노닐고 산이 깊어야 짐승이 뛰어놀듯이 사람은 부유

해야만 인의도덕도 행할 수 있다. 속담에 이르기를 "천금을 가진 부자의 자식은 저자에서 형벌을 당해 죽는 일이 없다"고 했다. 이는 빈말이 아니다. 사람들이 흔히 "천하가 희희낙락한 것은 모두 이익을 위해 모여들기 때문이고, 천하가 흙먼지가 일 정도로 소란스러운 것은 모두 이익을 찾아 떠나기 때문이다"라고 말하는 게 그 증거다.

상앙과 한비자가 욕정에 휘둘리고 이익을 향해 무한 질주하는 인간의 본성을 악하다고 파악한 것은 나름 일리가 있다. 이들의 이런 관점은 난세의 심도가 깊어지면 깊어질수록 더욱 위력을 떨친다.《사기》와《한서》등 모든 사서는 난세가 극에 달한 모습을 인상식人相食으로 표현해놓았다. 사람들이 서로를 잡아먹는다는 뜻이다. 역자상식易子相食이라는 표현도 나온다. 자식을 바꿔 잡아먹는다는 의미다. 침팬지 무리 또는 식인종이나 다름없다. 한비자가《상군서》를 토대로 법가사상을 집대성한 이유가 여기에 있다. 상앙과 한비자의 성악설은 바로 난세 상황에서 성선설이 지닌 허구의 정곡을 찌른 것이나 다름없다.

때론 독재도 유용할 수 있다

상앙은 결단의 문제를 치도와 연결시킨 최초의 인물이다. 〈거강〉에서 간략히 언급한 뒤 〈설민〉이 이 문제를 종합적으로 정리해놓았다. 이를 정확히 이해하기 위해서는 먼저 전제專制와 독재獨裁의 의미부터 명확히 할 필요가 있다. 21세기 현재 전제와 독재 모두 최고통치권자인 군주나 대통령에 의해 자행되는 퇴행적인 통치로 간주하고 있다. 모두 군주정을 민주정과 대

립되는 것으로 파악한 서양 역사와 문화의 영향 때문이다. 그러나《상군서》
와《한비자》를 비롯한 법가사상서와《손자병법》을 비롯한 동양 전래의 병
서는 군주의 독재와 전쟁터에서 용병하는 장수의 전제를 역설하고 있다.

《한비자》는 독재와 전제를 엄격히 분리했다. 군주를 허수아비로 만든 붕
당세력의 우두머리인 권신의 전횡專橫을 '전제', 군주의 고독한 결단을 '독
재'로 표현한 게 그렇다. 한비자는 무엇을 근거로 권신의 전제와 군주의 독
재를 구분한 것일까?《한비자》〈망징亡徵〉에 이에 대한 설명이 나온다.

신하들이 붕당을 결성해 군주의 눈과 귀를 가리면서 권력을 휘두르면 그 나라
는 패망한다. 변경을 지키는 장수의 직위가 너무 높아 멋대로 명을 내리면 그
나라는 패망한다. 나라의 창고는 텅 비어 있는데도 대신의 창고만 가득 차 있
으면 그 나라는 패망한다.

한비자가 좌우의 의견에 흔들리지 않고 독자적으로 결단하는 군주독재
를 역설한 이유가 여기에 있다. 군주의 결단이 국가존망과 직결된다고 판
단한데 따른 것이다. 그는《한비자》〈외저설우상〉에서 상앙과 비슷한 시기
에 활약한 신불해申不害의 말을 인용해 군주의 고독한 결단을 이같이 설명
해놓았다.

일을 처리할 때 남의 눈치를 보지 않고 홀로 진상을 파악하는 것을 명明, 어떤
일이 일어나도 남의 말에만 귀를 기울이지 않고 홀로 판단하는 것을 총聰이라
고 한다. 이처럼 남의 말과 뜻에 흔들리지 않고 '총'과 '명'에 따라 홀로 결단하
는 사람은 가히 천하의 제왕이 될 수 있다.

《한비자》는 군주의 고독한 결단을 '독단獨斷'으로 표현해놓았다. 《상군서》 〈수권〉에는 독재가 '독제獨制'로 나온다. 독단과 독제를 〈거강〉과 〈설민〉 및 〈근령〉 등에서는 군주의 고독한 결단을 뜻하는 '군단君斷'으로 표현해놓았다. 난세가 극에 달했을 때 반드시 필요한 결단의 유형으로 언급한 것이다.

〈거강〉과 〈설민〉 및 〈근령〉의 풀이에 따르면 태평성대에는 모든 문제를 백성들 스스로 판단해 처결하게 된다. 이를 가단家斷이라고 한다. 그보다 약간 못한 치세에는 분쟁을 마을 단위에서 처결한다. 이를 곡단曲斷이라고 한다. '곡'은 향곡鄕曲을 뜻한다. 가단과 곡단을 합쳐 하단下斷이라고 한다. 하단과 대비되는 것이 상단上斷이다. 이는 크게 관단官斷과 군단君斷으로 나뉜다. 쟁송이 많아져 관아에서 처결하는 것이 관단이다. 나라가 그만큼 어지러워졌음을 뜻한다. 관아에서도 처결하지 못해 마침내 모든 사람이 최고통치권자인 군주의 결단을 요구하는 최악의 상황이 도래한다. 이때 필요한 게 바로 군단이다. 난세의 심도가 그만큼 깊어졌음을 의미한다.

상앙은 자신이 활약하던 전국시대 중기의 상황을 난세의 절정으로 파악했다. 군주의 고독한 결단을 촉구한 이유다. 한비자는 상앙의 이런 주장에 공명했다. 《한비자》 〈칙령〉에서 엄정한 법치의 확립을 역설한 것도 이런 맥락에서 이해할 수 있다.

> 군주는 자신의 명령을 공정하고 불편부당하게 시행하여 법제에 부합하도록 해야 한다. 법제가 공평하면 관원이 간사한 짓을 못하게 된다. 공적에 따라 인재를 임용하면 백성들의 말이 적고, 공허한 인의도덕을 떠벌이는 자를 임용하면 백성들의 말이 많아진다. 법치는 향촌에서부터 엄히 시행될 필요가 있다. 곧바로 5리 범위 안에서 엄히 시행할 수 있으면 왕자王者, 9리 범위 내에서 엄히 시행할 수 있으면 강자强者가 된다. 지척대며 시행을 늦추는 나라는 영토가 깎이

고 쇠약해진다.

〈칙령〉에서는 비록 왕자와 강자 사이에 위치한 패자를 구체적으로 언급하지는 않았으나 논리상 5리와 9리 중간 부근의 곡단에 패자가 존재한다고 본 것이나 다름없다. 〈칙령〉은 《상군서》에 나오는 여러 수준의 결단을 종합적으로 정리해놓은 것이므로, 이 논리의 원조는 상앙이다.

고금을 막론하고 법치가 확립되어 있지 못하면 백성들은 시비판단의 근거가 없어 사안을 속히 처리할 수 없게 된다. 쟁송이 많아지는 이유다. 이를 방치하면 나라가 이내 어지러워질 수밖에 없다. 상앙과 한비가 법치가 확립되면 향촌 단위에서 조속히 시비를 결단해 문제를 미연에 방지할 수 있다고 역설했다. 〈설민〉이 하단과 상단이 등장하는 배경을 치세와 난세의 틀 속에서 일치日治와 야치夜治, 숙치宿治로 바꿔 표현한 이유다.

원래 가단은 다스리는 데 여유가 있는 상황이다. 업무시간인 낮에 결단해 사안을 처리하는 '일치'가 이루어지면 왕자가 된다고 말하는 이유다. 관단은 다스리는 데 다소 부족한 상황이다. 밤늦게 결단해 사안을 처리하는 '야치'가 이루어지면 강자가 된다고 말하는 이유다. 군단은 다스리는 데 큰 어려움을 겪을 정도로 매우 어지러운 상황이다. 머뭇거린 탓에 하룻밤을 묵혀 다음 날 결단해 사안을 처리하는 '숙치'가 이루어지면 나라의 영토가 깎인다고 말하는 이유다.

확고한 결단이 패망을 막는다

《한비자》와 《상군서》는 비록 가장 높은 수준의 제도帝道에 대해서는 언급하지 않았으나 기본취지를 토대로 추론하면 가단을 바로 '제도'로 상정했음을 알 수 있다.《상군서》와《한비자》에 나오는 '치세 및 난세에 적용되는 결단의 차원'을 종합하면 대략 다음과 같이 정리할 수 있다.

■ 치세 및 난세에 적용되는 결단의 차원

상황		필요한 결단의 종류	결단의 완급	결단 주체	치자
치세	하단	가단家斷	즉치卽治	가호	제자帝者
		곡단曲斷	일치日治	5리	왕자王者
난세	하단	곡단曲斷	일후치日後治	7리	패자霸者
		곡단曲斷	석치夕治	9리	강자强者
		곡단曲斷	석후치夕後治	10리	약자弱者
난세	상단	곡단曲斷	야치夜治	관아	삭자削者
		군단君斷	숙치宿治	군주	위자危者
		무단無斷	불치不治	무	망자亡者

공평무사한 법집행이 제대로 이루어지는 순서로 말하면 가단의 수준이 가장 높다. 일정한 기준이 없어 멋대로 법집행이 이루어지는 무단과 정반대된다. '무단'은 결단의 주체가 없는 상황을 말한다.《한비자》와《상군서》는 이를 구체적으로 언급하지 않았으나 권신들이 발호해 백성들을 그물질해 사복을 채우는 최악의 단계를 상정한 것이다.

이 단계에서는 군주가 허수아비로 전락한 까닭에 결단의 주체가 없고 오직 권신들이 자신들의 입맛에 따라 멋대로 정책을 결정하고 법령을 집행할 뿐이다. 후한 말기에 등장한 환관의 발호와 조선조의 세도정치 등이 '무단'의 대표적인 사례에 해당한다. 난세일수록 강력한 군권君權에 기초한 단호한 결단이 필요한 이유다.

상앙은 군주가 허수아비로 전락한 상황이 바로 '무단'에 해당한다고 판단했다. 그는 이를 군약신강으로 표현했다. '군약신강'을 언급한 최초의 사례에 해당한다. 그는 '군약신강'을 패망의 지름길로 간주했다.《상군서》〈신법〉의 해당 대목이다.

군주가 '군약신강'의 배경을 제대로 살피지 못하면 설령 열국 제후들의 침공을 받지 않을지라도 반드시 백성들의 겁박劫迫을 받게 된다. 붕당세력의 교묘한 언설이 횡행하면 현자나 불초한 자나 모두 이를 따라 배울 것이다. 선비들이 언변에 뛰어난 사람에게서 배우면 일반 백성은 실질적인 일을 팽개친 채 허황된 언설을 낭송하고 다닐 것이다. 국력이 줄어들고 서로를 비난하는 이야기가 난무하는 이유다. 군주가 이를 제대로 살피지 못하면 전쟁이 일어났을 때 반드시 장병을 모두 잃을 것이고, 성을 지키려고 해도 오히려 성을 팔아먹는 자가 나타날 것이다.

'군약신강'의 상황은 국가공동체 차원에서 빚어지는 '무단'에 해당한다. 최소 단위의 부부공동체의 경우에도 '무단'의 상황이 존재한다. 기업공동체도 예외가 아니다.《한비자》가 역설했듯이 금슬 좋았던 부부 사이도 먹고사는 일이 심각한 문제로 부상하면 이내 다툼이 잦아진다. 풍요로울 때는 사소한 문제에 지나지 않았던 것이 자칫 심각한 문제로 번질 수 있다. 이때 양측이 서로 이해하고 타협하면 아무 문제가 없다. 이는 '가단'에 비유할 수 있다.

만일 갈등이 누적되어 다툼이 격화되면 중재인이 등장한다. 양측 가족과 친지가 이에 해당한다. 이는 5리 이내의 '곡단'에 비유할 수 있다. 이들의 중재가 실패하면 사회 원로 등에게 중재를 부탁할 수 있다. 10리 이내의 '곡단'에 이에 해당한다. 만일 이마저 실패해 다툼이 격화되면 결국 법정으로 갈 수밖에 없다. '관단'이 개입하는 상황이다.

일단 '관단'이 개입하면 비용도 많이 들 뿐 아니라 사안을 원만히 해결하기도 어렵게 된다. '관단'은 기본적으로 정해진 규정에 의해 획일적으로 판단하는 까닭에 위자료 등을 둘러싸고 양측 간에 첨예한 공방전이 펼쳐지게 된다. 모양이 좋을 리 없다. 비록 다툼이 격화되기는 했으나 그나마 이 단계에서라도 조정 등의 다양한 형식을 통해 사안이 해결되면 다행이다.

만일 '관단'에 의해서도 해결되지 않고 양측이 서로 삿대질을 하며 치고받는 상황으로 치닫게 되면 어찌되는 것일까? 이때는 법원의 조정 차원을 넘어 국가공권력이 발동하게 된다. 이를 방치할 경우 국가공동체에 심각한 폐해를 줄 수 있기 때문이다. 이혼과 함께 강제력에 의한 상호 접근금지 등의 명령이 내려지는 게 이에 해당한다. 그야말로 난세가 절정에 달한 셈이다. 여기서 한 발 더 나아가 법원의 결정에 불복하고, 제3자가 개입해 권모술수를 동원한 난타전으로 진행되면 그야말로 최악의 단계인 '무단'에 해당한다.

기업공동체의 패망도 같은 맥락에서 풀이할 수 있다. 2세대가 등장할 때 창업주와 고락을 같이했던 임원과의 갈등이 폭발할 경우 이와 유사한 양태를 보인다. 국가공동체 역시 말기에 들어와 군주가 암약暗弱하고 권신이 발호할 때 예외 없이 이런 양상이 나타난다. 춘추전국시대와 삼국시대 등 난세 때마다 권신이 군주를 시해하고 나라를 빼앗는 시군찬위弑君簒位가 나타난 게 그렇다. 모두 집안이나 기업의 형편이 극도로 어려워지거나 내란 및 외우 등의 환란으로 인해 나라가 휘청거릴 때 이런 양상이 빚어진다.

《한비자》〈외저설우하〉에서 군주통치의 요체를 백성을 직접 다스리는 치민治民이 아니라 관원을 대상으로 한 치리治吏에서 찾은 이유가 여기에 있다. 권신의 발호를 미연에 방지해 보위를 튼튼히 하고, 군주가 의도한 바대로 신하를 부리고자 하는 제신술制臣術의 일환으로 나온 것이다. 이는 상앙의 군단 개념을 확장한 것으로 볼 수 있다.

원문

..

종횡가 등의 책사가 구사하는 뛰어난 언변과 교묘한 기교는 혼란을 돕는 것이고, 유가의 예악은 방탕을 초래하는 것이다. 유가의 자애慈愛는 죄과를 만들어내는 어머니이고, 의리義理를 보호하며 칭송하는 것은 간사한 짓을 만들어내는 쥐구멍에 해당한다. 사람은 혼란을 돕는 것이 있으면 혼란을 행하게 되고, 방탕을 초래하는 것이 있으면 방탕한 짓을 하게 된다. 죄과를 만들어내는 어머니가 존재하면 죄과가 계속 생겨나고, 간사함이 생겨나는 쥐구멍이 있으면 간사한 짓이 그치지 않는 이유다.

나라에 이들 여덟 가지를 무리지어 행하는 자가 있으면 백성은 정령政令을 따르지 않고, 이들 여덟 가지가 없으면 정령이 백성 사이에 통용된다. 백성이 정령을 따르지 않으면 나라는 쇠약해지고, 정령이 통용되면 군사력이 강해진다. 나라에 이들 여덟 가지가 있으면 군주는 백성을 부려 적을 방어하고 공격하도록 할 수 없고, 나라 또한 반드시 쇠약해져 멸망하게 된다. 그러나 이들 여덟 가지가 없으면 군주는 백성을 부려 적을 방어하거나 공격할 수 있고, 나라 또한 반드시 흥성해 천하를 호령하는 왕국이 된다.

유가에서 말하는 선인善人을 임용하면 백성들은 그들의 친족을 사랑하고, 유가에서 말하는 간인姦人을 임용하면 백성들은 나라의 법제를 따른다. 다른 사람까지 두루 사랑하며 남의 잘못을 덮어 가려주는 자를 유가에서는 '선인', 자신과 남을 구별하며 남의 잘못을 살피는 자를 '간인'이라고 한다. '선인'을 표창하면 백성들의 죄과가 숨겨지고, '간인'을 임용하면 죄과가 드러나 죄인이 처벌을 받게 된다. 죄과가 숨겨지면 백성들이 법을 따르지 않고, 죄과가 드러나 죄인이 처벌을 받으면 법제가 백성들 사이에 차질 없이 통용된다.

백성이 법을 따르지 않으면 나라가 혼란해지고, 법제가 백성들 사이에 차질 없이 통용되면 군사력이 강해진다. 그래서 말하기를 "나라가 유가에서 말하는 선인을 임용해 다스리면 반드시 혼란해져 약하게 되고, 유가에서 말하는 간인을 임용해 다스리면 반드시 잘 다스려져 강하게 된다"고 하는 것이다.

나라가 어렵게 얻어지는 실력으로 다른 나라를 공격하면 1을 움직여 10을 얻을 수 있고, 나라가 쉽게 얻어지는 공허한 언변을 이용해 다른 나라를 공격하면 1을 움직여 100의 손실을 얻게 된다. 나라가 실력을 숭상하면 이를 '어렵게 얻어지는 것으로 다른 나라를 공격한다'는 뜻의 이난공以難攻이라고 한다. 나라가 언변을 숭상하면 이를 '쉽게 얻어지는 것으로 다른 나라를 공격한다'는 뜻의 이이공以易攻이라고 한다.

백성이 공허한 언변에 종사하는 것을 쉽게 여기면 농전을 통해 다른 나라와 싸우는 게 어렵게 된다. 나라의 법률이 백성들이 어렵게 여기는 것을 일으켜 세우고, 전쟁에서 백성들이 어렵게 여기는 것을 활용하며 실력으로 다른 나라를 공격하면 1을 움직여 10을 얻는다. 나라의 법률이 백성들이 쉽게 여기는 것을 일으켜 세우고, 전쟁에서 백성들이 쉽게 여기는 것을 활용하며 공허한 언변으로 다른 나라를 공격하면 반드시 10을 움직여 100의 손실을 입는다.

처벌을 무겁게 하면 작위가 존귀해지고, 포상을 드물게 하면 형벌이 위엄을 지니게 된다. 작위가 존귀하면 군주가 백성을 사랑하는 것이고, 형벌이 위엄을 지니면 백성이 군주를 위해 목숨을 바친다. 흥성한 나라가 형벌을 시행하면 백성이 군주에게 편하게 사용되고, 포상을 실행하면 군주가 존중받는다. 법률이 세밀하면 형벌이 많아지고, 법률이 간략하면 형벌이 줄어든다.

백성은 다스려지면서도 혼란스럽기 마련이다. 백성이 혼란스러울 때 혼란스러운 방법으로 다스리면 다시 혼란스러워진다. 그래서 안정됐을 때 다스려야 잘 다스려지고, 혼란스러울 때 다스리면 계속 혼란스러운 것이다. 백성의 마음은 안정되어 있을지라도 그들의 일은 혼란스럽기 마련이다.

형벌을 시행할 때 경죄를 엄하게 처벌하면 경죄뿐만 아니라 중죄 또한 발생하지 않는다. 이를 일컬어 '백성의 일이 안정됐을 때 다스린다'는 뜻의 치어기치治於其治라고 한다. 형벌을 시행할 때 중죄를 엄하게 처벌하고 경죄를 가벼이 처벌하면 경벌도 막지 못하고 중죄 또한 그치지 않게 된다. 이를 일컬어 '백성의 일이 어지러울 때 다스린다'는 뜻의 치어기란治於其亂이라고 한다.

경죄를 엄하게 처벌하면 형벌이 없어지고 모든 일이 자연스럽게 해결된다. 나라 또한 강해진다. 중죄를 엄하게 처벌하고 경죄를 가벼이 처벌하면 형벌이 남용되고 사달이 난다. 나라 또한 쇠약해진다.

백성이 용감하면 그들이 바라는 작록으로 그 용기를 포상하고, 백성이 겁을 내면 그들이 꺼리는 형벌로 그것을 제거한다. 겁 많은 백성은 형벌을 사용해 부리면 용감해지고, 용감한 백성은 상을 이용해 부리면 목숨을 바친다. 겁 많은 백성이 용감해지고 용감한 백성이 목숨을 바치면 국가는 적수가 없어지고 반드시 천하를 호령하는 왕국이 된다.

백성이 가난하면 나라를 약하게 만들고, 부유하면 방탕하게 된다. 방탕하면 나라를 좀먹는 일이 생기고, 나라를 좀먹는 일이 생기면 나라가 쇠약해진다. 가난한 자는 형벌을 이용해 재산을 불리도록 하면 부유해지고, 부유한 자는 관직과 작위를 포상으로 활용하면 부가 덜어지게 된다. 나라를 다스리는 조치는 가난한 자를 부유하게 만들고, 부유한 자의 부를 덜어내는 게 중요하다. 가난한 자가 부유해지고 부유한 자의 부가 덜어지면 나라는 강해지고, 농업과 상업 및 관직 등 세 가지 직업이 나라를 좀먹는 일도 없게 된다. 나라가 오래도록 강하고 나라를 좀먹는 일이 사라지면 그 나라는 반드시 천하를 호령하는 왕국이 된다.

형벌은 실력을 낳고, 실력은 강대함을 낳고, 강대함은 위세를 낳고, 위세는 덕을 낳는다. 덕이 형벌에서 나오는 셈이다. 형벌이 많으면 상이 중후해지고, 상이 적으면 형벌이 엄중해진다. 백성에게는 좋아하는 것과 싫어하는 것이 있다. 좋아하는 것에는 여섯 가지 방탕한 6음六淫이 있고, 싫어하는 것에는 네 가지 어려운 4난四難이 있다. 6음을 임하면 나라는 쇠약해지고, 4난을 시행하면 병력이 강해진다. 천하를 호령하는 왕국은 형벌을 모든 부면에 예외 없이 적용하고, 포상은 농전 한 가지에만 시행한다. 형벌을 모든 부면에 예외 없이 적용하면 6음이 그친다. 포상을 농전 한 가지에만 시행하면 4난이 행해진다. 6음이 그치면 그 나라는 간사한 일이 사라지고, 4난이 행해지면 그 군대는 대적할 자가 없게 된다.

백성이 바라는 것은 매우 많지만 이익이 나오는 길은 농전밖에 없다. 농전을 통하지 않고는 바라는 것을 이룰 수 없다. 농전 한 가지에 매진하는 이유다. 그리하면 민력이 집중되고, 민력이 집중되면 국력이 강해진다. 국력이 강하고 이를 외국과 전쟁할 때 사용하면 국력이 더욱 강해진다. 실력을 만들어낼 수도 있고 그 실력을 사용할 줄 알면 '적을 공격하는 국가'라고 한다. 그 나라는 반드시 강해진다.

개인의 이익을 추구하는 옳지 못한 방법을 차단해 그런 마음이 사라지게 만들고, 농전 한 가지만 허용해 그들의 바람을 이루게 한다. 백성이 반드시 그들이 싫어하는 일을 먼저 행하도록 한 연후에 그들이 바라는 것을 이루도록 한다. 나라의 실력이 증강되는 이유다.

나라의 실력이 강한데도 이를 사용하지 않으면 작록을 얻으려는 백성들의 희망이 사라지고, 희망이 사라지면 사리를 추구하고자 하는 마음이 일게 되고, 사리를 추구하고자 하는 마음이 일게 되면 나라가 쇠약해진다. 실력을 만들어낼 수 있으면서 이를 사용할 줄 모르면 '스스로를 공격하는 나라'라고 한다. 그 나라는 반드시 쇠약해진다.

그래서 말하기를 "천하를 호령하는 왕국은 나라에 실력을 축적하지 않고, 민가에 곡식을 쌓아두지 않는다"고 하는 것이다. 나라에 실력을 축적하지 않은 것은 백성들에게 축적된 실력을 사용한다는 뜻이고, 민가에 곡식을 쌓아두지 않는 것은 나라의 창고에 일괄적으로 저장한다는 뜻이다.

나라는 다스리는 방안은 상황에 따라 다르다. 백성들 자신의 각 가호 차원에서 시비是非와 당부當否에 대한 판단이 내려지는 나라는 천하를 호령하는 왕국, 관원에 의해 시비가 결정되는 나라는 무력을 보유한 강국, 군주에 의해 시비가 결정되는 나라는 안위를 걱정하는 약국이 된다. 법에 의거해 관원을 임용하면 나라가 잘 다스려진다. 형벌을 줄이고자 하면 백성들이 서로 감시하고 보증하도록 해야 한다. 고발한 자에 대한 포상을 속여서는 안 된다.

간사한 일이 있을 경우 반드시 이를 고발하도록 한다. 간사한지 여부에 대한 시비 판단은 백성들이 마음속으로 스스로 내릴 수 있다. 이것이 심단心斷이다. 군주가 동원 등의 명을 내리면 백성은 각 가호 단위로 이에 응한다. 군용 및 국정에 필요한 기물이 각 가호마다 독자적으로 마련해 관부에서 통용되는 것은 해당 기물의 당부를 각 가호마다 독자적으로 판단한 덕분이다. 이것이 가단家斷이다.

그래서 천하를 호령하는 왕국에서는 상벌의 시비에 대한 판단이 백성의 심단에 의해 내려지고, 기물의 당부에 대한 판단이 가단에 의해 내려진다. 정사가 맑고 깨끗하면 시비와 당부에 대한 백성들의 심단 및 가단이 군주의 판단과 같게 되고, 정사가 어둡고 탁하면 시비와 당부에 대한 백성들의 심단 및 가단이 군주와 달라진다. 시비와 당부에 대한 백성들의 심단 및 가단이 군주와 달라지면 정령이 제대로 집행되지 않는다. 정령이 제대로 집행되는 나라는 잘 다스려지고, 그렇지 못한 나라는 어지러워진다.

나라가 잘 다스려지면 가단이 행해지고, 나라가 혼란스러우면 군주가 시비를 판단하는 군단君斷이 행해진다. 나라를 다스리는 군주는 백성들이 가호 단위로 시비를 판단하는 가단과 마을 단위로 시비를 판단하는 곡단曲斷 등의 하단下斷을 귀하게 여긴다.

10리 범위의 곡단이 행해지는 나라는 약국, 5리 범위의 곡단이 행해지는 나라는 강국이 된다. 백성들이 곡단에 앞서 가단을 행하면 국사의 처리에 모두 여유가 있다. 그래서 말하기를 "당일 낮에 국사를 모두 처리하는 일치日治의 나라는 천하를 호령하는 왕국이 되고, 관원이 시비를 판정하는 관단官斷의 나라는 국사의 처리에 시간이 부족하다"고 하는 것이다. 또 말하기를 "당일 밤이 되어서야 국사를 처리하는 야치夜治의 나라는 강국이 되고, 군주가 시비를 판정하는 군단의 나라는 국정이 혼란스러워진다"고 한다. 또 말하기를 "다음날이 되어야 국사를 처리하는 숙치宿治의 나라는 영토가 깎이게 된다"고 한다. 법치가 제대로 행해지는 나라는 국사가 모두 가단에 의해 처리되는 까닭에 관원들은 군단을 기다릴 필요가 없고, 백성들 또한 관단을 기다릴 필요가 없다.

_〈상군서〉〈설민〉

제3장

민심을 헤아린다
산지술算地術

먹고사는 것부터 해결하라

산지算地는 전국의 토지를 효과적으로 활용해 지리地利를 극대화한다는 취
지에서 나온 것이다. 인구와 토지 사이의 적절한 비례 관계를 역설한 이유
다. 파격적인 세제 혜택 등을 통해 이웃나라의 백성들을 대거 불러들여 황
무지를 개간하는 방안 등이 제시되어 있다. 증산이 실력을 낳고, 실력이 부
국강병의 관건이라는 신념에서 나온 것이다. 상앙이 '농전'을 역설한 이유
다. 이는 천하통일을 위한 기본 전제 방안으로 나온 것으로, 21세기 경제전
쟁 상황에서 글로벌 시장을 석권하는 데 많은 시사점을 주고 있다. 〈산지〉
의 다음 대목이 대표적인 예다.

백성의 본성인 민성民性은 배고프면 먹을 것을 구하고, 지치면 쉬기를 원하고,
괴로우면 즐거움을 찾고, 치욕을 당하면 영예를 바라게 마련이다. 이게 백성의

정서인 민정民情이다. 백성들이 이익을 추구하면 예의의 법도를 잃게 되고, 명성을 추구하면 민성의 기본 규율을 잃게 된다. 옛날 선비들은 옷을 입어도 몸을 따뜻이 하기를 구하지 않고, 밥을 먹어도 배부른 것을 구하지 않았다. 어려움을 겪으면서도 의지를 다지는 동시에 사지를 수고롭게 하고 오장을 손상시키면서도 마음만은 더욱 여유 있고 활달하게 했을 뿐이다. 이는 원래 민성의 기본 규율과 어긋난다. 그럼에도 그들이 그리한 것은 명성을 추구하는 호명지심好名之心 때문이다. 그래서 말하기를 "명성과 이익이 모이는 곳에 백성들이 따른다"고 하는 것이다. 군주는 명성과 이익을 줄 수 있는 권력을 장악한 뒤 사람들에게 공적에 따라 명성과 이익을 부여한다. 이게 치술治術이다. 성인은 민심의 흐름을 좇아 권력의 향배를 자세히 살피며 권력을 행사했다.

여기서 주목할 것은 상앙이 민성과 민정을 동일한 개념으로 파악한 점이다. '인성'과 '인정'을 하나로 간주한 순자와 궤를 같이한다. 다만 《상군서》에 나오는 '민성'과 '민정'은 개념상 미세한 차이가 있다. '민성'은 말 그대로 인민의 본성을 말한다. 개개인에 초점을 맞춘 인성을 집체적으로 파악한 결과다.

성性과 정情은 글자 자체가 보여주듯이 모두 심心에서 나온 것이다. 인심이 인성과 인정으로 구성되어 있듯이 민심 역시 민성과 민정으로 구성되어 있다. 상앙과 한비자 등의 법가사상가는 인성과 인정 또는 민성과 민정을 포괄하는 인심과 민심을 관통하는 이치를 크게 두 가지로 요약했다. 바로 이익을 향해 무한 질주하는 호리지심好利之心과 명예와 권력을 향해 무한 질주하는 호명지심好名之心이 그것이다. 동서고금을 막론하고 출세간出世間의 세계를 추구하는 종교인과 도인을 제외할 경우 세속에 뿌리를 박고 사는 인간이 추구하는 궁극적인 가치는 크게 이익과 명예, 권력으로 요약할 수 있다. 먹고사는 것과 직결된 이익이 제1차적인 가치에 해당하고, 명예와 권력은 먹고사는 것이 해결된 뒤에 추구하는 제2차적인 가치에 해당한다.

《관자》가 예의염치에 앞서 민식民食을 역설한 것도 바로 이 때문이다. 예 의염치는 문화인을 지향한다. 즉 인간답게 사는 것을 뜻한다. 사람은 먹고 사는 문제가 해결되면 반드시 더 아름다운 것을 추구하게 마련이다. 여기 서 문화예술이 시작한다. 이는 인정과 민정의 영역이다. 명예 및 권력과 직 결된 호명지심은 먹고사는 문제와 직결된 호리지심보다 후발이기는 하나 그 강도만큼은 상황에 따라 오히려 더욱 강렬한 모습으로 나타난다. 〈산지〉 에서 "옛날 선비들은 옷을 입어도 몸을 따뜻이 하기를 구하지 않고, 밥을 먹어도 배부른 것을 구하지 않았다"고 언급한 게 그 증거다. 《논어》〈술이述 而〉에 이를 뒷받침하는 대목이 나온다.

거친 밥을 먹으며 물을 마시고, 팔을 굽혀 베개로 삼을지라도 즐거움이 또한 그 안에 있으니, 불의한 방법으로 얻은 부귀는 나에게 뜬구름과 같다.

원문은 '반소식음수飯疏食飲水'다. 이 대목은 학문하는 자세에 관한 공자의 자술自述 가운데 백미白眉에 해당한다. 〈산지〉에서 '옛날 선비' 운운한 것은 바로 《논어》〈술이〉에 나오는 '반소식음수'의 장본인인 공자를 지칭한 것 이나 다름없다. 그러나 이는 공자와 같은 성인에게서나 볼 수 있는 것이다. 대다수 범인은 이익 앞에 체면을 가리지 않는다. 그게 인정이고 민정이다. 상앙과 한비자 등의 법가사상가는 이를 통찰했다.

공자가 정리한 《시경》에 수록된 수많은 민간의 노래가 이를 뒷받침한다. 후대의 성리학자들이 이를 도학적으로 비틀어 해석해놓았으나 그 내용을 자세히 보면 온통 대부분 남녀의 사랑과 이별 등을 담은 이른바 남녀상열

지사男女相悅之詞로 되어 있다.

인정과 민정은 인성 및 민성과 비교할 때 선후의 차이만 있을 뿐 모든 인간이 태생적으로 지니고 있는 성정性情이라는 점에서 하등 차이가 없다. 원래 양자를 엄밀히 분리하는 것도 불가능한 일이다. 단지 머릿속으로만 '성'과 '정'을 나눌 뿐이다.

법가는 이를 맹자 및 성리학자들과 달리 논리가 아닌 직관으로 파악했다. 상앙은 '성'과 '정'을 같은 것으로 파악했다. 또한 〈산지〉에서도 민성과 민정을 같은 뜻으로 사용하고 있다. 개인 차원의 인성 및 인정을 국가공동체 차원의 민성 및 민정 개념으로 접근한 것도 높이 평가할 만하다. 상앙이 〈산지〉에서 "민성은 배고프면 먹을 것을 구하고, 치욕을 당하면 영예를 바라기 마련이다. 이게 민정이다" 운운한 것은 성리학자들의 공허한 이기론理氣論을 깨뜨리는 천고의 명언에 해당한다.《한비자》〈팔경八經〉에도 유사한 대목이 나온다.

무릇 천하를 잘 다스리기 위해서는 반드시 인정을 기본으로 삼아야 한다. 인정은 좋아하고 싫어하는 두 가지 흐름이 있다. 상과 벌을 사용하는 이유다. 상벌을 쓰면 금령을 확립할 수 있다. 그러면 나라를 다스리는 도구를 완비하는 셈이다. 군주는 권력을 행사하는 권한을 손에 움켜쥐고 권세를 배경으로 삼는다. 그래야 금령을 차질 없이 집행해 신하의 사악한 짓을 제지할 수 있다.

모든 관계는 이익으로 얽힌다

순자는 예치를 통해 길거리의 사람도 성인이 될 수 있다는 주장을 전개했음에도 명나라 때 공자를 모신 문묘文廟에서 쫓겨나고 말았다. 맹자를 비판한 게 결정적인 이유였다. 그는 공연히 '정악'을 '성악'으로 표현하는 바람에 제자인 한비자와 함께 이단으로 몰렸다.

그러나 사실 성악설의 원조는 상앙이다. 그는 부국강병을 위한 엄격한 법치를 주장하며 인성이 아닌 민성을 언급했다. 인간의 본성을 국가공동체 차원에서 집단적으로 분석한 것이다. 순자의 제자인 한비자는 인성과 민성을 공히 언급했지만 전체적으로 보면 민성에 초점을 맞췄다.《한비자》〈심도心度〉의 다음 대목이 이를 뒷받침한다.

무릇 민성이란 일하는 것을 싫어하고, 편한 것을 좋아하는 법이다. 그러나 편한 것을 찾으면 음란해지기 쉽고, 결국 다스릴 수 없게 된다. 다스릴 수 없으면 곧 어지러워진다.

상앙과 한비자의 민성론은 순자의 인성론과 취지를 같이한다. 엄밀히 따지면 순자의 '정악설'도 인성론이 아닌 민성론에 가깝다. 악행을 저지른 사람도 예제를 통해 능히 교화할 수 있다고 주장한 게 그렇다. 대상을 개개인이 아니라 국가공동체를 이루고 있는 인민 전체로 파악한 것이다. 인간을 국가공동체에서 분리시킨 뒤 인간 개개인의 본성을 논한 맹자와 구별된다. 물론 인성론과 민성론이 엄격히 구분되는 것은 아니다. 그러나 분석의 초점을 상앙과 한비자처럼 인민 전체에 맞출 것인지, 아니면 맹자처럼 개개인에 맞출 것인지 여부에 따라 그 해법이 크게 다르다.

상앙과 한비자가 볼 때 이익을 향해 무한 질주하는 인간의 호리지심은 개인 차원보다 집단 차원에서 더욱 강하게 표출된다. 가족과 일족 및 향리에서는 나름 맹자가 역설하는 의리 등의 도덕이 작용하기도 하나 향리 단위를 넘어설 경우 오직 철저한 계산에 따른 이해관계만이 존재한다는 게 이들의 생각이었다. 이들이 이익을 좇는 인간의 심성을 하나의 경향인 '호리지심'으로 파악한 순자와 달리 본성에 해당하는 호리지성으로 파악한 이유다. 인성과 인정보다 민성과 민정에 초점을 맞춘 배경이 여기에 있다.

상앙과 한비자가 엄한 법치를 통해서만 '호리지성'을 제어할 수 있다고 주장한 것도 이런 맥락에서 이해할 수 있다. 이들은 인간 개개인의 '호리지성'이 집단 차원에서 무제한적으로 표출될 경우 국가공동체가 이내 붕괴할 수밖에 없다고 우려했다. 맹자의 성선설과 극단적으로 대립하는 '성악설'을 주장한 근본 배경이다. 그 장본인이 바로 상앙이다. 상앙은 모든 인간관계가 이기심에 기초한 이해관계의 끈으로 연결되어 있다는 사실을 통찰했다. 《상군서》〈산지〉의 다음 대목이 이를 뒷받침한다.

무릇 농사는 백성들이 괴로워하는 일이고, 전쟁은 백성들이 위험하게 여기는 일이다. 그들이 괴로워하는 일을 행하고, 위험하게 여기는 일을 수행하는 것은 바로 득실을 따져본 결과 이익이 있다고 판단했기 때문이다. 백성들은 살아서는 이익을 따지고, 죽게 될 때는 명성을 생각한다.

한비자도 같은 입장이다. 그는 호리지성이 극명하게 드러나는 특정 시점에 주목했다. 풍년과 흉년에 인심이 다르게 나타난 배경을 깊이 파고든 이유다. 그는 《한비자》〈오두〉에 그 결과를 이같이 발표했다.

흉년이 든 이듬해 봄에는 어린 동생에게도 먹을 것을 주지 못하지만, 풍년이 든 해의 가을에는 지나가는 나그네에게도 음식을 대접한다. 이는 골육지간을 멀리하고 나그네를 아끼기 때문이 아니라 식량의 많고 적음에 따른 것이다. 옛날 사람이 재물을 가볍게 여긴 것은 어질었기 때문이 아니라 재물이 많았기 때문이고, 요즘 사람이 재물을 놓고 서로 다투는 것은 인색하기 때문이 아니라 재물이 적기 때문이다.

유가에서 인간의 본성이라고 말하는 인의예지 역시 풍년이 들어 나그네에게 곡식을 주는 선행에 불과하다는 주장이다. 사실 객관적으로 볼 때 식량이 모자랄 경우 관중이 역설한 예의염치禮義廉恥는 설 땅이 없게 된다. 관중은《관자》〈목민牧民〉에서 호리지성과 예의염치의 상호관계를 이같이 요약해놓았다.

나라에 재물이 많고 풍성하면 먼 곳에 사는 사람도 찾아오고, 땅이 모두 개간되면 백성이 안정된 생업에 종사하며 머물 곳을 찾게 된다. 창고가 가득 차야 백성들이 예절을 알고, 의식衣食이 족해야 영욕榮辱을 알게 된다.

정치의 출발은 먹고 입는 데서 출발한다는 관중의 언급은 상앙과 한비자의 입장과 궤를 같이 하는 것이다. 모든 것이 이해관계에 의해 결정된다는 지적은 인간의 이기적인 속성을 통찰한 결과다. 관중이《관자》전 편에 걸쳐 백성에게 이로움을 안기는 이른바 이민利民을 역설한 배경이 여기에 있다. 관중과 상앙, 순자, 한비자 이외에 인간의 '호리지성'을 통찰한 대표적 인물로 사마천을 들 수 있다. 그는《사기》〈화식열전〉에서 호리지성을 이같이 비유했다.

지금 조나라와 정나라 땅의 미인들은 얼굴을 아름답게 꾸미고 긴 소매를 나부끼며 경쾌한 발놀림으로 춤을 추어 보는 사람들의 눈과 마음을 설레게 만든다.

이들이 천 리 길을 마다하지 않고 달려가는 것은 무슨 까닭인가? 바로 부를 좇아 물불을 가리지 않고 내달리는 본성 때문이다.

관중과 상앙·순자·한비자·사마천 모두 이익을 향해 내달리는 인간의 호리지성을 적극 수용한 점에서 서로 통한다. 단지 호리지성의 충돌에 따른 국가공동체의 혼란을 막는 해법에서 차이가 날 뿐이다. 관중은 부민부국을 이루어야 예의염치를 아는 문화대국을 이룰 수 있다고 보았다. 순자는 부민부국 이전에 예치가 전제되어야 혼란을 막고 나라와 백성을 바르게 이끌 수 있다고 보았다. 《순자》〈의병議兵〉의 해당 대목이다.

예란 다스림의 궁극이고, 강고해지는 근본이며, 위세를 펴는 길이고, 공명을 얻는 귀결점이다. 군주가 예를 따르면 천하를 얻고, 예를 따르지 않으면 나라를 망치게 된다.

공자가 역설한 '극기복례'와 닮았다. 그를 두고 제자백가 사상을 두루 흡수해 공자사상을 집대성했다고 평하는 이유다. 사마천은 관중의 입장에서 순자의 예치를 비판했다. 그가 볼 때 순자의 주장은 관중이 역설한 이민利民의 방식보다는 한 단계 낮은 교민敎民의 방식에 해당한다. 가르쳐 깨우치게 만드는 교민의 방식은 자연스레 이익을 안겨주는 이민의 방식보다 차원이 낮다. 사마천이 《사기》〈화식열전〉에서 관중을 높이 평가하며 이른바 상가商家 이론을 집대성한 이유가 여기에 있다.

사마천은 〈화식열전〉에서 소국과민을 비판하면서 부민부국富民富國을 역설했다. 《관자》〈경중〉에 뿌리를 둔 중상重商 이론을 집대성했다는 평을 받는 이유다. 이런 학문적 흐름을 상가商家라고 한다. 중국에서는 '상가'보다

경중가輕重家라는 표현을 주로 쓴다. 소진과 장의 등의 유세학파를 종횡가縱衡家로 표현한 점에 주목한 호칭이다. 그러나 관중을 효시로 한 상가는 중농을 역설한 유가와 법가 및 병가 등과 달리 중상의 입장을 견지한 점에서 '상가'로 표현하는 게 간명하고도 정확하다.

상가는 법가와 마찬가지로 인간의 '호리지성'에 주목하면서도 궁극적인 해법에서는 법가와 달리 농상병중農商幷重의 입장을 취했다. 방점은 농업보다 상업에 찍혀 있다. 시장의 역할을 신뢰한 것이다. 상가는 시장을 인간의 호리지성이 그대로 드러나는 유일한 장소로 보았다. 애덤 스미스Adam Smith처럼 '보이지 않는 손'에 의해 자율적으로 균형을 이루는 것으로 본 결과다.

상가의 입장에서 볼 때 국가는 시장 질서를 교란하는 자를 솎아내기만 하면 되었다. 이는 자본주의 정신과 같다. 그러나 법가는 시장의 '보이지 않는 손'에 회의를 표했다. '보이지 않는 손'이 작동하기는커녕 간상奸商의 놀이터에 불과한 것으로 보았다. 그럼에도 상가와 법가 및 병가 모두 이익을 향해 무한 질주하는 인간의 본성을 통찰했다. 법가와 병가가 비록 방법론에서 중상 대신 중농을 역설하기는 했음에도 상가와 맥을 같이하는 이유다. 〈화식열전〉에 이를 뒷받침하는 구절이 나온다.

《관자》〈목민〉에서 말하기를 "창고가 가득 차야 예절을 알고, 의식衣食이 넉넉해야 영욕을 안다"고 했다. 무릇 예의염치는 재화에 여유가 있을 때 생기는 것이다. 여유가 없으면 이내 사라지고 만다. 1,000승乘의 군사를 보유한 왕이나 1만 호의 봉읍을 지닌 제후나 100실을 소유한 대부 모두 가난해질까 걱정한다. 하물며 겨우 호적에 이름이나 올린 필부의 경우야 더 말할 게 있겠는가!

상가 이론의 가장 큰 특징은 부민부국의 방략을 중농이 아닌 중상에서 찾은 데 있다. 상가가 법가 및 병가와 갈라지는 대목이다. 기본적으로 이들은 인간의 '호리지성'에 주목한 점에서 입장을 같이한다. 하나같이 부국강병을 역설한 이유다. 단지 관중과 사마천 등의 상가는 부국富國보다 부민富民, 상앙과 한비자 등의 법가는 부민보다 부국에 방점을 찍은 게 약간 다를 뿐이다. 이는 본질적인 차이가 있는 것은 아니지만 방법론상의 차이를 불러왔다. 상가가 중상을 역설한 데 반해 법가가 이념적으로 대립하는 유가와 마찬가지로 중농을 강조한 게 그렇다. 총론에서 일치하고 각론에서 이견을 드러낸 셈이다.

그러나 이 또한 큰 틀에서 보면 사소한 차이에 지나지 않는다. 관중과 사마천 등의 상가 역시 기본적으로 농상병중農商幷重에 입각해 있었던 까닭에 중농을 포기한 게 결코 아니다. 오히려 농업에 의한 부민부국을 상업에 의한 부민부국보다 높이 평가한 점에서 중농에 가깝다. 다만 경작지의 제한으로 인해 농업에 의한 부민부국이 한계가 있는 만큼 전 인민을 부유하게 만들려면 중상에 입각해야 한다고 주장했을 뿐이다. 이들의 기본 입장을 '농상병중'으로 파악하는 이유다.

마찬가지로 법가 및 병가의 중농주의 역시 상인의 폭리와 공인의 사치품 제조를 억제하려는 취지에서 나온 것으로 결코 중농억상 일변도로 흐른 게 아니다. 군량 확보를 위해 농사에 방점을 찍은 중농경상으로 파악하는 게 옳다.

무릇 군주의 근심은 병사를 부리는 자가 역량을 헤아리지 않고, 황무지를 관리하는 자가 토지를 헤아리지 않은 것이다. 땅이 협소하고 백성이 많은 나라는 백성이 땅을 초과하고, 땅이 광대하고 백성이 적은 나라는 땅이 백성을 초과하는 셈이다. 백성이 땅을 초과하면 힘써 영토를 확장하고, 땅이 백성을 초과하면 힘써 외국의 노동력이 들어오도록 해야 한다. 영토를 확장하려면 군대가 확충되어야 한다.

백성이 땅에 비해 지나치게 많으면 나라의 성과가 적고 병력도 부족하게 된다. 땅이 백성에 비해 지나치게 넓으면 산천의 물자를 충분히 이용하지 못한다. 무릇 천연의 물자를 버리면 백성의 방탕을 조장하게 된다. 그런데도 지금 세상의 군주들은 이를 힘쓰며 군신 모두 이를 일삼고 있다. 백성은 많지만 병력은 약하고, 땅은 광대하지만 국력이 작고 보잘 것 없는 이유다.

옛날 나라를 다스리고 땅을 이용한 수치를 보면 이와 같다. 산림이 전체 면적에서 10의 1, 늪과 호수가 10의 1, 계곡과 하천이 10의 1, 성읍과 도로가 10의 1, 계곡과 하천이 10의 2, 비옥한 농지가 10의 4를 차지했다. 또 황폐한 농지가 10의 2, 비옥한 농지가 10의 4를 차지했다. 이는 선왕의 올바른 규정이다. 옛날 나라를 다스리며 농지를 분배한 수치를 보면 이와 같다. 성년 남자 1인당 500무畝의 농지를 분배했다. 거기서 나오는 조세로 한 번의 전쟁을 치를 수 있었다. 이는 땅을 충분히 사용치 못한 것이다.

또 사방 100리의 지역에서 전쟁에 나갈 병사 1만 명을 차출했다. 이 또한 그 숫자가 작은 것이다. 그리하면 농지는 그 땅의 백성을 풍족히 먹일 수 있었고, 성읍과 도로는 그 백성을 족히 머물러 살게 할 수 있었다. 또 산림과 늪, 호수와 계곡은 족히 자원을 공급할 수 있었고, 늪과 호수의 제방은 수생 자원을 넉넉히 키울 수 있었다. 군대가 출정하면 식량은 넉넉하고, 물자는 남아돌았다. 군대가 쉴 때면 백성들이 일을 하며 양곡을 비축한 덕분에 늘 풍족했다. 이것이 이른바 토지를 이용해 전쟁에 대비하는 임지대역任地待役의 규율이다.

지금 세상의 군주들은 사방 수천 리의 땅이 있지만 식량은 전쟁을 대비하며 창고를 채우기에 부족하고, 군대는 이웃나라와 적대관계에 있다. 세상의 군주를 위해 걱정하는 이유다. 무릇 땅이 광대할지라도 개간하지 않는 나라는 땅이 없는 것과 같다. 나라를 다스릴 때 힘써야 할 것은 황무지의 개간이다. 병사를 부릴 때 힘써야 할 것은 포상 기준의 통일이다.

농전을 제외한 다른 방면에서 사사로운 이익을 얻는 길이 막히면 민력이 농사로 집중된다. 민력이 농사에 집중되면 순박해지고, 백성이 순박해지면 법령을 두려워한다. 밑에서 신하들이 행하는 사사로운 포상이 금지되면 민력이 적을 향해 결집된다. 민력이 적을 향해 결집되면 전쟁에서 승리할 수 있다. 어떻게 이를 알 수 있는가?

무릇 백성의 마음이 순박하면 열심히 일하는 성품을 발휘해 자신의 모든 힘을 다하고, 곤궁한 상황에서는 온갖 지혜를 짜내 이해득실을 따지게 된다. 자신의 모든 힘을 다하면 죽음도 가벼이 여기고, 군주에게 쓰이는 것을 즐겁게 여긴다. 이해득실을 따지면 형벌을 두려워하고, 힘든 일을 마다하지 않게 된다. 힘든 일을 마다하지 않으면 지력地力을 최대한 활용하고, 군주에게 쓰이는 것을 즐겁게 여기면 병력兵力을 최대한 활용할 수 있다. 무릇 나라를 다스릴 때 지력을 모두 이용하면서 백성들로 하여금 목숨을 걸고 일하며 싸우게 만들 수 있으면 명성과 이익이 함께 이르게 된다.

백성의 본성인 민성民性은 배고프면 먹을 것을 구하고, 지치면 쉬기를 원하고, 괴로우면 즐거움을 찾고, 치욕을 당하면 영예를 바라게 마련이다. 이게 백성의 정서인 민정民情이다. 백성들이 이익을 추구하면 예의의 법도를 잃게 되고, 명성을 추구하면 민성의 기본 규율을 잃게 된다. 어떻게 그리 말할 수 있는가? 지금 도적 같은 귀족의 무리는 위로는 군주의 금령을 범하고, 아래로는 신민臣民으로서의 예의를 잃었다. 명성이 땅에 떨어져 욕을 먹고 몸이 위태로워졌는데도 여전히 도적질을 그치지 않는 것은 이익 때문이다.

옛날 선비들은 옷을 입어도 몸을 따뜻이 하기를 구하지 않고, 밥을 먹어도 배부른 것을 구하지 않았다. 어려움을 겪으면서도 의지를 다지는 동시에 사지를 수고롭게 하고 오장을 손상시키면서도 마음만은 더욱 여유있고 활달하게 했을 뿐이다. 이는 원래 민성의 기본 규율과 어긋난다. 그럼에도 그들이 그리한 것은 명성을 추구하는 호명지심 때문이다. 그래서 말하기를 "명성과 이익이 모이는 곳에 백성들이 따른다"고 하는 것이다.

군주는 명성과 이익을 줄 수 있는 권력을 장악한 뒤 사람들에게 공적에 따라 명성과 이익을 부여한다. 이게 치술治術이다. 성인은 민심의 흐름을 좇아 권력의 향배를 자세히 살피며 권력을 행사했다. 상황을 좇아 다양한 치술을 발휘해 백성을 부렸다. 치술은 군주의 수단이자 국가 존속의 관건이다. 병거 1만 승을 보유한 대국이 치술을 잃고도 위태롭지 않거나, 군주가 치술을 잃고도 혼란스럽지 않은 경우는 아직 없었다.

지금 군주들은 토지를 개간하고 백성을 다스리고자 하면서도 치술을 깊이 따지지 않고, 신하들이 그 본분을 다하기를 바라면서도 제대로 된 치술을 구사하지 못하고 있다. 나라에 정령을 따르지 않는 백성이 나오고, 군주가 제대로 다룰 수 없는 권신이 등장하는 이유다. 성인은 나라를 다스릴 때 백성들로 하여금 안으로는 농사에 전념하게 하고, 밖으로는 전공의 득실을 따지게 만들었다.

무릇 농사는 백성들이 괴로워하는 일이고, 전쟁은 백성들이 위험하게 여기는 일이다. 그들이 괴로워하는 일을 행하고, 위험하게 여기는 일을 수행하는 것은 바로 득실을 따져본 결과 이익이 있다고 판단했기 때문이다. 백성들은 살아서는 이익을 따지고, 죽게 될 때는 명성을 생각한다. 명성과 이익이 나오는 곳을 깊이 살피지 않을 수 없는 이유다. 이익이 땅에서 나오면 백성들은 힘을 다해 농사를 짓고, 명성이 전공에서 나오면 백성들은 사력을 다해 싸운다. 안으로 백성들이 힘을 다해 농사를 짓도록 하면 황무지가 없게 되고, 밖으로 백성들이 사력을 다해 싸우면 전쟁에서 이기게 된다. 적을 이기고 황무지가 없게 되면 나라를 부강하게 만드는 공업功業은 앉아서도 이룰 수 있다.

그러나 지금은 그렇지 않다. 군주가 특별히 애쓰는 것은 모두 나라의 급선무와 거리가 멀다. 몸으로는 요순의 덕행을 실행하면서도 공적이 탕왕과 무왕의 그것에 미치지 못하는 것은 권력을 장악한 자들의 죄다. 여기서 그들의 죄과를 소상히 밝히는 이유다. 나라를 다스리면서 위권威權을 버리고 공리공론을 이용하면 몸을 닦을 수는 있겠지만 성과는 적다.

《시》와《서》를 익히고 담론하는 선비를 발탁하면 백성들은 학문을 배우기 위해 외지로 나가고, 군주를 가벼이 여긴다. 숨어 사는 선비를 발탁하면 백성들은 조정에서 멀어지고, 군주를 비방한다. 용맹을 떨치는 무사를 발탁하면 백성들은 심지가 강해지고 금령을 가벼이 여긴다.

수공업자를 발탁하면 백성들은 경솔해지고 이주하는 것을 쉽게 여긴다. 상인이 손쉬운 방법으로 이익을 얻으면 사람들은 그들에게 의지하며 군주를 비난한다. 이들 다섯 부류의 사람들이 나라의 등용 대상이 되면 농지는 황폐해지고, 병력은 쇠약해진다.

명리를 얻는 자들을 보면 담론을 즐기는 선비는 입, 숨어 사는 선비는 지조, 용감한 무사는 용기, 수공업자는 손, 상인은 몸뚱이에 기본 자산이 있다. 이들에게 천하는 바로 자신의 집과 같다. 몸에 기본 자산을 달고 다니기 때문이다. 이들은 몸 자체가 기본 자산인 까닭에 외지의 그 어떤 곳에 갈지라도 세력가에게 의지할 수 있다. 이처럼 몸에 기본 자산을 달고 다니며 천하를 집으로 삼는 자는 요순도 다루기 힘들어 했다. 탕왕과 무왕은 그런 행위를 금한 까닭에 공명을 이룰 수 있었다. 성인은 세상 사람들이 쉽게 여기는 것으로 어렵게 여기는 것을 이긴 게 아니라, 사람들이 어렵게 여기는 것으로 쉽게 여기는 것을 이겼다.

백성이 우직하면 간교한 지혜를 지닌 자가 승자가 되고, 세상이 간교한 지혜로 넘치면 실력을 지닌 자가 승자가 된다. 백성이 우직하면 실력을 가벼이 여기고 간교한 지혜를 어렵게 여긴다. 세상이 간교한 지혜로 넘치면 간교한 지혜를 가벼이 여기고 실력을 어렵게 여긴다. 신농씨가 농사짓는 법을 가르쳐 천하의 왕 노릇을 한 것은 백성들이 그의 지혜를 본받은 결과이고, 탕왕과 무왕이 강한 힘을 길러 제후들을 정복한 것은 백성들이 그들의 힘에 굴복한 결과다.

지금 세상은 간교한 언변이 넘쳐나고 백성들이 크게 방탕한 까닭에 바야흐로 탕왕과 무왕의 통치술을 본받아야만 할 때다. 그런데도 지금의 군주들은 신농씨의 일을 행하면서 무력의 사용을 금하고자 하는 세상의 속견俗見을 좇으려 한다. 병거 1,000대를 보유한 강대국이 미혹되고 혼란스런 모습을 보이는 이유다. 군주가 특별히 힘써야 하는 것이 틀렸기 때문이다.

백성의 본성인 민성은 길이를 재 긴 것을 취하고, 무게를 달아 무거운 것을 취하고, 득실을 헤아려 이익을 추구하기 마련이다. 밝은 군주가 이들 세 가지를 신중히 관찰하면 나라를 다스리는 원칙을 확립할 수 있고, 백성의 능력인 민능民能도 얻을 수 있다. 지금 나라가 백성에게 요구하거나 금하는 것은 적고, 백성이 나라의 요구를 회피하는 방법은 오히려 많다. 안으로는 백성이 농사에 집중하고, 밖으로는 전쟁에 전념하도록 해야만 한다. 그래서 성인은 세상을 다스릴 때 금령을 많이 두어 농전을 피하는 일을 저지하고, 농전에 전념하도록 만들어 폭리를 취하는 등의 간사한 짓을 못하게 했다. 이 두 가지 방법을 사용하면 나라 안의 백성은 한 가지 일에 전념하게 된다. 백성이 한 가지 일에 전념하면 농사를 짓는다. 농사를 지으면 순박해지고, 순박해지면 살던 곳에 안착해 외지로 나가는 것을 싫어한다.

성인은 나라를 다스릴 때 백성들로 하여금 기본 자산을 땅에 간직하게 했다. 기본 자산이 땅에 있는데 외지로 나가는 것은 곧 어디를 가든 위태로운 곳에 몸을 맡기는 셈이 된다. 백성들이 기본 자산을 땅에 간직하면 순박해지고, 외지에서 위태로운 곳에 의탁하면 미혹된다. 백성이 안에서는 순박해지고 외지로 나가면 미혹되는 까닭에 농사에 힘쓰면서 전쟁에 집중하게 된다. 백성이 농사에 힘쓰면 자산이 늘어나고, 전쟁에 힘쓰면 이웃나라가 위태로워진다. 백성들은 자산이 늘어나면 이를 짊어지고 달아날 수 없고, 이웃나라가 위태로워지면 그 나라에 몸을 맡길 수도 없다. 자산을 버리고 위태로운 곳에 몸을 맡기는 식으로 외지에 의탁하는 것은 광부狂夫도 하지 않는 짓이다.

성인은 나라를 다스릴 때 풍속을 관찰해 법을 제정한 까닭에 나라가 잘 다스려졌다. 국정을 살펴 근본이 되는 일에 종사하는 까닭에 시의에 부합한다. 시속時俗을 관찰하지 않고, 나라의 근본인 국본國本을 살피지 않으면 설령 법률이 확립되어 있을지라도 백성이 혼란스러워한다. 일이 번잡해지고 성과가 적은 이유다. 이것이 내가 말하는 '권력자들의 과실'이다.

무릇 형벌은 간사함을 금지시키는 수단이고, 포상은 금령을 보조하는 수단이다. 수치와 굴욕, 수고, 고통은 백성들이 싫어하는 것이다. 높은 지위와 영광, 안일과 쾌락은 백성들이 힘써 추구하는 것이다. 나라의 형벌을 꺼릴 필요가 없고 작록을 힘써 추구할 가치가 없다면 이는 망국의 조짐이다. 형벌을 가하면서 죄인을 사면하거나 법망에서 벗어나게 해주면 소인배들은 간사하고 방탕한 짓을 하면서도 형벌을 괴롭게 여기지 않는다. 다른 사람이 고발하지도 않고, 군주 또한 용서해주리라는 요행을 바라기 때문이다.

실제로 다른 사람과 군주에게 요행을 바라는 것이 득을 보고 있다. 부귀영화를 얻는 길이 일정하지 않으면 군자는 세도가를 섬겨 명성을 이룰 것이다. 소인배가 나라의 금령을 피하지 않는 까닭에 형벌이 번다해진다. 군자가 나라의 법령을 설치해두지 않기에 형벌이 행해진다. 형벌이 번다하고 처벌이 행해지는 것은 나라에 간사한 자가 많기 때문이다. 그러면 부유한 자는 자신의 재산을 지킬 수 없고, 가난한 자는 자신의 직업에 종사할 수 없고, 농지는 황폐해지고, 나라는 가난해진다. 농지가 황폐해지면 백성들 사이에 속이는 일이 생기고, 나라가 가난하면 군주는 상으로 줄 재물이 부족해진다.

성인이 다스릴 때는 큰 형벌을 받은 형인刑人이 나라의 작위를 얻지 못하고, 작은 형벌을 받은 육인戮人이 관직에 임용되는 일이 없었다. '형인'이 작위를 차지하고 있으면 군자는 작위를 경시하고, '육인'이 관직을 얻어 관복을 입은 채 고기를 먹으면 소인배들도 그런 관록을 바라게 된다.

이런 일로 인해 군자가 작위를 경시하며 군주를 위해 전공을 세우는 것을 부끄러워하면 소인배들은 그런 관직과 녹봉을 바라는 까닭에 온갖 간사함을 드러낸다.

형벌은 간사함을 그치게 하는 수단이고, 관작은 전공을 세우게 하는 수단이다. 그런데도 지금 나라가 작위를 설치하자 백성들은 이를 얻는 것을 부끄러워하고, 형벌을 마련하자 형을 받는 것을 즐거워한다. 이는 대개 법술이 제대로 구사되지 못한 데 따른 병폐다. 군자는 권력을 장악하고 정책을 통일시켜 치국의 방략을 확립하고, 관직을 설치하면서 작위를 귀하게 만들어 인재를 등용하고, 전공을 평가하면서 유공자를 천거해 임용한다. 군주와 신하의 관계가 균형을 이루는 이유다. 군신의 관계가 균형을 이루면 신하는 자신의 역량을 다하고, 군주는 대권을 확고히 장악하게 된다.

_《상군서》〈산지〉

제4장

사소한 문제부터 해결한다
개색술開塞術

공허한 논쟁은 삼가라

개색開塞은 막힌 것을 연다는 뜻이다. 유가에서 성인으로 받들고 있는 탕왕과 무왕을 부국강병을 실현한 대표적인 인물로 거론하고 있는 게 특징이다. 유가는 탕왕과 무왕이 천하를 통일한 이후의 행보에만 주목한 나머지 《서경》 등에서 오직 불의를 타도하고 백성을 사랑한 인물로만 묘사해놓았다. 상앙은 그 배경에 주목했다. 부국강병의 대표적인 인물로 탕왕과 무왕을 든 이유다. 문제는 탕왕과 무왕의 통일 이후 행보를 무턱대고 흉내 내는 난세의 군주들이다. '개색'의 명칭이 나온 배경이다. 난세에 실력도 닦지 않은 채 덕치로 일관하면 오히려 패망할 수밖에 없다는 게 골자다.

상앙이 〈개색〉에서 '천하를 호령하는 왕도에는 시속에 맞게 다스리는 규율이 있다'는 취지의 이른바 왕도유승王道有繩을 언급한 것은 맹자를 비롯한 유가의 왕도 주장을 질타한 것이다. 여기의 승繩은 판단 기준 또는 법칙의 뜻을 지닌 준승准繩의 의미다. 《회남자淮南子》〈시칙훈時則訓〉에 '왕도유승'의 배경을 풀이해놓은 대목이 나온다.

> 승繩으로 만물을 재는 척도로 삼는다. 이것이 법도가 되는 것은 곧아서 다투지 않고, 길어서 다함이 없고, 오래되어도 닳지 않고, 멀리 떨어져 있어도 잊지 않고, 하늘과 덕이 부합하고, 신명과 밝음이 부합하기 때문이다. 바라는 바를 얻고, 꺼리는 바를 제거하는 까닭에 예로부터 지금까지 구부릴 수 없고, 그 덕이 크게 조밀하면서도 광대무변하여 모든 것을 포함한다. 상제上帝가 이를 만물의 조종으로 삼은 이유다.

이는 법가가 역설하는 법제를 풀이해놓은 것이다. '왕도유승'의 왕도는 맹자가 역설한 왕도와 하늘과 땅만큼의 차이가 있다. 천하를 호령한다는 점에서는 같으나 방법론상 질적인 차이가 있다. 여기의 왕도는 법제를 확고히 세워 다스리는 법치를 뜻하는 것이다. 그러나 기준이 되는 법제는 영구불변의 것이 아니다. 계절에 따라 옷을 바꿔 입듯이 시속의 흐름에 따라 법제도 바꿔야 한다. 이에 반해 유가에서 말하는 왕도는 하늘의 이치인 천도天道를 흉내 낸 것이기에 바꾸면 안 된다. 천도가 영구불변이듯이 왕도 또한 변혁의 대상이 될 수 없다는 게 맹자의 주장이다. 난세에도 오직 덕치에 의해서만 천하통일을 이룰 수 있다고 고집한 이유다. 맹자의 왕도 주장에 공명한 성리학을 추종한 남송과 명, 조선 등이 원과 청, 일제 등 외부세력에 의해 일패도지一敗塗地의 패망노선을 걷게 된 이유다. 망명지에서조차 당쟁을 멈추지 않은 것도 꼭 닮았다. 치국평천하에 전혀 도움이 되지 않는 공허한 논쟁에 목숨을 건 후과다.

순자가 맹자를 질타하며 왕도가 바람직하기는 하나 부득이할 경우 패도에 의해 천하통일을 이루는 것도 가능하다고 주장한 이유가 여기에 있다. 그는 덕치와 법치 사이에 별반 차이가 없는 것으로 새긴 것이다.

강력한 법치를 역설한 상앙이 '왕도유승'을 언급하며 시류를 좇아 법제를 바꿔야 한다고 역설한 것과 정반대의 모습이다. 유가가 영구불변의 '천도' 운운하며 불변의 진리인 양 내세운 덕치에 입각한 왕도를 아예 치도로 간주하지 않은 이유가 여기에 있다. 상앙과 한비자 모두 유가의 왕도와 덕치를 아예 나라를 좀먹는 '이'와 '좀벌레'로 깎아 내렸다.《상군서》에 나오는 왕王은 덕치를 뜻하는 게 아니라 천하의 왕 노릇을 한다는 의미로 사용된 것이다. 무력을 기반으로 천하를 호령하는 패霸와 같은 뜻이다.《한비자》와 《상군서》전 편에 걸쳐 '패왕지도霸王之道'라는 용어가 거듭 나오는 이유다.

중벌소상의 원칙을 지켜라

상앙은 법치를 역설하면서 중한 죄는 말할 것도 없고, 경미한 죄에도 무거운 벌을 가하는 이른바 '중중경중重重輕重'을 구체적인 방안으로 제시했다. 가벼운 죄에도 엄한 형벌을 가해야 사람들이 죄를 짓지 않게 된다고 생각한 결과다. '중중경중'과 대비되는 것이 이른바 '중중경경重重輕輕' 입장이다. 죄목 및 죄질에 따라 형벌의 수위를 달리하는 '중중경경'은 서구에서 발달한 죄형법정주의罪刑法定主義와 취지를 같이한다.

상앙은 왜 당시 상식으로 통하는 '중중경경'을 비판하며 훗날 혹법酷法으로 비난을 받은 '중중경중' 입장을 취한 것일까? 〈개색〉의 다음 대목에 해답이 있다.

흔히 보면 과오에는 심하고 덜한 차이가 있는 까닭에 형벌도 가볍고 무거운 차이를 보인다. 선행 또한 크고 작은 차이가 있는 까닭에 포상 역시 많고 적은 차이가 있다. 이는 세상에서 흔히 통용되는 관행이다. 그러나 죄가 성립된 후 형벌을 가하면 간사한 짓이 사라지지 않는다. 백성들이 포상을 당연시한 이후에 포상하면 과오는 그치지 않는다. 형벌이 간사한 짓을 제거하지 못하고 포상이 과오를 저지하지 못하는 나라는 반드시 혼란스러워진다.

바로 죄과罪過가 빚어질 가능성을 최소화하기 위한 것이었다. '중벌'의 취지가 포상에서 '소상' 및 '후상'을 역설한 것과 같은 맥락에서 나온 것임을 알 수 있다. 사안이 커지기 전에 미리 뿌리를 뽑고자 한 것이다. 이어지는 〈개색〉의 다음 대목을 보면 '중벌'이 나오게 된 배경을 좀더 잘 알 수 있다.

천하를 호령하는 왕국王國에서는 장차 과오를 범하려고 할 때 형벌을 사용하는 까닭에 크게 간사한 일이 생기지 않는다. 간사한 일을 고발할 때 포상하는 까닭에 작은 과오도 빠뜨리지 않는다. 백성을 다스리면서 크게 간사한 일이 일어나지 않게 하고, 작은 과오도 빠뜨리지 않으면 나라는 잘 다스려질 것이다. 나라가 잘 다스려지면 반드시 강해진다. 한 나라만이 이런 방법을 시행하면 그 나라만 유독 잘 다스려지는 독치獨治 현상이 나타난다. 두 나라가 이런 방법을 시행하면 서로 감히 분쟁을 일으킬 수 없어 전쟁이 억제되는 현상이 나타난다. 천하의 모든 나라가 이런 방법을 시행하면 지극한 덕이 세워지는 현상이 나타난다. 내가 형벌은 궁극적으로 덕치로 귀결된다는 이른바 형반어덕刑返於德과 인의도덕은 오히려 폭력을 조장한다고 말한 이유가 여기에 있다.

'독치'를 이루는 나라가 천하를 호령하게 된다는 취지를 밝힌 것이다. 이는 엄정한 법치를 전제로 한 것이다. 〈개색〉은 이를 '형반어덕'으로 표현해 놓았다. 유가에서 말하는 덕치와 정반대되는 개념이다. 얼핏 모순된 말처럼 들리지만 난세에는 엄격한 법치가 오히려 덕치를 이루는 관건으로 작용한다는 그의 '형반어덕' 주장이 설득력을 지닌다. 난세에 덕으로 적을 제압할 수 없는 이치와 같다. 상앙은 〈외내〉에서 '형반어덕'의 취지를 이같이 풀이해놓았다.

　　형벌이 가벼우면 법을 범하는 자가 피해를 입는 일이 없다. 가벼운 법으로 전
　　쟁에 나가도록 만드는 것을 두고 '쥐를 잡기 위한 쥐덫에 살쾡이를 미끼로 쓴
　　다'는 뜻의 이리이서以狸餌鼠라고 한다. 이같이 하면 거의 패하지 않겠는가! 백
　　성들을 전쟁에 나가도록 하기 위해서는 반드시 엄중한 법을 써야 한다.

　적에게 패하면 결국 나라가 쇠망하는 까닭에 강력한 법치를 통해 '독치'의 강대국을 만들어야 한다고 주장한 것이다. 이를 두고 맹자는 '승리지상주의' 또는 '전쟁지상주의'로 비판했다. 그러나 이는 지나치다. 상앙도 난세가 그치고 치세가 돌아오면 무덕武德 대신 유가의 문덕文德을 시행해야 한다는 사실을 잘 알고 있었다. 문제는 현재다. 열국이 한 치의 양보도 없이 치열한 각축전을 전개하고 있는 현실을 무시한 채 무턱대고 덕치를 펼 수는 없는 일이다. 오직 덕치만으로 천하를 통일할 수 있다고 주장한 맹자와 극명한 대조를 이루고 있다. 《맹자》〈이루상離婁上〉의 다음 대목은 상앙의 '독치' 주장과 정반대되는 논리를 펴고 있다.

　　지금 열국의 군주들은 땅을 빼앗으려고 전쟁을 하여 시체가 들판을 채울 정도
　　로 사람을 죽이고, 성을 빼앗으려고 전쟁을 하여 시체가 성을 가득 채울 정도

로 사람을 죽이고 있다. 이는 땅을 얻으려고 인육을 먹는 짓이다. 그 죄는 사형에 처해도 용서받지 못할 것이다. 그래서 병법에 능한 선전자善戰者는 극형에 처하고, 합종연횡을 주선한 종횡가는 극형 다음의 차형次刑에 처하고, 백성을 황무지 개간에 내몬 자는 차차형次次刑에 처해야 한다.

맹자의 논리에 따르면 법가이자 병가인 상앙은 극형과 차차형에 모두 해당한다. 맹자는 병가와 종횡가, 법가 모두 영토전쟁을 부추겨 무고한 백성들을 죽음으로 내몬 장본인으로 지목하고 있다. 병가와 종횡가, 법가 등이 횡행하던 전국시대 말기의 세태에 대한 통렬한 비판이다.

그러나 당시의 영토전쟁은 궁극적으로 천하통일을 위한 것이라는 사실에 주목할 필요가 있다. 맹자가 지적한 것처럼 영토전쟁이 열국 군주의 야심과 무관할 수는 없으나 근본적으로는 천하통일을 통한 치세의 도래를 고대한 백성들의 염원에서 나온 것이다. 병가와 종횡가, 법가 모두 이런 천하 대세에 부응해 나름 자신들의 이상과 방략을 펼친 것이다. 맹자가 극심한 영토전쟁으로 인한 참상의 책임을 모두 이들에게 돌리는 것은 분명 지나쳤다.

시대 상황에 대한 상앙과 맹자의 엇갈린 해석은 현실주의 성향과 이상주의 성향의 차이에서 비롯된 것으로 볼 수 있다. 현실주의 입장에 설 경우 천하를 통일하기 위해서는 부국강병이 불가피하고, 부국강병을 실현하고자 할 경우 엄정한 법치 또한 불가결하다. 상앙은 바로 이를 '형반어덕'으로 표현한 것이다. 덕치와 법치 등의 형식적인 표현에 구애될 필요가 없다고 본 결과로 해석할 수 있다. 실제로 그는 진정한 애민愛民의 길이 '중벌소상'에 있다고 주장했다. 〈거강〉의 다음 대목은 유가의 입장과 정반대되는 '형반어덕' 주장이 '중벌소상'에서 비롯된 것임을 잘 보여준다.

형벌을 무겁게 하고 포상을 신중히 하는 '중벌소상'은 군주가 백성을 아끼는 길이다. 그래야 백성이 군주를 위해 목숨을 바친다. 포상을 남발하고 형벌을 가볍게 하는 다상경벌은 군주가 백성을 아끼는 길이 아니다. 그리하면 백성은 군주를 위해 목숨을 바치지 않는다. 겁이 많은 백성을 형벌로 부리면 반드시 용감해지고, 용감한 백성을 포상으로 부리면 군주를 위해 목숨을 바친다. 천하를 호령하는 왕자의 왕국王國은 형벌이 9할이고 포상이 1할이다. 막강한 실력을 배경으로 한 강자의 강국彊國은 형벌이 7할이고 포상이 3할이다. 영토가 깎이며 근근이 명맥을 이어가는 약자의 약국弱國은 형벌이 5할이고 포상이 5할이다.

이를 통해 '중벌'과 '소상' 모두 농전의 효과를 극대화하기 위한 방법론으로 나온 것임을 알 수 있다. '중벌'의 궁극적인 목적은 겁이 많은 백성을 전사戰士로 만드는 데 있다. 이는 '중벌'만으로는 안 된다. 두터우면서도 희귀성이 있는 '소상'이 더해져야 한다. 그래야 백성들이 목숨을 아끼지 않고 적과 싸우게 된다. '중벌소상'은 백성들을 천하무적의 전사로 만들기 위한 효과적인 계책인 동시에 백성들이 평시에도 범죄에 연루되지 않도록 만드는 사전 방지책에 해당한다. 〈거강〉의 다음 대목이 그 증거다.

형벌을 사용해 형벌을 없애는 이른바 이형거형을 행하면 나라가 잘 다스려지고, 형벌을 사용해 형벌을 자초하는 이형치형을 행하면 나라가 어지러워진다.

'중벌소상'의 궁극적인 목표는 백성을 천하무적의 전사로 만드는 강병에 있고, '이형거형'은 백성을 본업인 농업에 매진하게 만드는 부국의 방안으로 나온 것이다. 한비자는 상앙이 역설한 '중벌소상'과 '이형거형'의 취지를 그대로 이어받았다. 이를 뒷받침하는《한비자》〈칙령〉의 해당 대목이다.

형벌을 무겁게 하고 포상을 남발하지 않는 '중벌소상'은 군주가 백성을 사랑하는 길이다. 그러면 백성은 상을 받기 위해 목숨마저 바친다. 정반대로 포상을 남발하고 형벌을 가볍게 하는 '다상경벌'은 군주가 백성을 사랑하는 길이 아니다. 그리하면 백성은 목숨을 내걸고 상을 받을 필요를 전혀 느끼지 못하게 된다. 포상의 이익이 군주 1인에게서 나오면 무적의 나라가 된다. 형벌을 시행하면서 가벼운 죄를 무겁게 처벌하면 가벼운 죄를 범하는 자도 없게 될 뿐만 아니라 중범죄를 범하는 경우 또한 없게 된다. 이를 일컬어 형벌을 무겁게 하여 형벌 자체를 제거하는 '이형거형'이라고 한다. 정반대로 죄가 무거운데도 형벌을 가볍게 하면 형벌이 가벼운 까닭에 범죄가 꼬리를 물고 일어나게 된다. 이를 일컬어 형벌을 가볍게 하여 형벌 자체를 더욱 극성하게 만드는 '이형치형'이라고 한다. 이런 나라는 반드시 영토가 깎이고 쇠약해진다.

《상군서》의 내용을 거의 그대로 옮겨 놓은 것임을 단박에 알 수 있다. 한비자의 법치사상에 가장 큰 영향을 미친 인물이 바로 상앙이라는 사실을 뒷받침한다. 사상사적으로 볼 때 상앙과 한비자가 공히 법치의 핵심으로 거론한 '중벌소상'은 원래 《관자》〈법법法法〉에서 나온 것이다.

군주가 백성들의 작은 잘못을 사면하면 백성들은 중죄를 많이 범하게 된다. 이는 작은 잘못을 많이 쌓았기 때문에 생겨나는 것이다.

관중은 〈법법〉에서 비록 백성을 천하무적의 전사로 만드는 효과를 언급하지는 않았으나 '이형거형'의 차원에서 '중벌소상'의 효과를 언급하고 있다. 상앙은 〈법법〉의 기본 취지를 한 발 더 확장한 셈이다. 즉, 상앙은 궁극적인 목표인 승전을 이루고자 한다. 상앙의 법치주의가 승전주의의 기본

전제로 구성된 배경이 여기에 있다. 법치의 효용을 군주의 통치술에서 찾고 있는 한비자와 대비되는 대목이다.

원문

..

천지가 개벽하고 난 뒤 사람이 생겨났다. 당시 백성들은 자신의 모친만 알고 부친이 누구인지 몰랐다. 그들은 친족을 친하게 여기고, 개인의 이익을 귀중히 여기는 것을 원칙으로 삼았다. 친족을 친하게 여기면 가까운 사람과 소원한 사람을 구별하게 되고, 개인의 이익을 중시하면 간사해진다. 백성들은 많으나 가까운 사람과 소원한 사람을 구별하고, 간사한 짓을 일삼으면 백성은 혼란스러워진다. 백성들 모두 힘써 남을 이기려 하고 남의 재물을 빼앗으려 할 것이다. 힘써 남을 이기려고 하면 싸우고, 힘써 남의 재물을 빼앗으려 하면 송사가 일어나고, 송사가 생겼는데 기준도 없이 판결하면 백성들의 본성과 어긋나게 된다. 현자가 공정한 기준을 세우고, 공평무사를 추구한 이유다. 그러자 백성들이 인애仁愛를 좋아했다. 이후 친족을 친하게 여기는 풍조가 사라지고, 현자를 존중하는 흐름이 나타났다.

무릇 인자仁者는 남을 아끼고 이롭게 하는 것을 본분으로 여기고, 현자는 남을 도와 나아가게 하는 것을 도리로 여긴다. 백성은 많은데 제도가 없고, 오랫동안 남을 도와 나아가게 하는 것을 도리로 여기면 혼란이 생긴다. 성인은 이를 구제해 땅과 재화, 남녀 등의 구분 기준을 마련했다. 구분 기준이 마련되어도 법률로 제도화하지 않으면 안 되는 까닭에 금령을 내놓게 됐다. 금령이 만들어졌는데도 이를 집행할 사람이 없으면 안 되는 까닭에 관원을 두었다. 관원이 있어도 이들을 지휘할 사람이 없으면 안 되는 까닭에 군주를 두었다. 군주를 둔 이후 현자를 존중하는 사상은 사라지고, 귀인을 중시하는 사상이 일어났다.

상고上古 때는 친족을 친하게 여기며 개인의 이익을 귀하게 여겼고, 중고中古 때는 현자를 존중하고 인애의 도덕을 기꺼이 따랐고, 근고近古 때는 귀인을 귀하게 여기고 관원을 존중했다. 현자를 존중하는 시대는 남을 도와 나아가게 하는 것을 도리로 여겼으나, 군주를 세우는 시대에는 현자를 소용없게 만들었다. 친족을 친하게 여기는 시대는 개인의 이익을 도리로 여겼으나, 공정한 기준이 있는 시대에는 개인의 이익을 위하는 원칙이 실행되지 못했다. 이들 세 가지는 상반된 것을 일삼는 것이 아니라 백성들의 도리가 파괴되어 중시하는 것이 바뀐 것이다. 세상의 일이 변한 까닭에 행해지는 도리 또한 달라졌다. 사람들이 '천하를 호령하는 왕도에는 시속에 맞게 다스리는 규율이 있다'는 뜻의 왕도유승王道有繩을 말하는 이유다.

무릇 군주의 도리인 군도君道도 한 가지이고, 신하의 도리인 신도臣道 역시 한 가지다. 그들이 행하는 도리는 다르지만 준수하는 규율은 같다. 그래서 말하기를 "백성들이 우직하면 간교한 지혜를 지닌 자가 왕 노릇을 하고, 세상이 간교한 지혜로 넘치면 실력을 보유한 자가 왕 노릇을 한다"고 하는 것이다. 백성이 우직하면 힘은 남아돌지만 간교한 지혜가 부족하고, 세상이 간교한 지혜로 넘치면 간교한 지혜는 남아돌지만 힘이 부족하다. 백성의 본성은 알지 못하면 배우려 하고, 힘이 다하면 굴복하게 마련이다. 신농씨가 농사를 가르쳐 천하의 왕 노릇을 한 것은 사람들이 그의 지혜를 본받았기 때문이다. 탕왕과 무왕이 강대한 군사를 길러 제후들을 정복한 것은 사람들이 그들의 힘에 굴복한 결과다. 무릇 백성들이 우직하면 아는 지식이 짧은 까닭에 남에게 물어보고, 세상이 간교한 지혜로 넘치면 간교한 지혜만 있을 뿐 남아 있는 힘이 없어 힘을 지닌 자에게 굴복한다. 유가의 덕치로 천하를 호령하고자 하는 자가 형벌을 물리치고, 힘으로 천하를 정복하고자 하는 자가 유가의 덕을 배척하는 것은 이 때문이다.

성인은 옛것을 모범으로 삼지 않고, 오늘의 것을 고수하지 않는다. 옛것을 모범으로 삼으면 시대에 뒤떨어지고, 오늘의 것을 고수하면 면면히 흘러가는 시대의 추세와 단절된다. 주나라는 은나라를 모범으로 삼지 않았고, 우임금이 세운 하夏나라는 순임금이 다스린 우虞나라를 좇지 않았다. 하·은·주 3대의 형세는 달랐지만 모두 천하의 왕 노릇을 할 수 있었다. 왕업을 일으키는 데는 일정한 도리가 있지만 이를 유지하는 데는 다른 이치가 작용한다.

주무왕은 도리에 어긋나게도 제후의 신분으로 무력을 사용해 천하를 탈취했지만 즉위 후에는 문덕文德을 귀하게 여겼다. 도중에 제후들과 천하를 다퉜지만 즉위 후에는 겸양謙讓을 숭상했다. 무력으로 보위를 차지했지만 즉위 후에는 도의道義를 견지했다.

지금 세상의 강대국은 약소국 겸병하는 것을 일삼고, 약소국은 온 힘을 다해 지키고자 한다. 그러나 위로는 순임금의 우나라와 우왕의 하나라 때의 덕을 계승하지 못하고, 아래로는 탕왕과 무왕의 방법을 따르지도 못한다. 탕왕과 무왕의 방법이 막힌 까닭에 병거 10,000승을 보유한 강대국 가운데 싸우지 않는 나라가 없고, 1,000승을 보유한 약소국 가운데 방어에 진력하지 않는 나라가 없다. 그 방법이 막힌 지 오래되었지만 세상의 군주 가운데 능히 이를 타개한 자가 없다. 보위가 모두 3대에 그치고 4대까지 이어지지 못한 이유다. 명군이 아니면 이를 제대로 이해하기 힘들다. 오늘 내가 여기서 그 효능에 관해 이야기하고자 한다.

고대의 백성은 소박하고 온후했다. 오늘의 백성은 간교하고 위선적이다. 옛것을 본받은 자는 덕을 앞세워 다스리고, 오늘의 것을 본받는 자는 형벌을 앞세워 법을 시행한다. 세상 사람들은 그 이치를 제대로 알지 못한다. 오늘날 세상에서 말하는 '의'는 백성들이 좋아하는 것을 세우고, 싫어하는 것을 폐기하는 것을 말한다. '불의'는 백성들이 싫어하는 것을 세우고, 즐기는 것을 폐기하는 것을 말한다. 그러나 양자는 명분과 실제가 뒤집힌 것이다. 자세히 살펴보지 않을 수 없다. 백성들이 즐기는 것을 내세우면 백성들은 그들이 싫어하는 것에 의해 해를 입고, 싫어하는 것을 내세우면 그들이 즐기는 것을 편히 여길 것이다. 무엇으로 이를 알 수 있는가?

무릇 백성은 근심스러우면 생각을 하고, 생각을 하면 법도에 맞는 일을 하고, 즐거우면 방탕하고, 방탕하면 방종한 모습을 보이게 마련이다. 형벌로 다스리면 백성들이 두려워하고, 백성들이 두려워하면 간사한 일이 사라지고, 간사한 일이 사라지면 백성들은 자신들이 즐기는 것을 편히 여긴다. '의'로 교화하면 백성들이 방종하게 되고, 백성들이 방종하면 혼란스러워지고, 혼란스러워지면 백성들은 그들이 싫어하는 것에 의해 해를 입는다. 내가 말하는 형벌은 '의'의 근본이고, 세상 사람들이 말하는 '의'는 폭력의 길이다. 무릇 백성을 다스리는 자가 백성들이 싫어하는 것을 사용하면 반드시 백성들이 좋아하는 것을 성취하게 되고, 백성들이 좋아하는 것을 사용하면 반드시 백성들이 싫어하는 것으로 인해 손상을 입게 된다.

잘 다스려지는 나라에는 형벌이 많고 포상이 적다. 천하를 호령하는 왕국에는 형벌이 9, 포상이 1이다. 약소한 나라는 포상이 9, 형벌이 1이다. 무릇 과오에는 심하고 덜한 차이가 있는 까닭에 형벌도 가볍고 무거운 차

이를 보인다. 선행 또한 크고 작은 차이가 있는 까닭에 포상 역시 많고 적은 차이가 있다. 이들 두 가지는 세상에서 흔히 통용되는 관행이다. 죄가 성립된 후 형벌을 가하면 간사한 짓이 사라지지 않는다. 백성들이 포상을 당연시한 이후에 포상하면 과오는 그치지 않는다. 형벌이 간사한 짓을 제거하지 못하고 포상이 과오를 저지하지 못하는 나라는 반드시 혼란스러워진다.

천하를 호령하는 왕국에서는 장차 과오를 범하려고 할 때 형벌을 사용하는 까닭에 크게 간사한 일이 생기지 않는다. 간사한 일을 고발할 때 포상하는 까닭에 작은 과오도 빠뜨리지 않는다. 백성을 다스리면서 크게 간사한 일이 일어나지 않게 하고, 작은 과오도 빠뜨리지 않으면 나라는 잘 다스려질 것이다. 나라가 잘 다스려지면 반드시 강해진다. 한 나라만이 이런 방법을 시행하면 그 나라만 유독 잘 다스려지는 독치獨治 현상이 나타난다. 두 나라가 이런 방법을 시행하면 서로 감히 분쟁을 일으킬 수 없어 전쟁이 억제되는 소침少寢 현상이 나타난다. 천하의 모든 나라가 이런 방법을 시행하면 지극한 덕이 세워지는 덕립德立 현상이 나타난다. 내가 형벌은 궁극적으로 덕치로 귀결되고, 인의도덕은 오히려 폭력을 조장한다고 역설하는 이유다.

옛날에는 백성들이 모여 살면서 무리를 지어 거주해 질서가 문란했다. 군주를 필요로 한 이유다. 천하의 백성들이 군주의 존재를 즐거워하는 것은 그리함으로써 세상이 잘 다스려지기를 기대하기 때문이다. 지금 군주는 있으나 법이 없다면 그 폐해는 군주가 없는 것과 같고, 법이 있어도 그 혼란을 다스리지 못하면 법이 없는 것과 같다. 천하가 군주가 없는 것을 불안해하면서도 즐겨 법을 어기면 세상 사람들이 이상하게 생각할 것이다.

천하의 백성들을 이롭게 하는 것으로 나라의 안정보다 큰 게 없고, 나라를 안정되게 하는 것으로 군주를 세우는 것보다 더한 게 없고, 군주를 세우는 도리로 법을 사용하는 것보다 광대한 게 없고, 법을 사용하면서 간사한 짓을 제거하는 것보다 급한 게 없고, 간사한 짓을 제거하는 방안으로 엄한 형벌보다 더 근원적인 게 없다. 천하를 호령하는 왕자는 포상으로 금령을 지키고, 형벌로 준법을 장려한다. 다스림의 이치를 백성들의 죄과에서 찾을 뿐 선행에서 찾지 않고, 엄한 형벌의 기준을 세워 형벌을 시행하는 일이 없도록 만든다.

_《상군서》〈개색〉

제5장

가장 중요한 한 가지에만 집중한다
일언술壹言術

'부익부빈익빈'의 악순환을 끊어라

일언壹言은 오로지 '농전'에 매진하게 하는 방안을 논의했다는 의미다. 언言은 논술을 뜻한다. 주목할 것은 부농들로 하여금 식량을 바치고 작위와 바꿔가도록 만들어야 한다고 주장한 점이다. 이는 가난한 자를 부유하게 만들고 부유한 자의 부를 덜어내 백성의 빈부를 고르게 하는 균민均民의 일환이다. 농업 증산으로 부국이 실현되었을 때 부국 자체에 안주하며 강병을 추구하지 않을 경우 백성들이 나태해져 오히려 나라에 해가 될 수 있다는 판단에 따른 것이다. 부농은 군량을 헌납해 관작을 얻고, 빈농은 전공을 세워 관작을 얻도록 독려해야 한다고 역설한 이유다. 즉, 균부均富가 목적이다.

　동서고금을 막론하고 균부의 이념이 무너지고 힘 있는 자에 의한 폭부暴富가 횡행하면 민란이 일어나고 그 나라는 이내 패망하게 된다. 역대 왕조 모두 창업 초기에 예외 없이 '균부'에 방점을 찍은 일련의 정책을 내놓은 것은 바로 이 때문이었다. '균부' 정책이 철저하면 철저할수록 왕조의 수명이 길어진다. 그러나 이 또한 일정한 한계가 있을 수밖에 없다. 시간이 지나면 하나같이 권귀의 토지 점탈이 보편화되고, 빈부의 양극화 현상이 격화되었다. 이는 곧 농민 반란을 촉발시켜 이내 천하동란으로 이어졌다. 수십 년간에 걸친 군웅들의 각축전 끝에 최후의 승리를 거둔 자가 새 왕조를 세우고 보위에 오르면서 다시 왕조순환의 과정이 시작됐다.

진시황의 천하통일 이후 역대 왕조 모두 존속기간의 차이만 있었을 뿐 예외 없이 이런 순환과정을 통해 나라를 건립했다가 일정한 시간이 지난 후 이내 역사 무대에서 퇴장했다. 남북조시대와 오대십국 때는 짧게는 10년도 채 안 되는 왕조도 있었다. 한제국은 전한과 후한을 합칠 경우 400년에 달해 가장 긴 왕조로 간주되고 있다. 그러나 엄밀히 말해 전한과 후한은 구분하는 게 옳다. 이 경우 전한과 후한 모두 각기 200년간 유지된 셈이다. 가장 극성했던 당제국과 청제국도 각각 300년 동안 유지되었으나 후반의 시기는 내우외환으로 인해 제국체제를 제대로 유지하기가 힘들었다. 제국의 면모를 그나마 유지한 기간은 채 200년도 안 되었다. 진제국의 이후의 역대 왕조 모두 대략 200년을 주기로 역사 무대에 문득 등장했다가 이내 사라지는 과정을 거친 셈이다. 명멸의 단초는 바로 빈부의 양극화에 있었다.

빈부의 양극화로 인한 이런 악순환은 춘추전국시대부터 20세기 초의 국공내전 기간에 이르기까지 끊임없이 이어졌다. 왕조교체기의 난세는 바로 '부익부빈익빈' 양상이 더 이상 감내할 수 없는 극한 상황에 이르렀음을 반증한다. 이런 악순환을 끊기 위해서는 크게 두 가지 방법을 생각할 수 있다. 하나는 토지제도의 전면 개혁이다. 전한제국 말기 왕망王莽은 신新나라를 세운 후 이를 실행에 옮긴 바 있다. 왕전제王田制가 바로 그것이다. 이는 전국의 땅을 모두 국유화한 뒤 백성들에게는 경작권만을 나눠주는 제도로 맹자가 역설한 '정전제'의 이상을 구체화한 것이다. 그러나 이는 결국 실패해 신나라 패망을 앞당기는 요인으로 작용했다.《한비자》〈현학〉에 이를 경계하는 구절이 나온다.

> 요즘 정치에 관해 논하는 학자들 대부분이 "빈궁한 자에게 토지를 나눠주어 무산자를 고루 부유하게 만들어야 한다"고 말한다. 지금 다른 사람과 비슷한 처지에 있으면서 풍년이 들었거나 따로 부수입이 있는 것도 아닌데 먹고 입는 것이 넉넉하다면 이는 그 사람이 열심히 노력했거나 근검절약한 덕분이다. 반대로 다른 사람과 비슷한 처지에 있으면서 흉년이 들었거나 질병과 재난 및 형벌 등의 불행을 겪은 것도 아닌데 빈궁하다면 이는 그 사람이 사치하며 낭비했거나 일을 게을리한 탓이다. 사치하고 게으른 자는 가난하기 마련이고, 부지런하고 검소한 자는 부유해지기 마련이다. 그런데도 요즘 군주들은 부자들로부터 거둬들여 가난한 백성에게 나눠주며 덕행을 선전하고 있다. 이는 열심히 노력하며 근검절약하는 자의 것을 빼앗아 사치하고 게으른 자를 돕는 짓이다. 군주가 이같이 하면서 백성들이 열심히 일하고 근검절약하는 생활을 하길 바랄지라도 이는 결코 이룰 수 없을 것이다.

맹자와 마찬가지로 중농주의를 역설한 법가 이론의 집대성자인 한비자가 이런 주장을 펼친 것은 '치부'와 '균부'의 절묘한 조화를 촉구하고자 한 것이다. '상가' 이론을 집대성한 사마천도 이에 공명해《사기》〈화식열전〉에서 이같이 주장했다.

천금을 모은 자를 보면 하나같이 성실한 마음으로 자신의 업무에 매진한 덕분에 부를 이뤘다. 이로써 미루어 보건대 부를 거머쥐는 데는 일정하게 정해진 직업이 없고, 재물 또한 일정한 주인이 없다. 재능이 있는 자에게는 재물이 모이고, 불초한 자에게는 기왓장이 흩어지듯 달아난다. 빈부의 차가 빚어지는 것은 결코 누가 빼앗거나 주어서 나타난 결과가 아니다. 산업의 상호관계와 재화의 흐름을 잘 아는 자는 늘 여유 있고, 이를 모르는 자는 늘 부족할 수밖에 없다.

그렇다고 한비자와 사마천이 신자유주의처럼 모든 것을 시장의 자율에 맡긴 것은 아니다. 두 사람 모두 시장의 질서를 교란하는 자에 대한 국가 차원의 엄격한 단속을 역설했다. 이를 뒷받침하는《한비자》〈오두〉의 해당 대목이다.

무릇 명군이 나라를 다스리는 정책의 요체는 놀고먹는 자를 줄이면서 본업인 농사를 팽개친 채 말업인 상공업으로 나아가는 것을 막는 데 있다. 지금 세상은 군주 측근의 청탁이 통해 관직을 돈으로 살 수 있다. 관직을 돈으로 산 악덕 상인은 그 수익이 농사의 몇 배가 되는 까닭에 농사를 지으며 전쟁터에 나가 싸우는 농민병사보다 더 존경을 받게 된다. 이들은 조악한 기물을 그럴듯하게 보이도록 만들고, 값이 쌀 때 물건을 쌓아 두었다가 값이 오를 때 팔아 폭리를 취함으로써 사실상 농부에게 돌아갈 이익을 탈취한다. 이는 나라의 기둥을 좀먹는 두충蠹蟲과 같은 존재다.

사마천 역시《사기》〈평준서平準書〉에서 시장의 자율화를 극도로 역설했음에도 폭리를 취하는 악덕 상인만큼은 신랄하게 질타했다.

나라가 태평할 때는 골목길을 지키는 자도 좋은 음식을 먹었고, 관리들은 자손이 클 때까지 오랫동안 인사이동이 없었다. 사람들은 자중자애하며 범법을 큰일로 생각했고, 의로운 행동을 우선으로 여기며 치욕스런 행위를 배척했다. 당시는 법이 관대해 백성들이 모두 부유했다. 그러나 이후 부자들이 부를 빙자해 오만방자한 짓을 저질렀다. 어떤 자는 토지를 마구 겸병하기도 했다. 부호들이 관직도 없으면서 위세를 부리며 멋대로 날뛴 배경이다. 봉지가 있는 종실과 공경 이하의 사대부들 역시 앞다퉈 사치를 부렸다. 주택과 거마 및 의복 등이 모두 분수를 넘어 한계가 없었다. 모든 것은 성하면 쇠하기 마련이다. 변화가 끊임없이 일어나는 것은 이 때문이다.

'동반성장'이 최대의 화두로 등장해 있는 현재, 사회 지도층의 솔선수범 행보가 매우 절실하다. 그렇다고 일반 서민의 책임이 면제되는 것은 아니다. 일찍이 청대의 명유 고염무顧炎武는 명저《일지록日知錄》에서 "천하흥망 필부유책[天下興亡, 匹夫有責]"이라고 했다. 천하의 흥망은 필부에게도 책임이 있다는 뜻이다. 통일시대의 개막과 이후의 시대를 대비하기 위해서라도 최고통치권자를 비롯해 일반 서민에 이르기까지 난세에 대한 깊은 통찰과 심기일전의 각오가 절실히 요구되는 이유다.

상벌이 확실해야 저절로 따른다

상앙은 〈일언〉에서 "군주는 백성들이 정령을 대할 때 먼저 형벌을 생각한 연후에 포상을 바라는 이른바 선형후상先刑後賞의 자세를 갖도록 만들어야 한다"고 주장했다. '선형후상'은 간사한 짓으로 작록을 얻는 일을 뿌리 뽑은 뒤 전공에 따라 작록을 내리는 것을 말한다. 백성들을 농전에 전념하게 하려는 것이다.

이는 《논어》〈옹야雍也〉에서 "어진 사람은 먼저 일정한 힘을 쏟은 후에 그 성과를 얻는다"는 뜻의 선난후획先難後獲을 언급한 것과 맥을 같이한다. 《논어》〈위령공衛靈公〉에도 "군주를 섬길 때는 먼저 소관직무를 공경을 다해 수행하고 식록食祿은 뒤로 미뤄야 한다"는 내용의 경사후식敬事後食 구절이 나온다. '선난후획'과 동일한 취지다. 이들 구절은 모두 군주는 결코 상을 남발해서는 안 되고, 반드시 공을 세운 자에게만 포상해야 한다고 역설한 점에서 서로 통한다. 한비자는 '선형후상'을 신하들에 대한 용인술인 제신술制臣術의 매우 중요한 수단으로 간주했다. 《한비자》〈팔경〉의 해당 대목이다.

권력을 하늘처럼 공평히 행사하면 비난받을 일이 없고, 관원의 운용을 귀신처럼 남이 헤아리지 못하게 하면 곤경에 처하지 않는다. 권세가 잘 행해지고 교화가 엄격하면 신하들은 감히 군주에게 등을 돌리지 못하고, 비방과 칭송을 하나같이 법령에 좇아 하면 신하들은 감히 시비를 논하지 못한다. 현능한 자를 포상하고 난폭한 자를 처벌하는 것이 선행을 세상에 드러내는 최상의 방법이다. 난폭한 자를 포상하고 현능한 자를 처벌하면 악행을 조장하는 최악의 방법이 된다. 군주의 뜻을 좇는 자를 포상하고 그렇지 못한 자를 벌하는 것을 일컬어 이른바 상동벌이賞同罰異라고 한다. 포상은 후상厚賞이 최상이다. 백성들로 하여금 이를 큰 이익으로 여기게끔 만들기 때문이다. 칭송은 미화美化가 최상이다. 백성들로 하여금 이를 큰 영광으로 여기게끔 만들기 때문이다. 또 처벌은 중벌重罰이 최상이다. 백성들로 하여금 이를 큰 두려움으로 여기게끔 만들기 때문이다. 비방은 추화醜化가 최상이다. 백성들로 하여금 이를 큰 치욕으로 여기게끔 만들기 때문이다. 연후에 일관되게 법을 시행하고, 사적인 이익을 도모한 신하를 금압해야 한다. 그러면 군주의 상벌 행사는 아무런 방해를 받지 않게 된다. 이같이 해야만 군주는 상벌을 시행하면서 모든 실정을 정확히 파악할 수 있고, 치국의 방법도 완비할 수 있다.

법치의 요체를 상벌에서 찾은 셈이다. 상앙이 〈일언〉에서 역설한 '선형후상'의 정신을 그대로 이어받은 결과다. 일각에서는 한비자의 법치를 백성에 대한 용인술인 이른바 제민술로 파악하고 있으나 이는 반만 맞는 말이다. 한비자의 법치는 제민술과 '제신술'의 성격을 공유하고 있다. 《한비자》에 법치와 술치를 하나로 묶은 법술法術 용어가 대거 등장하고 있는 사실이 이를 뒷받침한다. 한비자의 법치는 술치에 비해 상대적으로 제민술의 색채가 상대적으로 짙을 뿐이다. 이는 한비자가 상앙의 법치 이론을 전폭 수용한 점에 비춰볼 때 당연한 것이기도 하다.

원문

··

무릇 나라를 세우고자 하면 제도를 살피지 않을 수 없고, 정령을 신중히 하지 않을 수 없고, 국무를 근엄하게 하지 않을 수 없고, 국가사업의 근본을 중점적으로 육성하지 않을 수 없다. 제도가 시대적 추세에 맞으면 나라의 풍속이 교화되어 백성들이 제도를 따른다. 정령이 분명하면 관원이 간사한 짓을 하지 않는다. 나라의 정무가 농전 한 가지로 통일되면 백성들은 나라의 부름에 응하고, 국가사업의 근본이 중점적으로 육성되면 백성들은 기꺼이 농사를 짓고 즐거이 싸우러 나간다. 무릇 성인은 법령을 세우고 백성들의 습속을 교화하면서 백성들로 하여금 아침부터 저녁까지 농사에 종사하도록 했다. 이를 잘 알지 않으면 안 된다.

무릇 백성들이 국가사업을 따르고 제도를 목숨 걸고 지키는 것은 군주가 정해놓은 영예의 명분과 상벌이 분명하기 때문이다. 그래야 간교한 언변이나 권문세가에 의지하지 않아도 능히 전공을 세울 수 있다. 백성들이 기꺼이 농사를 짓고 즐거이 싸우러 나가는 이유다. 이는 군주가 농전에 종사하는 농민과 병사를 존중하고, 언변을 일삼으며 수공업에 종사하는 백성을 경시하고, 떠돌아다니며 학문하는 자들을 천시하는 것을 보았기 때문이다.

백성이 농전에 하나같이 힘쓰면 그 가족은 반드시 부유해지고, 자신은 국내에서 지위가 높아질 것이다. 군주는 나라에 전공을 세워 관작을 얻는 길을 열고, 사적으로 권문세가에 청탁하는 길을 막아 민력을 결집시킨다. 권문세가를 위해 사적으로 공을 세운 자는 국내에서 지위가 오르지 못하고, 권문세가가 군주에게 청하지 못하게 해야 한다. 이런 식으로 공신이 될 것을 권장하면 군주의 명이 행해지고, 황무지가 개간되고, 돌아다니며 유세하는 자가 사라지고, 간특한 일이 싹트지 못한다. 나라를 다스리면서 민력을 하나로 모아 백성들로 하여금 농전 하나에 전념하게 만드는 자는 강해지고, 능히 본업인 농업에 힘쓰며 말업인 상업과 수공업을 금하는 자는 부유해진다.

무릇 성인은 나라를 다스리면서 민력을 하나로 모을 줄도 알았고, 쓸 줄도 알았다. 제도가 명백하면 민력이 집중되고, 민력이 집중되었는데도 이를 사용하지 않으면 나라의 은혜에 보답하고자 하는 백성들의 뜻이 실행될 수 없다. 나라의 은혜에 보답하고자 하는 백성들의 뜻이 실행되는데도 부를 얻지 못하면 혼란이 생긴다. 나라를 다스리는 자는 민력을 결집시켜 나라를 부유하게 하고, 군사를 강하게 하고, 민력을 사용해 적을 공격하며 백성들을 격려한다. 무릇 백성들을 계도하면서 농전을 통하지 않고 작록을 얻는 간사한 길을 활짝 열어둔 채 아예 막을 생각조차 하지 않으면 백성들의 간교한 지혜가 날로 증대한다. 백성들의 간교한 지혜가 증대했는데도 적을 공격하지 않으면 간사함이 생겨난다. 간사한 길을 막으면서 아예 열어줄 생각을 하지 않으면 백성들은 자연스레 순박해진다. 백성들이 순박한 상황에서 부역을 시키지 않으면 민력이 강화된다. 그러나 민력이 강화되었는데도 적을 공격하지 않으면 간사함이 횡행하고 나라를 좀먹는 일이 나타난다. 민력을 결집시켜 오로지 농전 한 가지 일에 힘쓰고, 민력을 사용해 적을 공격해야 하는 이유다.

나라를 다스리는 자는 백성들이 농전 한 가지 일에 전념하는 것을 귀하게 여겨야 한다. 백성들이 농전 한 가지에 전념하면 순박해지고, 순박하면 농사에 매진하고, 농사에 매진하면 근면하고, 근면하면 부유해진다. 부유한 자는 작위를 이용해 부를 덜어낸다. 그러면 방탕하지 않게 된다. 방탕한 자는 형벌을 이용해 놀고먹는 유식游食을 금한다. '유식'을 금하면 힘써 농사를 짓게 된다. 민력을 결집시켜 제대로 사용하지 못하는 나라는 반드시 어지러워지고, 민력을 소진만 하고 결집시키지 못하는 나라는 반드시 망한다. 명군은 이들 두 가지 이치를 적절히 조절할 줄 한다. 그 나라는 강성해진다. 반면 이를 조절할 줄 모르면 그 나라는 쇠약해진다.

무릇 백성들이 잘 다스려지지 않는 것은 군주가 비열한 행위를 방임하기 때문이다. 법령이 분명하지 않은 것은 군주가 혼란을 조장했기 때문이다. 명군은 비열한 행위를 방임하지 않고, 혼란을 조장하지 않는다. 권력과 위엄을 장악해 보위를 지키고 법령을 세워 백성을 다스리는 까닭에 간사한 짓을 잘 알 수 있고, 관원들 내에도 간사한 짓이 빚어지지 않는다.

또한 상벌이 엄정히 시행되고, 생산되는 기물과 용구 또한 정해진 법도에 맞는다. 나라의 제도가 분명하고, 민력이 충분히 사용되고, 군주가 내리는 작위가 존귀하고, 여러 부류의 인재가 두루 활용되는 배경이다.

지금 세상의 군주들 모두 백성들 잘 다스리고자 하면서도 혼란을 조장하고 있다. 이는 군주가 즐겨 혼란을 조성하려 했기 때문이 아니라 옛날의 낡은 틀을 고수하고 오늘의 시속을 살피지 않았기 때문이다. 위로는 옛것을 본받으면서 오늘날 통용되지 않는 것만 취하고, 아래로는 오늘의 것을 좇으면서 시대 흐름에 맞춰 변할 줄 모른다. 세속의 변화를 밝히지 않고, 백성을 다스리는 실제 상황을 살피지 않는 까닭에 포상을 남발해 형벌 사용을 초래하고, 형벌을 가볍게 해 포상의 효용을 잃게 한다. 군주가 형벌을 만들어도 백성들이 복종하지 않고, 포상을 끝없이 행해도 간사한 자가 더 많아지는 이유다.

군주는 백성들이 정령을 대할 때 먼저 형벌을 생각한 연후에 포상을 바라는 이른바 선형후상先刑後賞의 자세를 갖도록 만들어야 한다. 성인은 나라를 다스릴 때 옛것을 모범으로 삼지 않고, 오늘의 것에 구속받지 않고, 오직 시대의 흐름에 따라 그에 맞는 정책을 펼치는 인세위치因世爲治를 행하고, 백성의 습속을 헤아려 그에 맞는 법령을 시행하는 탁속위법度俗爲法을 행했다. 법령은 백성들의 실정을 살피지 않고 제정하면 성공할 수 없고, 정책은 때에 맞춰 시행하면 저항을 받지 않는다. 성왕은 나라를 다스릴 때 정사를 신중히 하며 업무를 자세히 살피고, 백성들의 마음이 오직 농전 한 가지에 쏠리도록 만든다.

_《상군서》〈일언〉

제6장

외부에서 필요한 인력을 찾는다

내민술徠民術

외부 정보를 잘 파악하라

내민徠民은 이웃나라의 백성을 불러들인다는 뜻이다. 진나라와 접경한 나라
는 조나라와 한나라 및 위나라 등 3진이다. 여기서는 전국시대에 벌어진 몇
가지 중요한 전투가 언급되어 있다. 상앙 사후의 전투도 나온다. 많은 주석
가들이 〈내민〉을 후대인의 가필로 간주하는 이유다.

이궐伊闕 전투는 전국시대 말기인 진소왕 14년(기원전 293) 진나라가 주
왕실에서 갈라져 나온 동주東周와 위나라 및 한나라 연합군을 격파한 전투
를 말한다. 이 전투에서 진나라 장수 백기白起는 위나라 장수 서무犀武를 참
살하고, 한나라 장수 공손희公孫喜를 생모하고, 연합군 24만여 명을 섬멸했
다. 장평長平 전투가 벌어지기 전까지 최대 전투에 해당한다. 화군華軍 전투
는 진소왕 34년(기원전 273) 조나라와 위나라 연합군이 지금의 하남성 신정
현 북쪽인 한나라의 화양을 공격했을 때 진나라 장수 백기가 구원에 나서

위나라 장수 망묘芒卯를 격파하고 15만 명을 참수한 전투를 말한다.

장평長平 전투는 진소왕 47년(기원전 260) 지금의 산서성 고평현 서북쪽의 장평에서 벌어진 전국시대 최대의 전투를 말한다. 이 싸움에서 진나라 장수 백기는 투항한 조나라 군사 40만 명을 구덩이에 묻어 산 채로 몰살시켰다. 조나라가 진나라의 이간책에 걸려들어 명장 염파廉頗를 물리치고 조괄趙括을 장수로 임명한 게 화근이었다. 조괄은 병법 이론에만 밝았을 뿐 실전에는 어두웠다. 여기서 지상담병紙上談兵이라는 성어가 나왔다. 종이 위에서 병법을 말한다는 뜻으로 실무에는 아무 쓸모도 없는 것을 비유할 때 사용한다.

상앙은 〈내민〉에서 이웃 3진의 백성을 적극 불러들여 부국강병을 이루는 방안을 역설하고 있다. 3진을 무력화시키고자 한 것이다. 당시 진나라의 입장에서 볼 때 천하를 통일하기 위해서는 반드시 먼저 중원에 포진한 이들 3진을 제압해야만 했다. 상앙은 파격적인 특혜를 미끼로 내걸어 3진의 백성을 진나라로 불러들이는 방안을 제시한 이유다. 농지와 주택을 주고, 3대까지 부세와 요역을 면제해주는 방안이 그것이다. 당시 기준으로 볼 때 이는 파격이다. 이는 진나라의 영토가 인구에 비해 상대적으로 넓고, 개간되지 않은 황무지가 많았기에 가능했다.

전국시대 말기 이른바 정국거鄭國渠의 개통으로 지금의 서안을 중심으로 한 관중關中 일대가 옥토로 변한 것도 따지고 보면 상앙의 '내민' 주장을 관철한 덕분으로 볼 수 있다. 정국거는 진시황의 치적 가운데 잘 알려지지 않은 대규모 토목공사다. 정국거를 만들지 않았다면 천하통일의 시간이 훨씬 늦춰졌을 공산이 크다.《사기》〈하거서河渠書〉에 당시의 상황이 기록되어 있다.

원래 정국鄭國은 한나라의 수로를 개척한 인물이다. 당시 강대국 진나라와 마주하고 있는 한나라는 진나라가 언제 쳐들어올지 몰라 전전긍긍했다. 한나라는 수리관개 기술이 뛰어난 정국을 진나라로 들여보내 거대한 토목사업을 벌이도록 했다. 진나라의 인력과 자원을 고갈시켜 동정東征을 포기하게 만들려는 계책이었다. 정국이 건의했다.

"위수渭水의 북쪽에 있는 황무지에 관개수로를 만들면 비옥한 땅으로 만들 수가 있습니다. 그러면 진나라의 농업생산량이 크게 늘어나고 재정이 풍부해져서 천하를 평정하는 데 많은 도움이 될 것입니다."

그럴 듯한 말이었다. 진시황이 곧바로 이를 받아들였다. 이내 대대적인 공사를 시작됐다. 그가 행한 수로공사는 서쪽의 경수涇水에서 동쪽의 낙수洛水까지 총 300리에 달하는 대규모 공사였다. 그러나 공사 도중에 음모가 드러났다. 정국은 대역 죄인이 되어 사형을 당할 처지에 놓이게 되었다. 정국이 진시황에게 말했다.

"사실 처음에는 진나라를 망하게 할 목적으로 시작했지만 공사가 완공되면 진나라에 큰 이익을 가져다 줄 것입니다."

진시황은 그 말이 옳다고 생각하고 공사를 계속 진행하도록 했다. 이후 약 10년간에 걸쳐 공사가 진행됐다. 그 결과 황무지 약 4만여 경이 옥토로 변했다. 여의도 면적의 약 88배나 되는 광대한 넓이다. 여기서 생산된 농산물이 진나라를 부강하게 만드는 밑거름이 된 것은 말할 것도 없다. 진시황은 그의 공을 높이 사 운하의 이름을 '정국거'라고 했다.

'정국거'의 위력을 실감한 진시황은 천하통일 이후 지금의 광동과 광서성 등의 영남嶺南 일대를 개발하기 위해 유사한 운하를 건설했다. 호남의 상수湘水와 광서의 계강桂江을 잇는 이른바 영거嶺渠다. 원래 명칭은 상계거湘桂渠였으나 당나라 때 '영거'로 바뀌었다. 이 또한 장강과 주강珠江을 수로로 연결하는 대규모 공사였다. 착공한 지 5년 만인 기원전 214년에 완성되었고,

총 길이가 33킬로미터였다. 당시 진시황은 이 운하를 이용하여 50만 명의 병력과 물자를 운송해 장강에서 주강에 이르는 지역에 널리 분포하고 있던 백월百越을 제압하고 남쪽으로 영토를 크게 확장시켰다. 놀라운 사실은 당시 이 운하가 갑문식閘門式으로 건설된 점이다. 상강과 계강의 수위가 서로 달랐기 때문이다. 배가 산을 넘어 산기슭 저편의 강에 닿을 수 있도록 만든 셈이다. 당시의 토목기술이 얼마나 뛰어났는지를 짐작하게 해준다.

인재를 끌어들이는 비결

진시황의 업적인 '정국거'는 상앙이 〈내민〉에서 역설한 이웃나라 백성의 유인 책략을 충실히 좇은 결과로 볼 수 있다. 비록 《사기》는 진시황이 정국의 속셈을 몰랐던 것으로 기술해놓았으나 당시의 정황에 비춰 속셈을 대략 짐작하고도 짐짓 모른 체 했을지도 모를 일이다.

전국시대 당시 인재를 끌어들여 부국강병을 이룬 대표적인 군주로 위문후·진효공·제위왕·연소왕 등을 들 수 있다. 기라성 같은 천하의 인재들이 이들의 구현령을 보고 구름같이 몰려들었다. 부국강병의 요체가 인재 경영에 있음을 방증하는 대목이다.

주목할 점은 이들 모두 자국민과 타국 출신을 가리지 않고 인재를 끌어들여 부국강병을 추구한 점이다. 통상 타국 출신 인재를 기려지신羈旅之臣이라고 한다. 대표적인 인물이 상앙이다. 초나라에서 변법을 실시해 부국강병을 꾀한 오기와 진시황에게 발탁된 이사도 기려지신이다. 이들 모두 신하로서 최고의 자리까지 올라갔으나 모두 비참한 최후를 마친 것도 닮았다. 기려지신의 비극이다. 토착세력의 견제와 음해가 얼마나 극심했는지를 반증하는 대목이기도 하다.

그럼에도 이들 기려지신이 부국강병의 구심점 역할을 수행한 점에 주의할 필요가 있다. 미국이 제1차 세계대전 이후 100년 가까이 영국의 '팍스 브리타니카Pax Britannica'를 대신한 '팍스 아메리카나Pax Americana'를 구가한 것도 같은 맥락이다. 이는 이른바 '멜팅 포트Melting Pot'를 자처하며 전 세계의 인재를 빨아들인 결과다. 미국 최고의 도시 뉴욕은 여러 인종이나 문화, 민족 등을 융합한 덕분에 세계경제의 중심지로 작용하고 있다. 월가Wall Street는 뉴욕의 중심에 자리 잡고 있다.

그러나 월가의 위세가 떨어지면서 양상이 바뀌었다. 21세기에 들어와 '멜팅 포트' 대신 모자이크 사회라고도 불리는 '샐러드 볼Salad Bowl'이라는 용어가 회자되고 있는 게 그 증거다. '멜팅 포트'는 천하의 인재를 미국으로 불러들여 하나의 용광로에 녹였다는 뜻이다. '기려지신'에 해당하는 천하의 인재들로 하여금 자신의 고유한 언어와 문화를 버리고 대신 미국적인 가치와 문화 속에 녹아들 것을 주문했다. '미국적'이라는 접두어가 붙은 새로운 문화가 만들어진 배경이다.

반면 '샐러드 볼'은 다양한 인종·언어·역사·문화적 배경을 가진 사람들이 각자의 독특한 특성과 가치를 존중받으면서 고유의 정체성을 잃지 않은 채 조화롭게 살아가는 사회를 말한다. 얼핏 보면 다양한 문화가 공존하는 까닭에 '멜팅 포트'보다 훨씬 나은 것처럼 보이지만 그 속을 보면 전혀 그렇지 않다. 가장 좋은 것을 뜻하는 '미국적'이라는 접두어가 사라진 결과로 보는 게 옳다. 힘이 떨어졌다는 의미다. G2시대를 맞아 세계의 많은 내로라 하는 석학들이 '팍스 아메리카나'를 대신할 '팍스 시니카Pax Sinica'를 언급하는 이유다.

다문화사회로 진입한 한국의 경우는 '샐러드 볼'을 좀더 정교하게 다듬는

쪽으로 나아가는 게 바람직하다. 만일 남북통일 후 전 세계의 '허브' 역할을 수행하며 G1 미국처럼 '팍스 코레아나'를 구축할 수만 있다면 '멜팅 포트'로 나아갈 수도 있을 것이다. 현재로서는 이를 기대할 수 없는 만큼 우선 '샐러드 볼'의 장점을 최대한 살리는 쪽으로 진행할 필요가 있다. 다양한 문화가 독창성을 유지하며 서로 섞이는 만큼 그간 '단일민족'의 신화 속에 갇혀 있던 한국 전래의 폐쇄적인 문화를 개방적이면서도 창조적인 문화로 탈바꿈시킬 수 있다.

원문

..

국토가 사방 100리인 나라는 산과 구릉이 10에 1, 늪과 호수가 10에 1, 계곡과 하천이 10에 1, 성읍과 도로가 10에 1을 차지한다. 또 황폐한 농지가 10의 2, 비옥한 농지가 10에 4를 차지한다. 이 정도의 경지라면 민호 5만 호를 먹여 살릴 수 있다. 또 산과 구릉, 늪과 호수, 계곡은 필요한 자원을 공급할 수 있고, 성읍과 도로는 백성들을 안주시킬 수 있다. 이는 선왕이 토지를 구획하고 백성을 안배한 규율이다.

지금 진나라의 영토는 사방 1,000리의 면적이 5개를 헤아린다. 그러나 농작물을 재배하는 토지가 10에 2가 못되고, 경전의 수가 100만 무畝에 미치지 못한다. 거기에 있는 늪과 호수, 계곡, 큰 산과 하천의 자원과 재화가 다 이용되지 못하고 있다. 이는 인구가 넓은 땅과 균형을 이루지 못한 것이다. 진나라가 이웃하고 있는 나라는 한나라 · 조나라 · 위나라 등 3진三晋이다. 군사를 일으켜 공격하려는 대상은 한나라와 위나라다.

저들의 영토는 협소한데 인구는 많다. 그들의 주택은 즐비하게 늘어서 있고, 외국에서 와 객지 생활을 하는 사람과 세 들어 사는 사람은 위로는 호적이 없고, 아래로는 농지나 주택도 없다. 간사한 일과 상업 또는 수공업 등의 말단 직업에 종사하며 살아가고 있다. 사람들 가운데 산비탈이나 물가의 제방에 굴을 파고 거주하는 자가 절반이 넘는다. 저들의 토지로는 백성을 먹여 살리기에 부족하다. 피폐한 정도는 진나라 백성이 자신들의 토지를 충실히 이용하지 못하는 것보다 심하다. 백성들의 마음을 짐작컨대 저들이 바라는 것은 농지와 주택이다. 이런 것들이 3진에는 부족한 게 확실하고 진나라에는 여유가 많다는 것은 기정사실이다. 이와 같은데도 3진의 백성들이 서쪽의 진나라로 오지 않는 것은 진나라 선비는 근심스럽고 백성은 고통스럽기 때문이다.

내가 보건대 진나라 군주 휘하 관원들의 견해에 잘못된 점이 뚜렷이 드러나 있다. 그들이 3진의 백성을 빼앗아 오지 못하는 것은 작위를 아끼고 부세와 요역을 면제해주는 것에 인색하기 때문이다. 그들은 이같이 말한다.

"3진이 약한 것은 그 백성들이 쾌락을 추구하고, 부세와 요역을 면제하는 것이 경솔하기 때문이다. 진나라가 강대한 것은 백성들이 힘든 일에 종사하고, 부세와 요역을 면제하는 것이 신중하기 때문이다. 지금 작위를 많이 주고 부세와 요역을 장기간 면제해주면 진나라는 곧 강해지는 방법을 버리고 3진이 쇠약해지는 방법을 행하는 게 된다."

이는 진나라 군주의 관원들이 작위를 아끼고 부세와 요역의 면제에 인색해서 하는 말이다. 내가 보건대 이는 옳지 않은 생각이다. 무릇 백성들을 고통스럽게 해서 병력을 강화하는 것은 장차 그런 백성을 활용해 적을 공략함으로써 바라는 바를 이루고자 하는 것이다. 《병법》은 말한다.

"적이 쇠약해지면 아군의 병력은 강해진다."

이 말은 아군이 공격할 힘을 잃지 않고, 적은 방어할 힘을 잃었다는 뜻이다. 지금 3진이 4대에 걸쳐 우리 진나라와 싸워 이기지를 못했다. 위양왕 이후 야전에서 한 번도 이기지 못하고, 성을 지키고 있으면 반드시 성을 빼앗겼다. 크고 작은 전투에서 3진이 진나라에 빼앗긴 게 이루 다 헤아릴 수조차 없을 정도로 많다. 이와 같은데도 굴복하지 않는 것은 진나라가 그들의 땅만 빼앗고 그들의 백성은 빼앗지 못했기 때문이다.

지금 진나라 군주는 특혜가 뚜렷이 드러나는 정책을 발포해야 한다. 곧 열국의 인사 가운데 귀순하는 자에게는 3대까지 부세와 요역을 면제하고, 전쟁에도 참여하지 않게 하나라와 진나라의 사방 국경 안에 있는 산비탈과 구릉지 및 습지 등에 대해 10년간 징세하지 않는 것을 말한다. 이런 내용을 법률로 명시하면 농민 100만 명을 당장 불러들일 수 있다.

전에 내가 말하기를 "백성들의 마음을 짐작컨대 그들이 바라는 것은 농지와 주택이고, 이런 것들이 3진에 부족한 게 확실하고 진나라에 여유가 있다는 것은 기정사실이다. 이와 같은데도 3진의 백성들이 서쪽 진나라로 오지 않는 것은 진나라의 선비는 근심스럽고 백성은 고통스럽기 때문이다"라고 했다. 지금 그들에게 농지와 주택을 주고 그들의 3대까지 부세와 요역을 면제해주면 이는 반드시 그들에게 바라는 것을 주고, 그들이 싫어하는 것을 하지 않도록 하는 셈이 된다.

그리하면 3진의 백성들 가운데 서쪽 진나라로 귀순해 오지 않는 자가 없게 된다. 이는 이치상으로 말한 것으로 실제로는 거기에 그치지 않을 것이다. 귀순해 오는 사람들이 넓은 들판으로 들어가 비어 있는 땅을 이용하고, 자연의 보배로운 자원을 개발하고, 100만의 인력이 나라의 근간이 되는 농사에 종사하면 거기서 나오는 이익도 많을 것이다. 어찌 단지

적을 공격하는 우리의 역량을 잃지 않는 데 그치겠는가?

무릇 진나라가 근심하는 것은 군사를 일으켜 정벌에 나설 경우 나라가 빈궁해지고, 국내에 머물며 농사에 힘쓸 경우 적이 휴식을 취하게 되는 점이다. 진나라 군주가 이들 두 가지를 동시에 취할 수 없는 것이다. 진나라가 3대에 걸쳐 거듭 승리했음에도 천하의 제후들이 굴복하지 않는 이유다. 지금 진나라의 원래 백성을 이용해 적의 침공에 대비하고, 새로 귀순해 오는 백성을 농사짓는 데 투입하면 군대가 비록 국외에서 100일을 머물지라도 나라 안에서는 잠시도 농사절기를 잃는 일이 없다. 이는 부유함과 강대함이라는 두 가지 목표를 성취하는 공효에 해당한다.

내가 말하는 용병은 국내 인력과 물자를 모두 동원하는 게 아니라 국내의 가능한 상황을 살펴 병사와 수레 및 말을 공급하고, 원래 백성은 전투에 참여시키고, 귀순한 백성은 양초를 공급하도록 하는 것을 말한다. 천하에 복종하지 않는 나라가 있으면 이런 막강한 힘을 사용해 봄에는 그들의 농지를 에워싸고, 여름에는 그들의 식량을 먹어치우고, 가을에는 그들이 추수한 것을 빼앗고, 겨울에는 그들이 저장해놓은 식량을 뒤져 손에 넣는다. 대무大武로 그들의 근본을 뒤흔들고, 광문廣文으로 그들의 후대를 안정시킨다. 진나라 군주가 이를 실행하면 10년 내에 열국 가운데 진나라의 정령에 반발하며 귀순하지 않는 백성이 사라질 것이다. 그리되면 진나라 군주가 작위를 아끼고 부세와 요역의 면제에 인색할 이유가 어디에 있겠는가?

진나라는 이궐伊闕 전투에서도 승리하고, 화양華陽 전투에서도 승리했다. 이때 수많은 적의 수급首級을 베고, 동쪽으로 진군했다. 동진에도 불구하고 아무런 이익이 없다는 게 분명해졌지만 관원들이 오히려 큰 공적으로 여긴 것은 그것이 적에게 커다란 손실을 입혔기 때문이다.

지금 잡초가 무성한 땅을 이용해 3진의 백성을 끌어들인 후 농사에 종사하도록 한다. 이런 방법으로 적에게 손실을 입히는 것은 전쟁에서 이기는 것과 같은 결과를 가져온다. 진나라는 적들의 백성을 얻어 식량을 생산하는 셈이다. 이는 적의 백성을 귀순시켜 농업증산도 추진하고 원래의 백성으로 전쟁도 수행하는 두 가지를 동시에 성취하는 계책이다. 이궐전투와 화양전투, 장평長平 전투에서 승리하면서 진나라가 잃은 군사가 얼마나 되는가? 원래의 진나라 백성과 귀순한 백성 가운데 전장으로 나가 농사에 종사하지 못하는 인원은 얼마나 되는가? 내 생각으로는 이루 다 헤아릴 수 없다고 본다.

만일 신하들 가운데 당시의 병력을 사용하고, 당시보다 절반을 사용해 3진을 약화시키고, 진나라를 강하게 만드는 것이 세 번의 전투에서 승리한 것과 같이 할 수 있는 자가 있다면 진나라 군주는 반드시 크게 포상할 것이다. 지금 내가 말하는 방안은 백성들이 하루도 요역에 복역하지 않고, 관부는 비용을 얼마 들이지 않는데도 3진을 약화시키고 진나라를 강하게 만드는 방안이다. 이는 3번의 전투에서 승리한 것보다 나은 것이다. 그런데도 진나라 군주가 이를 불가하다고 하면 어리석은 나로서는 더 이상 어찌할 길이 없다.

제나라 사람 가운데 동곽창東郭敞이라는 사람이 있었다. 욕심이 매우 많아 1만 금의 황금을 모으고자 했다. 그의 제자가 그에게 도움을 청했다. 그는 도움을 거절하며 이같이 말했다.

"나는 장차 돈을 모아 작위를 구할 것이다!"

화가 난 제자가 그를 떠나 송나라로 갔다. 사람들이 말했다.

"이 사람은 없는 것을 아낀 것이다. 먼저 그가 데리고 있는 제자에게 돈을 주느니만 못하다!"

지금 3진은 백성들이 많고 진나라는 그들에게 부역과 요역의 면제를 아끼고 있다. 이는 가지고 있지 않은 것을 아껴 가지고 있는 것을 잃는 것이다. 이는 갖고 있지 않은 것을 아끼다가 가지고 있는 것을 잃게 된 것이다. 동곽창이 갖고 있지 않은 것을 아끼다가 제자를 잃은 것과 무슨 차이가 있겠는가? 옛날 고대에 요순은 당시 사람들의 칭송을 받았고, 중세에 탕왕과 무왕은 재위할 때 백성들이 복종했다. 이들 4인의 제왕은 천추만대에 걸쳐 사람들이 칭송하고 성왕으로 여기지만 이들의 치국방략을 후대에 그대로 쓸 수는 없는 일이다.

　지금 3대에 걸쳐 부세와 요역을 면제하면 3진의 백성을 모두 불러 모을 수 있다. 이것이 바로 진나라가 군주가 오늘의 상황에 현명하게 대처하고, 나아가 3진의 후손들로 하여금 진나라 군주를 위해 유용하게 쓰이도록 만드는 길이 아니겠는가? 성인이 되는 게 어려운 게 아니라 성인의 지혜를 오늘에 맞게 활용하는 게 어렵다고 여기는 이유가 여기에 있다.

_〈상군서〉〈내민〉

제7장

안팎을 형벌로 결속한다

외내술外內術

포상을 줄 때는 공개하라

외내外內는 외정外政과 내정內政을 통칭한 말이다. 외정은 군사 운용, 내정은 농업 증산을 뜻한다. '농전'이 실효를 거두기 위해서는 반드시 후한 포상과 엄한 형벌이 동시에 시행되어야 한다는 게 골자다. 상앙은 전제조건으로 요사스런 도리인 이른바 음도淫道의 언행을 보이는 유가를 엄히 단속할 것을 주문했다. 유가를 '음도'로 규정한 것은 유가의 주장이 농민들의 식량증산 및 전역戰役 동원에 결정적인 해를 끼친다고 판단한 데 따른 것이다. 상앙은 〈외내〉에서 '음도'에 대한 강력한 단속과 함께 식량의 가격을 올려 농민의 영농 의지를 고취하고, 상업에 대한 세수를 가중하고, 전공을 세운 자에게 후한 포상을 내리는 등의 방안을 제시했다.

　여기서 주목할 것은 전공을 세운 자에 대한 후한 포상이다. 이는 인간의 호명지심好名之心을 최대한 활용해 부국강병을 꾀하려는 취지에서 나왔다.

'농전'은 기본적으로 상앙이 인간의 '호명지심'보다 호리지성에 초점을 맞춘 데 따른 것이다. 그러나 상앙은 결코 명예와 권력을 추구하는 '호명지심'을 간과하지는 않았다. 후한 포상을 역설한 게 그렇다. 전공을 세우지 못한 자들을 고취하고, 전공을 세우지 못한 자들이 관작을 얻는 일을 근절하고자 한 것이다. 〈외내〉의 다음 대목이 이를 뒷받침한다.

> 백성들이 행하는 대외적인 일로 전쟁보다 어려운 게 없다. 가벼운 형벌로 구성된 경법輕法으로 백성을 전쟁에 동원할 수 없는 이유다. 무엇을 '경법'이라고 하는가? 포상이 적고, 형벌이 가볍고, 요사한 도리인 음도가 막히지 않고 통용되는 것을 말한다. 무엇을 '음도'라고 하는가? 언변이 뛰어나며 간교한 지혜를 지닌 자가 존귀한 대접을 받고, 외지로 나다니면서 벼슬을 추구하는 자가 임용되고, 유가의 경전을 익혀 개인의 명성을 추구하는 자의 지위가 높은 것을 말한다.

상앙이 공개적이고도 대대적인 포상을 역설한 이유가 여기에 있다. 가벼운 형벌로 구성된 '경법'이 '음도'를 부추기고, '음도'의 성행이 농전의 뿌리를 뒤흔든다는 우려에서 나온 것이다. 〈상형〉에서 진문공이 공신 전힐의 허리를 자른 뒤 시체를 거리에 늘어놓은 사례를 특별히 언급하면서 전시傳尸를 일벌백계의 방안으로 구사할 것을 주문한 것도 같은 맥락이다. 두터우면서도 희소가치가 있는 포상 역시 단 한 번의 포상으로 모든 백성들을 고취하려는 취지에서 나온 것이다. 그는 중벌重罰과 후상厚賞을 같은 차원에서 접근했다. 농민을 천하무적의 전사로 만들려는 속셈이었다. 부국강병의 궁극적인 목적이 막강한 무력을 배경으로 천하를 통일하는 데 있었던 만큼 당연한 주문이기도 했다.

중벌과 후상은 신상필벌로 요약되는 상앙 법치사상의 두 축에 해당한다. '농전'을 차질 없이 수행하기 위한 수단이다. 한비자가 법치를 주로 신하들을 제압하는 수단으로 간주한 것과 대비된다. 진나라가 문득 최강국으로 등장한 것은 그의 변법이 차질 없이 성사된 데 있고, 이는 한 치의 착오도 없이 강력한 법치가 시행되었기에 가능했다. 그럼에도 그 자신은 비참한 최후를 맞았다. 사마천은 《사기》〈상군열전〉에서 그 배경을 이같이 풀이해놓았다.

> 상앙은 성품이 원래 각박했다. 위나라 공자 앙을 기만하고, 태자의 스승에게 형을 가한 것 등이 그렇다. 그가 마침내 진나라에서 악명을 떨쳐 비참한 죽음을 맞게 된 것은 바로 이 때문이 아니겠는가!

나름 일리가 있는 지적이기는 하나 정곡을 찌른 것은 아니다. 기본적으로 상앙은 물론 그와 유사한 행보를 보였던 오기가 유사한 최후를 맞이한 것은 변법이 지닌 이중적인 성격에 기인한 것이다. 날카로운 칼이 칼자루를 놓치자마자 이내 자신을 벤 것으로 풀이하는 게 옳다. 진효공과 초도왕의 뒤를 이은 진혜문왕과 초숙왕이 뛰어난 인물이었다면 부왕의 유지를 받들어 상앙과 오기를 더욱 존중하는 모습을 보였을 것이다. 상앙의 비참한 최후는 악명을 떨쳤기 때문이라기보다는 후사왕後嗣王인 진혜문왕이 태자 시절에 받은 작은 수모를 잊지 않고 앙갚음을 한 결과로 보는 게 옳다.

명예욕을 잘 활용하라

주목할 것은 당시 진혜문왕이 상앙을 거열형에 처하면서도 그의 변법을 그대로 이어받은 점이다. 사적인 보복 차원에서 상앙을 제거하기는 했으나 그의 엄정한 법치 정신만큼은 그대로 승계한 것이다. 이 정신은 진시황의 천하통일의 기반이었다. 세인의 비판에도 불구하고 선대에서 상앙이 혁명적인 변법을 과감히 밀어붙였기에 가능했다. 이는 상앙이 시행한 일련의 법치가 궁극적으로는 천하통일을 겨냥한 것임을 방증한다. 이를 뒷받침하는 〈획책〉의 해당 대목이다.

> 명성이 존귀하고 영토가 광활한 덕분에 마침내 천하를 호령하는 왕자王者로 군림하는 이유는 무엇인가? 명성이 비천하고 영토가 줄어들어 마침내 패망하는 망자亡者의 신세가 되는 이유는 무엇인가? 전쟁에 패했기 때문이다. 전쟁에서 이기지 않고도 천하의 왕자 노릇을 하거나, 전쟁에서 패하고도 망자의 신세가 되지 않은 경우는 예로부터 지금까지 존재한 적이 없다.

이는 엄정한 법치가 '농전'을 실현하기 위한 수단으로 등장했음을 보여준다. 상앙의 법치는 엄한 형벌과 신중한 포상으로 요약되는 이른바 중벌소상重罰少賞 위에 서 있다. '중벌'에 대해서는 별다른 오해가 없으나 '소상'에 대해서는 적잖은 사람들이 잘못 이해하고 있다. 이는 포상을 남발하지 말라는 취지에서 나온 것으로, 결코 포상의 내용을 빈약하게 하라는 게 아니다. 이런 오해는 〈거강〉에서 이른바 중벌경상을 언급한 게 결정적인 배경이다. '중벌경상'의 '경상'은 빈약한 포상인 박상薄賞을 연상시키기 십상이다. 그러나 《상군서》 전체의 맥락에서 보면 이는 '소상'을 달리 표현한 것에 지나지 않는다. 그 역시 모든 병가가 역설했듯이 '박상'이 아닌 후상厚賞을 강조했다. 이를 뒷받침하는 구절이《상군서》〈수권〉에 나온다.

포상은 후하면서 신뢰성이 있어야 하고, 형벌은 엄중하면서도 반드시 실시되어야 한다. 포상할 때 관계가 소원한 사람들을 빠뜨리지 않는 부실소원不失疏遠을 행하고, 형벌을 내릴 때 친근한 사람을 피하지 않는 불위친근不違親近을 행해야 한다. 신하가 군주를 덮어 가리지 않고, 아랫사람이 윗사람을 속이지 않는 이유다.

포상의 내용을 두텁게 하는 '후상'은 포상을 신중히 하는 '소상'과 불가분의 관계를 맺고 있다. 포상을 남발하면 사람들이 아무리 '후상'을 실행할지라도 이를 천시하게 된다. 중벌과 함께 '소상'을 역설한 것은 말할 것도 없이 '농전'의 효과를 극대화하기 위한 것이다. 〈상형〉의 다음 대목이 이를 뒷받침한다.

포상의 통일은 이익·녹봉·관직·작위 등을 오로지 전공 한 가지에만 근거해 수여하는 것을 말한다. 전공 이외의 다른 기준에 의한 시행은 없다. 그러면 지우知愚·귀천貴賤·용겁勇怯·현불초賢不肖를 막론하고 사람들 모두 마음속의 지혜를 다하고, 온 몸을 내던져 일하고, 목숨을 돌보지 않고 적과 싸우는 등 군주를 위해 헌신한다. 천하의 영웅호걸과 현량한 선비 역시 마치 흐르는 물처럼 군주를 좇는다. 군주 휘하의 군사가 천하무적이 되고, 군주의 명이 천하에 널리 시행되는 이유다.

이는 명예와 권력을 추구하는 인간의 '호명지심'이 이익을 향해 달려가는 인간의 '호리지성' 못지않게 강력하다는 사실을 통찰한 결과로 볼 수 있다. 《한비자》〈세난〉에 이를 뒷받침하는 구절이 나온다.

유세 대상이 명예를 떨치는 데 관심을 갖고 있는데 많은 이익을 얻는 것으로 유세하면 비속하다고 여겨져 홀대받고 반드시 멀리 쫓겨날 것이다. 많은 이익을 얻고자 하는 데 높은 명예로 유세하면 생각이 부족하고 세상 물정에 어둡다고 여겨져 반드시 받아들여지지 않을 것이다.

원문

..

백성들이 행하는 대외적인 일로 전쟁보다 어려운 게 없다. 가벼운 형벌로 구성된 경법輕法으로 백성을 전쟁에 동원할 수 없는 이유다. 무엇을 '경법'이라고 하는가? 포상이 적고, 형벌이 가볍고, 요사한 도리인 음도淫道가 막힘없이 통용되는 것을 말한다. 무엇을 '음도'라고 하는가? 언변이 뛰어나며 간교한 지혜를 지닌 자가 존귀한 대접을 받고, 외지로 나다니면서 벼슬을 추구하는 자가 임용되고, 경서를 익혀 개인의 명성을 추구하는 자의 지위가 높은 것을 말한다. 이들 세 가지 유형의 음도가 막힘없이 통용되면 백성들이 전쟁에 나가지 않으려 하는 까닭에 결국 패하고 만다.

포상이 적으면 법을 준수하는 자는 이익을 보지 못하고, 형벌이 가벼우면 법을 범하는 자가 피해를 입는 일이 없다. 요사스런 도리를 이용해 백성을 유인하고, 가벼운 법으로 전쟁에 나가도록 만드는 것을 두고 '쥐를 잡기 위한 쥐덫에 살쾡이를 미끼로 쓴다'는 뜻의 이리서以狸餌鼠라고 한다. 이런 황당한 짓을 하면 거의 패하지 않겠는가!

백성들을 전쟁에 나가도록 하기 위해서는 반드시 엄중한 법을 써야 한다. 포상을 하면 반드시 후해야 하고, 형벌을 집행하면 반드시 엄해야 하고, 요사스런 도리는 반드시 근절되어야 하고, 언변이 뛰어나고 간교한 지혜를 지닌 자가 존귀한 대접을 받는 일이 없어야 하고, 외지로 다니면서 벼슬을 청탁하는 자가 임용되지 않아야 하고, 경서를 익혀 개인의 명성을 추구하는 자가 높은 자리에 앉는 일이 없어야 한다.

포상이 후하고 형벌이 엄해야만 백성들이 전공에 따른 후한 포상에 이끌려 죽음을 무릅쓰고 싸우고, 전쟁에 참여하지 않은 데 따른 형벌의 치욕을 떨치기 위해 구차하게 사는 것을 고통으로 여긴다. 두터운 포상은 백성들로 하여금 죽음도 두려워하지 않게 만들고, 엄한 형벌은 구차한 삶을 고통으로 여기게 만든다. 그래야 '음도' 또한 근절된다. 그런 연후에 이런 백성들을 이끌고 적과 싸우면 이는 마치 1만 근도 더 나가는 쇠뇌를 갖고 바람에 나부끼는 나뭇잎을 쏘는 노석표엽弩射飄葉을 행하는 것과 같다. 어찌 적을 격파하지 못할 리 있겠는가?

백성들이 행하는 대내적인 일로 농사보다 어려운 게 없다. 가벼운 정치적 조치인 경치輕治로 백성을 농사에 전념하게 만들 수 없는 이유다. 무엇을 '경치'라고 하는가? 첫째, 농민은 가난한데 상인은 부유한 것을 말한다. 식량의 가격이 떨어지면 돈이 귀해지기 마련인데 식량의 가격이 떨어져 농민이 가난해지고, 돈이 귀해져 상인이 부유해지는 경우다. 둘째, 상업과 수공업을 금하지 않아 사치품을 만드는 수공업자가 이득을 보고, 사방을 돌아다니며 먹고사는 자가 많은 것 등이 바로 '경치'다.

'경치'가 행해지면 농민들은 힘들여 일하며 고생을 가장 많이 하는데도 얻는 이득이 적어 상인이나 수공업자만도 못하다. 상인이나 수공업자가 늘어나지 못하도록 하는 것은 곧 나라를 부유하게 만들려는 생각을 포기한 것으로 불가능한 일이기도 하다.

그래서 말하기를 "농업에 의지해 나라를 부유하게 만들고자 하면 국내의 식량 가격이 반드시 치솟고, 농업에 종사하지 않는 자에게 부과하는 요역이 반드시 늘어나고, 시장 이익에 대한 조세 또한 반드시 가중된다"고 하는 것이다. 그 경우 백성들은 농사를 짓지 않을 수 없고, 농사를 짓지 않는 사람은 식량을 구할 길이 없다. 식량 가격이 오르면 농사짓는 자들이 유리하고, 농사짓는 자들이 유리하면 농업에 종사하는 자들이 늘어난다. 식량 가격이 오르면 식량을 사들이는 게 불리하고, 부세와 요역을 가중시키면 백성들은 상업과 수공업을 버리고 농업에 종사하지 않을 수 없게 된다. 백성들 모두 농업생산에 심혈을 기울여 이익을 얻고자 할 것이다.

무릇 나라를 다스리는 자는 변경에서 얻는 이익은 모두 병사에게 돌아가도록 하고, 시장에서 얻은 이익은 모두 농민에게 돌아가도록 해야 한다. 변경에서 얻는 이익이 병사에게 돌아가는 나라는 강해지고, 시장에서 얻는 이익이 농민에게 돌아가는 나라는 부유해진다. 나아가 싸우면서 강해지고, 군대를 거둬들여 휴식을 취하며 부유해지는 나라는 능히 천하를 호령하는 왕국이 된다.

_《상군서》〈외내〉

제3부

기본을 세우고
예외를 두지 않는다

입본책
立本策

근본을 갖추면 반드시 승리한다

입본立本은 근본을 확립한다는 의미에서 나온 것이다. 병력을 강화해 적을 이기는 근본이 어디에 있는지를 추적하고 있다. 이는 크게 세 가지 단계로 설명할 수 있다. 첫째, 전쟁 전에 법치를 확립한다. 둘째, 백성들을 전사戰士로 만드는 기풍을 조성한다. 셋째, 적보다 뛰어난 무기와 장비를 마련한다. 이들 세 가지 조건을 충족시킬 경우 천하무적의 강군을 보유할 수 있다는 게 골자이며, '상앙병법'의 요체에 해당한다. 〈입본〉을 병법의 큰 줄기를 언급한 〈전법〉의 구체적인 풀이로 간주하는 이유다. 진나라는 오기 사후의 초나라와 달리 상앙의 비참한 죽음에도 불구하고 '상앙병법'을 철저히 지켰다. 진시황 때 사상 최초로 천하통일을 이룬 배경이다. 《한비자》〈초견진〉에 이를 뒷받침하는 대목이 나온다.

지금 천하의 제후들을 보면 국고는 채워져 있지 않고, 곳간은 텅 비어 있는데도 사민土民을 모두 끌어모아 수십만 명에서 100만 명에 달하는 대군을 편성하고 있습니다. 입으로는 모두 결사항전을 외치지만 막상 적의 칼날이 눈앞에 번쩍이면 뒤에서 당장 사형에 처하는 형틀로 위협할지라도 정신없이 달아나며 죽으려 하지 않습니다. 이는 사민이 죽으려 하지 않기 때문이 아니라 위에 있는 자가 그러하지 못하기 때문입니다. 말로는 상을 준다고 하면서 주지 않고, 처벌을 엄하게 한다고 하면서 실행하지 않는 까닭에 상벌을 믿을 수 없게 된 탓입니다. 그러나 지금 진나라를 보면 호령을 통해 상벌을 명확히 시행하고, 공적이 있는 자와 없는 자를 사실에 따라 명확히 가릅니다. 부모 품을 떠나 생전에 적을 한 번도 본 적이 없는데 전쟁이 났다는 말을 들으면 한없이 좋아합니다. 격분하여 땅을 박차고 달려와 맨몸으로 날카로운 칼날과 맞서고, 붉게 타오르는 숯불 속이라도 밟고 들어갈 듯 모두 먼저 죽기를 각오합니다.

이는 한비자가 진시황 앞에서 유세한 것으로 진시황이《상군서》의 가르침을 좇아 '상앙병법'을 열심히 추종하고 있는 것을 칭송한 내용이다. 진시황의 천하통일이 상앙의 변법에서 비롯되었음을 보여준다. 한비자가 진시황 앞에서 유세한 내용 중 상당 부분이《상군서》에서 나오는 것이다.《한비자》의 골자가《상군서》임을 뒷받침한다.

'상앙병법'은《상군서》를 관통하는 키워드 '농전'에서 농農에 초점을 맞춘 법치와 달리 전戰에 초점을 맞추고 있다.《상군서》를 병서로 간주하는 이유다. '농'이 수단이라면 '병'은 목적에 해당한다. 부국을 통한 강병이 상앙이 추구한 궁극 목표였다. 한비자도 이를 그대로 좇았다.《한비자》〈현학〉에 이를 뒷받침하는 대목이 나온다.

요즘 정치에 대해 논하는 학자들 대부분이 "빈궁한 자에게 토지를 나눠주어 무산자를 고루 부유하게 만들어야 한다"고 말한다. 지금 다른 사람과 비슷한 처지에 있으면서 풍년이 들었거나 따로 부수입이 있는 것도 아닌데 먹고 입는 것이 넉넉하다면 이는 그 사람이 열심히 노력했거나 근검절약한 덕분이다. 반대로 다른 사람과 비슷한 처지에 있으면서 흉년이 들었거나 질병과 재난 및 형벌 등의 불행을 겪은 것도 아닌데 빈궁하다면 이는 그 사람이 사치하며 낭비했거나 일을 게을리한 탓이다. 사치하고 게으른 자는 가난하기 마련이고, 부지런하고 검소한 자는 부유해지기 마련이다. 그런데도 요즘 군주들은 부자들로부터 거둬들여 가난한 백성에게 나눠주며 덕행을 선전하고 있다. 이는 열심히 노력하며 근검절약하는 자의 것을 빼앗아 사치하고 게으른 자를 돕는 짓이다. 군주가 이같이 하면서 백성들이 열심히 일하고 근검절약하는 생활을 하길 바랄지라도 이는 결코 이룰 수 없을 것이다.

한비자 역시 상앙과 마찬가지로 '농전'을 통해서만 부국을 실현할 수 있고, 이를 배경으로 강병을 실현해 천하를 통일할 수 있다고 본 것이다. 부국의 관건을 농민들의 근면하고 검소한 생활에서 찾은 것은 농민들을 질박質朴하게 만들어 용맹무쌍한 전사로 담금질하려는 취지에서 나온 것이다.《상군서》〈개색〉에 이를 뒷받침하는 구절이 나온다.

고대의 백성은 소박하고 온후했다. 오늘의 백성은 간교하고 위선적이다. 옛 것을 본받은 자는 덕을 앞세워 다스리고, 오늘의 것을 본받는 자는 형벌을 앞세워 법을 시행한다.

'농전'이 엄격한 법치를 통해 백성들을 질박하게 만드는 데서 출발하고 있음을 보여준다. 이 대목에서 법가는 도가사상과 접하고 있다. 노자는 이를 소박素樸으로 표현해놓았다.《도덕경》제19장의 해당 대목이다.

인위적인 지혜를 끊어버리면 백성들의 이익이 100배가 되고, 인위적인 인의도덕을 끊어버리면 백성들이 자애로움으로 돌아오고, 간교한 재주를 끊어버리면 도적이 사라진다. 이들 세 가지는 예법으로 삼기에는 부족하다. 그래서 사람들을 소박함을 밖으로 드러내면서 안으로 품는 현소포박見素抱樸과 사적인 욕심을 작게 하는 소사과욕少私寡欲에 붙잡아 매어두어야 한다.

《도덕경》의 '소박'은 곧 도를 뜻한다. 제37장에서는 이름 없는 통나무라는 뜻의 무명지박無名之樸으로 표현해놓았다. "무명지박을 쓰면 백성들이 장차 무욕無欲의 경지에 이르게 된다. 고요함으로 욕심내지 않게 되면 천하가 스스로 안정된다"고 했다. 이는 농전으로 부국강병을 이뤄 천하통일의 대업을 이루고자 한 상앙의 입장과 궤를 같이한다. 〈농전〉의 해당 대목이다.

나라가 공허한 언변을 제거하면 백성들이 순박해지고, 백성들이 순박하면 방종하지 않는다. 백성들은 작록爵祿이 농전 한 가지에서만 나오는 것을 보면 전심전력으로 농전 한 가지에만 종사할 것이다. 백성들이 농전 한 가지에만 전념하면 다른 일을 꾀하지 않고, 다른 일을 꾀하지 않으면 민력民力이 커지고, 민력이 커지면 나라가 강대해진다.

《도덕경》의 '무명지박'에 입각한 무위지치無爲之治가《상군서》의 '농전'으로 변용되었음을 알 수 있다. 농전의 성공은 무사법치無私法治에 달려 있다. '무사'는 무위를 달리 표현한 것이다. 한비자는 상앙과 신불해 등 기왕의 법가 이론 위에 《도덕경》의 도치 이론을 덧씌워 법가 이론을 완성했다. 그러나 엄밀히 이야기하면 한비자의 도치 이론도 《상군서》에서 힌트를 얻었을 공산이 크다.

눈에 보이는 것만 믿지 마라

〈입본〉은 용병할 때 주의할 점으로 크게 세 가지를 들고 있다. 첫째, 무릇 병사의 수가 많은 것만 믿는 경우다. 이를 두고 "띠풀로 만든 지붕처럼 허술하다"고 했다. 둘째, 멋지게 치장한 무기와 장비만 믿고 의지하는 경우다. 이를 두고 "잔재주에 능하다"고 했다. 셋째, 계책에 능한 자만 믿는 경우다. 이를 두고 "기만을 당한다"고 했다. 상앙은 이들 세 가지 경우 모두 패배를 자초하는 길이라고 경고했다. 한마디로 자만심을 경계한 것이다.

동서고금을 막론하고 모든 전쟁은 상대적이다. 본인이 아무리 열심히 노력해 만반의 준비를 갖췄을지라도 상대방은 그보다 더 철저하게 준비할 수도 있다. 《손자병법》이 지피지기를 역설한 이유다. 결국 전쟁이 빚어질 경우 그 배경과 결과, 전략전술의 상호관계를 묶어보면 크게 세 가지 유형에 지나지 않았다.

첫째, 중과부적衆寡不敵의 상황이다. 상대방이 여러 면에서 압도적인 우위를 점했을 때다. 이때는 정면충돌을 최대한 피하면서 힘을 비축해야 한다. 달빛 아래서 은밀히 칼을 갈며 때를 기다리는 도광양회韜光養晦의 책략이 필요하다. 도중에 적의 도발로 인해 불가피하게 싸움이 빚어졌을 때는 정규전을 최대한 피해 매복과 기습, 유격 등의 기병奇兵을 펼쳐야만 한다. 이를 최대한 활용하면 다윗이 골리앗을 이기는 기적을 만들 수 있다. 소수의 병력이 다수의 병력을 격파하는 이른바 '이과격중以寡擊衆'이 이를 말한다. 오늘날의 게릴라 전법과도 닮았다. 대표적인 예로 삼국시대 당시 조조가 관도官渡대전에서 원소의 대군을 격파하고, 주유가 적벽赤壁대전에서 조조의 대군을 물리친 것을 들 수 있다. 도강작전을 최대한 활용한 덕분이다.

둘째, 중과필적衆寡匹敵의 상황이다. 양측의 군사력이 엇비슷할 때를 말한다. 이는 자칫 최악의 상황으로 치달을 수 있다. 양측 모두 군사력과 국가재정이 고갈되는 지경에 이를 때까지 끝없는 소모전을 펼칠 소지가 크기 때문이다.

셋째, 중과가적衆寡可敵의 상황이다. 상대방이 여러 면에서 압도적인 우위를 점한 '중과부적'과 정반대의 상황이다. 원소가 관도대전에서 조조에게 패하고, 조조가 적벽대전에서 주유에게 패한 것처럼 '중과가적'의 가장 큰 위험요소는 자만심에 있다. 자만심이 만심慢心을 불러오고, 만심이 빈틈을 보이게 만들고, 마침내 상대방의 기습을 초래해 순식간에 무너지는 이유다. 통상 학교에서 가까운 거리에 사는 학생 가운데 지각생이 많은 이치와 같다. 《손자병법》이 〈구변〉에서 성미가 급하고 화를 잘 내는 장수는 이내 적에게 쉽게 넘어가 병사가 전멸을 당하고 자신 또한 죽음을 당하는 복군살장覆軍殺將의 참화를 당할 수 있다고 경고한 이유다. 원소가 조조에게 패한 뒤 이내 피를 토하고 죽은 것도 같은 맥락이다.

동서고금의 모든 싸움은 이들 세 가지 유형 중 하나에 속하게 마련이다. 그러나 그 결과는 다양하게 나타난다. 최후의 순간에 작은 실수로 인해 일순 역전패를 당하는가 하면 적의 허점을 집요하게 파고들어 마침내 역전승을 거두는 등 그 결과를 예측하기가 어렵다. 주목할 것은 '중과부적', '중과필적', '중과가적' 모두 일정 수준 이상의 무력을 지닌 적과 생사를 건 싸움을 벌여야 하는 까닭에 승리를 거두기 위해서는 천문학적 규모의 비용이 든다는 점이다. 《손자병법》〈작전〉의 첫머리에 군비 문제부터 나오는 이유다. 제3부의 주제를 관통하는 《상군서》〈입본〉을 살펴보자.

무릇 용병할 때는 세 가지 단계가 있다. 군사를 아직 일으키지 않았으면 법을 시행하고, 법을 시행하면 백성이 기꺼이 농사에 힘쓰고 용감히 싸우러 나가는 풍토가 조성되고, 그런 풍토가 조성되면 전쟁 대비가 나름 확립된다. 이들 세 가지 단계는 반드시 국내에서 실행되어야 하고, 연후에 군대가 출정할 수 있다. 이들 세 가지 단계를 실행할 때는 두 가지 도움이 있어야 한다. 첫째, 법으로 군주의 통치를 보완해 법치를 확립하고, 둘째, 군주가 하는 일이 법도에 맞아 법치를 확립하는 게 그것이다.

무릇 병사의 수가 많은 것만 믿고 의지하는 자를 일컬어 "띠풀로 만든 지붕처럼 허술하다"고 한다. 멋지게 치장한 무기와 장비만 믿고 의지하는 자를 일컬어 "잔재주에 능하다"고 한다. 계책에 능한 자만 믿고 의지하는 것을 일컬어 "기만당한다"고 한다. 이들 세 가지 가운데 어느 하나라도 군주가 믿고 의지하면 그의 병사는 이내 적에게 사로잡히고 만다. 그래서 말하기를 "강대한 나라는 반드시 백성들의 의지를 굳세고 전투적으로 만든다"고 하는 것이다. 싸우면 있는 힘을 다하고, 있는 힘을 다하면 천하를 위해 그 용도를 다하는 셈이 된다. 천하에 대적할 자가 없는 이유다.

농전을 중시하는 정책이 실행되면 재화가 축적되고, 재화가 축적되면 포상이 더해진다. 포상이 전공 하나에만 집중되면 작위가 존귀해지고, 작위가 존귀해지만 포상을 이롭게 여긴다. 그래서 말하기를 "첫째, 용병은 바른 정사에서 나오지만 정사를 펼치는 모습에 따라 강약이 다르고, 둘째, 풍속은 법에서 나오지만 법에 따라 천차만별이고, 셋째, 적을 제압하는 전세戰勢는 본래 마음에서 출발하지만 대비태세에 따라 다양한 모습을 보인다"고 하는 것이다.

이들 세 가지 이치를 분명히 알면 강국이 된다. 강국은 반드시 잘 다스려지고, 잘 다스려지는 나라는 반드시 강대하다. 부유한 나라는 반드시 잘 다스려지고, 잘 다스려지는 나라는 반드시 부유하다. 강대한 나라는 반드시 부유하고, 부유한 나라는 반드시 강대하다는 뜻이다. 그래서 말하기를 "나라가 잘 다스려지고 강대해지는 비결은 이들 세 가지 이치를 아는데 있다"고 하는 것이다.

제1장

전술보다는 군사를 더 중시한다

전법술戰法術

전쟁은 전쟁으로 제거하라

전법戰法은 전쟁을 치르는 방법을 논한 것으로 말 그대로 병서에 해당한다. '병가적 법가'인 상앙의 병법사상이 그대로 드러나 있다. 승패의 관건을 국내 정치의 우열에서 찾은 게 특징이다. 잘 다스려지는 나라의 조정에서 마련한 전략은 설령 아군의 장수가 적장보다 못할지라도 승리를 이끌어 낼 수 있다고 주장한 게 그렇다. 이는《손자병법》이 첫 편인〈시계〉에서 전쟁을 군국기무軍國機務로 선언한 것과 취지를 같이한다.《상군서》를 병서의 일종으로 간주하는 이유다.

《상군서》가 전체의 절반가량이 전쟁에 대한 이야기로 점철되어 있는 것도 이런 맥락에서 이해할 수 있다. 이는 '농전'을 역설한 데 따른 당연한 결과로 볼 수 있다.〈전법〉에 인용된 고대 병서《병법》이 과연 구체적으로 어떤 것인지는 알 길이 없다. "큰 전투에서 승리하면 패주하는 적을 10리 이상 뒤쫓지 않고, 작은 전투에서 승리하면 5리 이상 뒤쫓지 않는다"는 구절은 현존하는 병서에 나오지 않는다. 다만《사마법司馬法》〈인본仁本〉에 유사한 구절이 있다.

> 옛 성왕은 싸울지라도 원칙을 지켰다. 패주하는 적을 추격할지라도 100보를 넘지 않았고, 적을 쫓아가도 3사三舍를 넘지 않았다.

《사마법》은 춘추시대 말기 제나라에서 활약한 사마양저의 저서로 알려져 있다. 사마양저와 상앙이 유사한 내용의 고대 병서를 읽었거나, 후대인들이 《사마법》과《상군서》를 가필하면서 유사한 내용의 병서를 인용한 것일 수 있다.

《한비자》는 '농전'에 초점을 맞추고 있는《상군서》와 달리 군주의 통치술에 방점을 찍고 있다. 백성을 직접 다스리는 치민治民이 아니라 관원을 대상으로 한 치리治吏에서 찾은 이유다. 이는 권신의 발호를 미연에 방지해 국가보위를 튼튼히 하고, 군주가 의도한 바대로 신하를 부리고자 하는 제신술의 일환으로 나온 것이다.

《상군서》도 군주의 통치에 적잖은 관심을 기울이고 있으나 초점은 어디까지나 '농전'에 맞춰져 있다. '농전'에서 '농'에 주목하면《상군서》는 사마천의 〈화식열전〉과 마찬가지로 일종의 경제사상서로 해석할 수 있다. 그러나 '전'에 주목할 경우《상군서》는 병서의 일종에 해당한다. 그만큼 전쟁에 관한 이야기로 가득 차 있다. 사실 상앙은 비록 병가가 아닌 법가로 분류되고 있지만 전쟁을 국가존망의 결정적인 계기로 간주한 점에서는 여타 병가와 하등 차이가 없다. 병가와 법가 사상이 동전의 양면관계를 이루고 있는 점에 비춰 크게 이상하게 볼 것도 없다.

실제로 상앙의 삶은 전국시대 초기 최고의 병가로 명성을 떨친 오기와 사뭇 닮아 있다. 입신하는 과정도 그렇고, 비참한 최후를 맞이하는 과정도 그렇다. 상앙 역시 오기 못지않게 병법에 밝았다. 엄밀히 말하면 두 사람 모두 병가이자 법가에 해당했다. 오기는 위나라에 있을 때는 주로 병법가로 활약했으나 초나라로 망명한 후에는 상앙처럼 대대적인 변법을 시행했다. 전형적인 법가의 행보였다. 상앙도 위나라 땅을 취할 때 병법가를 방불하는 궤사詭詐를 구사했다. 다만 초점이 약간 달랐을 뿐이다. 오기가 '법가적 병가'라면, 상앙은 '병가적 법가'에 해당한다.

《상군서》는 원문이 망실된 2편을 제외한 24편 가운데 병법과 직결된 내용이 매우 많다. 〈농전〉, 〈전법〉, 〈입본〉, 〈병수〉, 〈내민〉, 〈획책〉, 〈경내〉, 〈외내〉 등에 전략 전술과 관련된 내용이 대거 실려 있다. 이들 편만 따로 뽑아내도 능히 '상앙병법'을 만들 수 있을 정도다. '상앙병법' 역시 기본적으로는 여타 병서와 마찬가지로 전쟁의 불가불성을 수용하는 데서 출발하고 있다. 다만 이를 역사적인 관점에서 접근하고 있는 게 다르다.《한비자》가 법치의 필요성을 역사적인 관점에서 접근하고 있는 것과 닮았다. 이를 뒷받침하는 〈획책〉의 해당 대목이다.

신농神農이 황제黃帝보다 고명한 게 아닌데도 명망이 훨씬 높은 것은 바로 시대 상황에 부합했기 때문이다. 전쟁을 통해 전쟁을 제거하는 이전거전이 가능하면 전쟁을 하는 것도 가능하다. 살인으로 살인을 제거하는 이살거살以殺去殺이 가능하면 사람을 죽이는 것도 가능하다. 형벌로 형벌을 제거하는 이형거형以刑去刑이 가능하면 형벌을 가중하는 것도 가능하다.

전쟁을 통해 전쟁을 제거하는 '이전거전'은《상군서》에 나오는 병가사상의 정곡을 찌른 것으로 상앙의 법치사상을 요약한 '이형거형'과 취지를 같이한다. 막강한 무력을 배경으로 천하 만민을 전쟁의 도가니로 몰아넣고 있는 열국의 군주를 제압해 천하를 통일해야 한다는 사상을 담고 있다. 엄한 형벌을 전면에 내걸어 백성들로 하여금 자계自戒하도록 만들어 형벌의 빌미를 아예 뿌리째 뽑고자 한 '이형거형' 취지와 하등 다를 바가 없다.

'이전거전'에서 앞에 나오는 '전'은 천하를 호령하는 왕자王者의 막강한 무력, 뒤에 나오는 '전'은 사리사욕을 의전義戰으로 미화해 천하의 백성들을 전쟁으로 내모는 폭군의 용병을 뜻한다. 크게 보면 《손자병법》이 첫 편인 〈시계〉의 첫머리에서 전쟁을 군군기무로 간주하면서 국가의 존망, 백성의 생사와 연결시킨 것과 맥을 같이한다. 그러나 선진시대 문헌 가운데 다른 의미를 가진 동일한 글자로 긍정과 부정의 뜻을 하나로 녹인 '이전거전' 또는 '이형거형' 등의 논법을 전개한 것은 《상군서》가 유일하다. '상앙병법'의 가장 큰 특징을 '이전거전'에서 찾는 이유다.

승부의 흐름을 짚어내라

상앙이 〈전법〉에서 언급한 병법은 크게 다섯 가지다. 첫째, 정사부터 바로하라. 둘째, 적정부터 살펴라. 셋째, 자만하지 말라. 넷째, 백성의 신뢰를 얻어라. 다섯째, 병사와 하나가 되어라. 이는 《손자병법》의 내용을 축약해놓은 것과 같다. 〈전법〉에 나온 다섯 가지 병법 가운데 가장 중요한 것은 '정사부터 바로 하라'는 첫 번째 주문이다. 이는 《상군서》를 관통하는 농전의 확립을 뜻한다. 핵심은 "무릇 전쟁에 이기는 방법을 말하면 반드시 국내 정사의 우열에 근본을 두어야 한다"라는 구절에 집약되어 있다. 정사의 우열을 본문에서는 정승政勝으로 표현해놓았다. 이는 《손자병법》의 첫 편인 〈시계始計〉에 나오는 다음 구절과 취지를 같이한다.

> 군주는 적과 아군을 분석하고, 양측이 처한 상황을 비교하여 승부의 흐름을 잘 짚어내야 한다. 비교할 사항은 도道·천天·지地·장將·법法이다. 도는 백성이 군주와 한마음이 되어 생사를 함께 할 수 있도록 하는 것을 말한다. 그리하면 백성들은 군주를 위해 죽을 수도 있고, 살 수도 있고, 어떤 위험도 두려워하지 않을 것이다.

《손자병법》은 백성이 군주와 한 몸이 되는 것을 민여상동民與上同으로 표현해놓았다. 〈전법〉의 '정승'과 같은 의미다. 이는 곧 병도兵道를 말한다. 전쟁 때 발휘되는 최고의 치도를 말한다. 삼국시대의 조조는 기존의 82편에 달하는 《손자병법》을 원래의 모습에 가깝게 복원한 《손자약해孫子略解》를 펴내면서 이 대목을 이같이 풀이해놓았다.

> 병도는 교육과 훈령을 통해 백성을 인도하는 것을 말한다. 군주가 백성과 운명을 함께 한다는 믿음을 주지 못하면 백성은 두려워한다. 두려움의 근원은 군주를 의심하는 데 있다.

전쟁은 나라의 존망을 좌우하는 군국기무軍國機務다. 《손자병법》이 〈시계〉의 첫머리에서 신중에 신중을 거듭할 것을 주문한 이유다. 전쟁에서 승리를 거두기 위한 대전제는 군주와 신하가 한 몸이 되는 '민여상동'에 있다. 〈전법〉은 이를 '정승'으로 표현해놓은 것이다. 《손자병법》의 취지와 완전히 일치한다. 법가와 병가가 접목하는 대목이 여기에 있다. 인간의 '호리지성'

에 기초해 부국강병을 목표로 삼은 데 따른 당연한 결과로 볼 수 있다. 이는 '백성의 신뢰를 얻어야 한다'는 주문과 궤를 같이한다.

'적정부터 살피라'는 주문은 '자만하지 말라'는 주문과 취지를 같이하는 것이다. 《손자병법》은 이를 지피지기知彼知己로 표현해놓았다. 《손자병법》〈모공謀攻〉의 해당 대목이다.

> 적을 알고 나를 알면 매번 싸워도 위태롭지 않다. 적을 알지 못하고 나를 알면 승부를 예측할 수 없다. 적도 모르고 나도 모르면 매번 싸울 때마다 위험에 처하게 된다[知彼知己, 百戰不殆. 不知彼而知己, 一勝一負. 不知彼不知己, 每戰必殆].

여기서 '지피지기'는 적과 아군 간의 강약과 이해득실의 형세를 헤아린다는 뜻을 담고 있다. '백전불태'의 백百은 숫자 100을 뜻하는 게 아니라 '대개'의 뜻이다. 태殆는 위태로울 위危와 통한다. '일승일부'를 두고 당나라 때의 두우杜佑는 승률이 절반인 것으로 풀이했다. 많은 사람이 이를 좇아 '한번 이기고 한 번 패하다'로 풀이하고 있다. 이는 《손자병법》이 말하고자 하는 취지와 동떨어져 있다. '승부를 예측할 수 없다'고 풀이하는 게 문맥에 부합한다. '매전필태'가 일부 판본에는 매전필패每戰必敗로 되어 있다. 이 또한 매번 패한다는 뜻이 아니라 위기에 처할 가능성이 높다는 취지에서 나온 것이므로, 문맥상 '매전필태'로 새기는 게 옳다.

육성이 잘된 군사가 이긴다

〈전법〉에서 제시한 다섯 가지 병법 원리 가운데 주목할 것은 다섯 번째로 언급한 '장수가 병사와 하나가 되어라'는 주문이다. "장수가 병사를 부리는 것은 마치 훌륭한 말을 타는 것과 같다. 말을 몰듯이 혼연일체가 되어 용병하지 않으면 안 된다"고 역설한 게 그렇다. 이는 《손자병법》과 쌍벽을 이루고 있는 《오자병법》이 역설한 이른바 부자지병父子之兵과 취지를 같이 하는 것이다. 장수가 병사를 자식처럼 아끼는 군대를 의미한다. 《오자병법》〈치병治兵〉에 따르면 하루는 위문후가 오기에게 물었다.

"실전에서 어찌해야 승리할 수 있소?"

오기가 대답했다.

"잘 육성된 군대라면 승리할 수 있습니다."

위무후가 물었다.

"병력의 수에 달려 있는 게 아니란 말이오?"

오기가 대답했다.

"그렇습니다. 법령이 명확하지 않고 상벌이 불공정하면 병사들은 징을 쳐도 멈추지 않고 북을 울려도 나아가지 않습니다. 그러니 백만 대군이 있은들 무슨 소용이 있겠습니까? 이른바 '잘 육성된 군대'는 가만히 있을 때는 예가 바르고, 일단 움직이면 위풍이 당당합니다. 진격하면 막을 자가 없고, 후퇴하면 쫓아올 자가 없고, 진퇴에 절도가 있고, 좌우이동이 명에 따라 일사분란하게 이뤄집니다. 설령 도중에 부대가 단절될지라도 군진을 유지하고, 분산될지라도 대오를 갖춥니다. 이는 상하가 고락과 생사를 함께 한 덕분입니다. 이런 군대는 한 덩어리가 되어 움직이는 까닭에 흩어지는 일이 없고, 합세해 적과 싸우는 까닭에 지치는 일이 없습니다. 어디 곳에 투입할지라도 천하에 당할 자가 없는 이유입니다. 이를 일컬어 부자지병父子之兵이라고 합니다."

《손자병법》의 백미가 '지피지기'와 '부전승'에 있다면, 《오자병법》은 '부자지병'에 있다고 해도 과언이 아니다. 이는 오기가 공명功名을 추구하는 인간의 호명지심好名之心을 통찰한 결과로 볼 수 있다. 《손자병법》이 이익을 향해 무한 질주하는 인간의 호리지성에 초점을 맞춘 데 반해《오자병법》은 '호명지심'에 방점을 찍고 있다. 이는 오기의 삶과 무관하지 않다.

춘추전국시대 당시 손무와 손빈 못지않게 싸울 때마다 매번 승리를 거둔 장수로 전국시대 초기 위나라에서 활약한 오기를 들 수 있다. 오기를 발탁한 위문후魏文侯는 문무를 겸비한 당대의 명군이었다. 오기를 비롯해 악양樂羊 및 서문표西門豹, 척황翟璜등 뛰어난 인재들을 적재적소에 배치해 중원을 호령한 게 그 증거다.

《사기》〈손자오기열전〉에 따르면 그는 젊었을 때부터 용병을 좋아했고, 중도에 공자의 직계제자인 증자를 스승으로 모시고 학문을 배웠다고 한다. 증자가 아니라 그의 아들인 증신曾申 밑에서 학문을 닦았다는 주장도 있다.

하루는 증자가 오기에게 물었다.

"그대가 학문을 배운 지도 이미 6년이 지났다. 그런데 한 번도 어머니를 만나러 고국에 가지 않으니 자식된 도리로 마음이 편안한가?"

"저는 어머니 슬하를 떠날 때 일국의 정승이 되지 않으면 돌아가지 않겠다고 맹세했습니다."

"다른 사람과는 맹세할 수 있으나 어찌 어머니 앞에서 맹세할 수 있단 말인가?"

몇 달 후 위나라에서 오기의 어머니가 죽었다는 소식이 전해졌다. 오기가 크게 통곡한 뒤 다시 책을 읽기 시작했다. 화가 난 증자가 오기를 불렀다.

"나는 너 같은 사람을 제자로 둔 적이 없다. 다시는 나를 볼 생각을 하지 마라!"

〈손자오기열전〉은 오기가 증자 문하를 떠나 다른 곳으로 가 병법을 익혀 마침내 3년 만에 일가를 이뤘다고 기록해놓았다. 오기가 증자 이외에도 여러 사람 밑에서 두루 공부했음을 시사한다. 이후 그는 위문후에 의해 서하西河의 태수로 임명되자마자 곧바로 성루를 높이 수축하고, 성지城池를 깊이 파고, 군사를 조련하며 사졸과 함께 숙식을 같이했다. 잠잘 때도 잠자리를 펴지 않고, 나다닐 때도 말을 타지 않고, 자신이 먹을 양식도 직접 짊어지고 다니며 병사들과 고락을 같이했다.

한번은 한 병사가 종기로 고생을 하자 오기가 직접 입으로 그 종기를 빨아 치료했다. 그 병사의 모친이 이 이야기를 듣고 통곡했다. 어떤 사람이 의아해하며 물었다.

"그대의 아들은 병사에 불과한데도 장군이 직접 그대 아들의 종기를 입으로 빨아 치료해주었는데 어찌해 운단 말이오?"

병사의 모친이 울면서 대답했다.

"그렇지 않소. 옛날 오공이 내 남편의 종기를 빨아준 적이 있었소. 이에 내 남편은 감복한 나머지 후퇴할 줄도 모르고 분전하다가 마침내 적에게 죽고 말았소. 오공이 이제 또다시 내 아들의 종기를 빨아 주었으니 나는 내 아들이 어느 곳에서 죽을지 모르게 되었소. 그래서 통곡하는 것이오."

마침내 오기가 군사를 이끌고 가 진나라의 5개 성읍을 취했다. 이후 진나라는 오기가 서하 땅을 지키고 있다는 소문을 듣고는 감히 침범할 엄두를 내지 못했다. 이 일화에서 바로 '오기연저吳起吮疽'라는 성어가 나왔다. 오기가 종기를 빤다는 뜻이다. 이후 장수가 병사들을 잘 보살피는 것을 의미로 전용되었다.

제자백가 가운데 인간의 '호명지심'이 '호리지성' 못지않게 강렬하다는 사실을 통찰한 대표적인 인물로 한비자를 들 수 있다. 《한비자》〈궤사詭詐〉의 다음 대목이 그 증거다.

지금 세인들은 군주의 자리를 업신여기며 권력을 우습게 여기는 자를 두고 고상하다고 말하고, 군주를 낮춰보며 벼슬을 마다하는 자를 현명하다고 말하고, 이익을 무시하며 위세를 가벼이 여기는 자를 진중하다고 말하고, 법령을 따르지 않고 하고 싶은 바대로 행하는 자를 충실하다고 말하고, 명예를 숭상하며 관직에 나가지 않는 자를 정절이 뛰어난 열사라고 말하고, 법을 가벼이 여기고 형벌이나 사형의 중벌도 피하지 않는 자를 용사라고 말한다. 지금 백성들이 명성을 추구하는 것이 이익을 추구하는 것보다 그 정도가 훨씬 심하다. 상황이 이럴진대 선비 가운데 먹을 것이 없어 극도의 빈궁에 빠진 자가 어찌 도인을 흉내 내 깊은 산속으로 들어가 수행하는 방식으로 명성을 다투려 들지 않겠는가? 세상이 제대로 다스려지지 않는 것은 신하들로 인한 게 아니라 군주가 다스리는 도를 잃었기 때문이다.

인간의 '호명지심'이 얼마나 강한지를 날카롭게 지적하고 있다. 《오자병법》의 논리 역시 '호명지심' 위에 서 있다. 《손자병법》이 '호리지성' 위에 서 있는 것과 대비되는 대목이다. 이를 뒷받침하는 대목이 《오자병법》〈도국圖國〉에 나온다.

무릇 전쟁이 일어나는 원인은 크게 다섯 가지가 있다. 첫째, 공명을 다투는 쟁명爭名, 둘째, 이익을 다투는 쟁리爭利, 셋째, 증오심이 누적된 적오積惡, 넷째, 나라 안이 어지러운 내란內亂, 다섯째, 나라에 기근이 드는 인기因饑가 그것이다. 전쟁에 임하는 군대도 크게 다섯 가지가 있다. 첫째, 대의명분을 갖춘 의병義兵, 둘째, 힘만 믿는 강병强兵, 셋째, 분기충천한 강병剛兵, 넷째, 이익만 좇는 폭병暴兵, 다섯째, 민심을 거역한 역병逆兵이 그것이다. 폭정을 물리치고 혼란을 다스리고자 하는 군대를 의병, 무력만 믿고 정벌에 나선 군대를 강병, 분노를 참지 못해 일어난 군대를 강병, 예의를 저버리고 이익을 탐해 일어선 군대를 폭병, 나라가 어지럽고 백성이 신음하고 있는데도 동원한 군대를 역병이라고 한다. 이들 다섯 가지 유형의 군대는 각기 대처하는 방법이 있다. 반드시 의병은 예, 강병은 겸양, 강병은 설득, 폭병은 속임수, 역병은 권모술수로 대적해야 한다.

《오자병법》이 '호명지심'을 먼저 거론한 것은 그것이 공명을 추구하는 인간의 심성이 이익을 향해 내달리는 '호리지성'보다 더 강하다고 판단한 결과다. 실제로 오기는 〈도국〉에서 군대를 육성하고 인재를 등용해 나라의 기반을 튼튼히 하는 도리를 묻는 위무후의 질문에 이같이 대답한 바 있다.

옛날의 명군은 반드시 군신간의 예의와 상하간의 법도를 세우고, 관원과 백성들이 저마다 자기 직분에 충실하도록 하고, 풍습을 순하게 하여 백성을 가르치고, 훌륭한 인재를 가려 뽑아 불측의 사태에 대비했습니다. 옛날 제환공은 5만 명의 군사로 패자가 되었고, 진문공은 4만 명의 선봉대로 그 뜻을 이뤘고, 진목공은 3만 명의 특공대로 인접한 적국을 굴복시켰습니다. 강대국의 군주들이 나라를 다스릴 때 반드시 백성들의 특성부터 잘 살핀 이유입니다. 군주는 다섯 종류의 부대를 편성하십시오. 첫째, 백성들 가운데 담력과 기백이 있는 자들로 한 부대를 편성하고, 둘째, 기꺼이 전쟁터로 달려가 자신의 용맹과 충성을 보이려고 하는 자들로 또 한 부대를 편성하고, 셋째, 높은 담을 잘 뛰어넘고 발이 빨라 잘 달릴 수 있는 자들로 다시 한 부대를 편성하고, 넷째, 관직에 있다가 과실로 쫓겨나 다시 공명을 얻고자 하는 자들로 한 부대를 편성하고, 다섯째, 지키던 성을 버리고 달아난 불명예를 씻고자 하는 자들로 한 부대를 편성하십시오. 이같이 편성한 다섯 종류의 부대야말로 군의 정예부대에 해당합니다. 이런 정예부대 3,000명만 있으면 어떠한 포위망도 뚫을 수 있고, 아무리 견고한

성이라도 능히 함몰시킬 수 있습니다.

이를 통해 《오자병법》이 인간의 '호명지심'에 얼마나 깊은 주의를 기울이고 있는지 쉽게 알 수 있다. 〈도국〉에서 언급한 다섯 종류의 부대 가운데 자신의 용맹과 충성을 보이려는 자를 포함해 불명예를 씻기 위해 절치부심하는 자들을 포함해 공명을 추구하는 부대가 전체의 8할에 달한다. 〈도국〉은 인간의 공명심을 자극하면 능히 천하무적의 최정예 부대로 만들 수 있다고 역설했다. 호명지심이 호리지성보다 더 강하다고 주장한 것이나 다름없다. 호리지성에 대한 통찰 위에서 병법이론을 전개하고 있는 《손자병법》과 대비되는 대목이다.

오기가 호명지심을 호리지성보다 앞세운 것은 집을 나설 때 어머니에게 재상이 되어 금의환향하겠다고 다짐한 것과 무관하지 않을 것이다. 본인 스스로 자신의 다짐을 실현하기 위해 평생 부단히 노력한 만큼 호명지심이 얼마나 강한지를 스스로 통절히 깨달았을 것이다. 《오자병법》 〈치병治兵〉에서 이른바 '필사즉생 행생즉사[必死則生, 幸生則死]'를 역설하고 있는 것도 이런 맥락에서 이해할 수 있다. 이는 필사의 각오로 싸우면 살아남고, 요행히 살아남기를 바라면 죽게 된다는 취지에서 나온 것이다.

《상군서》가 〈전법〉에서 《손자병법》의 요체인 병도를 포함해 《오자병법》을 관통하는 '부자지병'을 두루 언급한 점에 비춰 이른바 '상앙병법' 역시 여타 병서와 어깨를 나란히 할 만하다. 《한서》 〈형법지刑法志〉의 다음 대목이 이를 뒷받침한다.

춘추전국시대 당시 천하의 웅걸지사雄傑之士가 시대의 흐름에 올라타 열국의 군주를 보필하며 권모술수를 동원해 서로 치열한 각축전을 벌였다. 대표적인 인물로 오나라의 손무, 제나라의 손빈, 위나라의 오기, 진나라의 상앙을 들 수 있다. 이들 모두 전쟁에 나서면 반드시 적을 격파하고 승리를 거뒀다. 병서를 남긴 것도 같다.

이는 상앙의 저서인 《상군서》를 병성兵聖의 칭송을 받은 손무의 《손자병법》과 위나라 대군을 격파한 손빈의 《손빈병법》, '오기연저' 일화의 주인공인 오기의 《오자병법》과 같은 반열의 병서로 간주했음을 반증한다. 실제로 2만여 자로 된 《상군서》의 절반가량이 모두 군사와 관련된 내용이다. 분량으로 보면 6천여 자로 되어 있는 《손자병법》의 약 두 배에 달한다. 많은 사람들이 《상군서》를 이른바 '상앙병법'으로 칭하는 이유다.

원문
..

무릇 전쟁에 이기는 방법을 말하면 반드시 국내 정사의 우위에서 출발해야 한다. 정사가 잘 시행되면 백성들이 서로 싸우지 않게 되고, 백성들이 서로 싸우지 않으면 사사로운 의지대로 행하지 않고, 군주의 의지를 자신의 의지로 여기게 된다. 천하를 호령하는 왕자는 백성들로 하여금 고을 내의 사사로운 싸움인 읍투邑鬪에 겁을 내고, 외적과 싸우는 구전寇戰에 용감하도록 만든다. 백성들은 사력을 다한 적진 돌파에 익숙한 까닭에 나라를 위해 죽는 것을 가벼이 여긴다.

적군이 마치 강둑이 무너지듯 사방으로 흩어져 달아나면서 궤산潰散의 발걸음을 멈추지 않으면 그들을 놓아주고 더는 추격하지 않는다. 그래서

《병법》에서 말하기를 "큰 전투에서 승리하면 패주하는 적을 10리 이상 뒤쫓지 않고, 작은 전투에서 승리하면 5리 이상 뒤쫓지 않는다"고 하는 것이다.

군사를 일으킬 때는 먼저 적의 실정부터 헤아려 보아야 한다. 국내 정사가 적보다 못하면 적과 싸워서는 안 된다. 군량이 적보다 못하면 전쟁을 오래 끌어서는 안 된다. 병력이 적보다 적으면 진격하지 말아야 한다. 적이 처한 상황이 아군보다 못하면 진공을 결정할 때 주저함이 없어야 한다. 그래서 말하기를 "전쟁의 가장 중대한 원칙은 신중을 기해 부득이할 때 용병하는 데 있고, 적정을 잘 살피고 여러 정황을 자세히 고찰하면 승부를 미리 예측할 수 있다"고 하는 것이다.

천하를 호령하는 왕자의 병사는 전쟁에 승리해도 교만하지 않고, 전쟁에 패해도 원망하지 않는다. 전쟁에 승리해도 교만하지 않는 것은 전술에 밝기 때문이고, 전쟁에 패해도 원망하지 않는 것은 실패한 이유를 알기 때문이다.

병력의 강약이 서로 비등할 때 아군의 장수가 적장보다 뛰어나면 승리하고, 그렇지 못하면 패한다. 전쟁 결정 등의 방략이 조정에서 나온 것이면 아군의 장수가 적장보다 뛰어난 경우는 말할 것도 없고 설령 그렇지 못한 경우일지라도 승리할 수 있다. 이런 승리의 비결을 견지하면 반드시 강대해지고 이내 천하를 호령하는 왕자가 된다. 백성이 믿고 따르면 나라는 부유해지고 군대는 승리를 거두게 된다. 이같이 하면 틀림없이 오래도록 왕자의 역할을 할 수 있다.

적과의 싸움에서 과오를 범하는 이유는 적을 얕잡아보며 적진 깊숙이 들어가고, 험준한 곳을 등진 채 적의 요충지를 정면 돌파하고, 사병들이 지친데다 기아와 갈증에 시달리고, 질병 등의 외부요인 등이 겹치는 데 있다. 모두 잘못된 전술로 인한 것이다. 장수가 병사를 부리는 것은 마치 훌륭한 말을 타는 것과 같다. 말을 몰듯이 혼연일체가 되어 용병하지 않으면 안 된다.

_《상군서》〈전법〉

제2장

효과적으로 적을 방어한다

병수술兵守術

공격과 방어를 적절히 구사하라

병수兵守는 방어를 의미한다. 여기서는 예기를 자랑하는 적의 공격을 어떻
게 하면 효과적으로 방어할 수 있는지를 집중 논의하고 있다. 크게 네 가지
방안을 제시하고 있는데, 첫째, 병사들이 죽음을 무릅쓰고 싸우는 사력전
死力戰을 펼친다. 둘째, 이일대로以逸待勞의 계책을 구사한다. 셋째, 남녀노소
를 모두 동원해 총력전總力戰으로 대응한다. 넷째, 군심軍心을 안정시켜 일사
불란한 지휘 체계를 확립한다. 이는 단순한 방어가 아니라 장차 역공을 가
하기 위해 잠시 뒤로 물러선 '2보 전진을 위한 1보 후퇴' 전술에 해당한다.
《묵자》가 오로지 묵수墨守로 표현되는 방어전술에 치중하고 있는 것과 대비
된다.

　〈병수〉는 사방으로 적을 마주하고 싸우는 사전지국四戰之國과 바다를 등
지고 있는 부해지국負海之國을 대비시켜 수비와 공격의 의미를 분석하고 있

다. '사전지국'은 중원의 3진三晉을 말한다. 진문공 이래 200여 년 동안 중원을 호령한 진晉나라가 권신들에 의해 3분되어 성립한 위魏·조趙·한韓이 그것이다. '사전지국'과 대비되는 부해지국은 바다를 등지고 있는 제나라를 지칭한다. 부負는 등질 배背와 통한다.

당시 서쪽에 치우친 진나라의 입장에서 볼 때 중원으로 진출하기 위해서는 반드시 이들 '3진'을 깨뜨려야만 했다. 상앙이 두 차례에 걸친 대대적인 변법을 통해 부국강병을 이룬 뒤 가장 먼저 이들 '3진'에 대한 공략을 시도한 이유가 여기에 있다.

주목할 것은 진효공이 상앙을 등용해 농전에 매진할 당시 3진은 농업 대신 상업교역에 치중한 점이다. 이것이 훗날 승패를 갈랐다고 해도 과언이 아니다. 그 이유는 무엇일까? 먼저 지리경제적 측면을 살필 필요가 있다. 중원에 위치한 3진은 기본적으로 영토를 넓히기가 어려웠다. 서쪽으로 진나라, 북쪽으로 연나라, 동쪽으로 제나라, 남쪽으로 초나라가 버티고 있었다. 사방으로 적들에 둘러싸인 꼴이었다. 상대적으로 농지가 적을 수밖에 없었다. 진나라가 지금의 사천성에 해당하는 파촉巴蜀으로 영토를 넓히며 경지를 획기적으로 늘린 것과 대비된다. 3진이 농전에 기초한 상앙의 변법을 실시키가 어려웠던 이유가 여기에 있다.

대신 이들 3진은 활발한 교역을 통해 얻는 이익으로 전비를 조달했다. 이들이 중농보다 중상에 치우친 이유다. 그러나 중상으로는 일정한 한계가 있을 수밖에 없었다. 이를 뒷받침하는 대목이 《전국책》〈위책〉에 나온다. 이에 따르면 진소양왕을 위해 연횡책을 구사한 장의는 기원전 317년 위양왕魏襄王을 찾아가 이같이 유세했다.

"위나라의 영토는 사방 1,000리에 불과하고 군사 또한 30만 명에 지나지 않습니다. 지형 또한 사방이 평탄하여 제후들이 사방에서 내습하기 쉽고,

길이 사방으로 뚫려 있어 명산대천의 험한 모습은 찾을 길이 없습니다. 한나라 수도 정성鄭城에서 위나라 수도 대량大粱까지는 겨우 100리에 불과하고, 초나라 수도 진성陳城에서 대량까지도 겨우 200여 리에 불과합니다. 말을 몰거나 뛰어와도 조금도 피로하지 않은 모습으로 도달할 수 있는 거리입니다. 위나라는 또 남쪽으로 초나라, 서쪽으로 한나라, 북쪽으로 조나라, 동쪽으로 제나라와 접하고 있습니다. 이에 사방으로 변경의 망루인 정亭과 비교적 규모가 큰 성루인 장障을 지키려면 많은 병력이 필요합니다. 군량을 수송하는 사람만 따져도 10만 명을 밑돌지는 않습니다.

이처럼 위나라의 지세는 실로 전쟁터 그 자체입니다. 지금 위나라는 남쪽의 초나라를 끌어들인 후 제나라와 결맹하지 않으면 제나라는 동쪽을 칠 것입니다. 또한 동쪽의 제나라를 끌어들인 후 조나라와 결맹하지 않으면 조나라는 북쪽을 칠 것입니다. 한나라와 연합하지 않으면 한나라는 서쪽을 칠 것입니다. 초나라와 결친하지 않으면 초나라는 남쪽을 칠 것입니다. 이는 위나라가 이른바 사분오열四分五裂로 나아가는 길입니다.”

여기서 그 유명한 ‘사분오열’이라는 성어가 나왔다. 상앙이 〈병수〉에서 “슬퍼하고 연민하는 마음이 있으면 용감한 병사조차 싸우려던 생각을 바꾸고, 겁이 많은 병사는 아예 싸우려 들지 않는다”며 장수의 엄한 군율軍律을 주문한 것도 바로 ‘사분오열’을 우려했기 때문이다.

원칙과 전술을 융합하라

‘병가적 법가’로 불리는 상앙은 ‘법가적 병가’로 불리는 오기가 뛰어난 전법을 구사하며 대대적인 변법을 시행한 것처럼 두 차례에 걸친 변법을 시행하는 와중에 병법가로서의 면모를 유감없이 보여주었다. 이웃한 위나라를 공략해 중원 진출의 물꼬를 튼 게 그렇다.

상앙은 제1차 변법이 이뤄지는 진효공 3년(기원전 359)에 이내 좌서장左庶 長으로 승진했다. 이는 열국의 상경上卿에 해당하는 고관직이다. 변법을 성공적으로 실시하기 위한 진효공의 의중이 반영된 결과였다. 세족들을 제압하는 일은 진효공이 떠맡을 수밖에 없었다. 그가 곧 군신들을 모아놓고 이같이 분부했다.

"앞으로 나라의 모든 정사는 좌서장의 명대로 시행할 것이다. 명을 어기는 자가 있으면 추호도 용서하지 않을 것이다!"

당시 진나라 백성들은 길거리에 나붙은 새 법령을 보고 모두 긴장했다. 두 차례에 걸친 대대적인 변법이 성공을 거두게 된 배경이다. 진효공 10년(기원전 352) 상앙이 대량조大良造로 승진했다. '대량조'는 제16등급의 작위로 일종의 군정대신에 해당한다. 상앙을 군정대신에 임명한 것은 본격적인 동쪽 진출의 신호탄에 해당했다. 중원으로 진출하기 위해서는 지정학적으로 관문처럼 버티고 있는 위나라부터 제압하지 않으면 안 되었다. 상앙이 진효공에게 건의했다.

"위나라는 진나라에게 복심腹心의 질환과 같습니다. 위나라가 진나라를 병탄하지 않으면 진나라가 곧 위나라를 병탄해야만 합니다. 안읍安邑에 도읍한 위나라는 진나라와 황하를 경계로 삼고 있으면서 동쪽에서 교역 등에 따른 이로움을 독차지하고 있습니다. 위나라는 이로우면 서쪽으로 나아가 진나라를 치고, 불리하면 동쪽으로 나아가 진출 기반을 닦습니다. 지금 위나라는 제나라에게 크게 패한데다 제후들도 위나라를 적대시하고 있으니 차제에 위나라를 치면 위나라는 틀림없이 동쪽으로 천도할 것입니다. 이후 동쪽으로 나아가 제후국들과 맹약하면 가히 제왕의 대업을 이룰 수 있을 것입니다."

"참으로 좋은 생각이오."

상앙이 군사 5만 명을 이끌고 위나라로 쳐들어가자 위혜왕이 크게 놀라 군신들과 대책을 논의했다. 공자 앙卬이 말했다.

"상앙이 우리 위나라에 있었을 때 신은 그와 매우 친했습니다. 이에 신이 군사를 이끌고 가 먼저 화친을 청해보겠습니다. 그가 거절하면 그때 우리는 성을 굳게 지키고 한 · 조 두 나라에 구원을 청하도록 하십시오."

군신들이 동의했다. 이에 공자 앙이 대장이 되어 군사 5만 명을 이끌고 서하 땅으로 달려갔다. 공자 앙은 오성吳城에 주둔했다. 오성은 위문후 때 오기가 서하 땅을 지키면서 진나라의 침공을 막기 위해 쌓은 성이다. 양측 군사가 대치하고 있을 때 상앙이 공자 앙에게 서신을 보냈다. 골자는 이렇다.

"나는 그대와 서로 좋은 사이였소. 그런데 이제는 서로 두 나라의 장수가 되어 있소. 나는 차마 그대를 공격하지 못하겠소. 그대와 얼굴을 맞대고 맹약을 맺은 뒤 즐거이 음주하고 철군하여 두 나라 백성을 평안하게 하는 것이 가할 듯하오."

공자 앙이 흔쾌히 수락했다. 며칠 후 상앙과 공자 앙이 일부 갑옷을 벗고 일부 수행원만 대동한 채 술과 음식을 장만해 서로 가까운 곳에서 회동했다. 공자 앙이 먼저 상앙에게 먼저 술을 권했다. 상앙이 곧 휘하 군사에게 분부했다.

"이제는 우리가 가지고 온 술과 음식을 내오너라."

이때 상앙을 따라온 사람은 진나라에서도 유명한 용사들이었다. 이들이 곧바로 공자 앙을 결박했다. 상앙이 분부했다.

"위나라 수행원들은 결박을 풀어주라. 공자 앙은 함거檻車에 가둔 뒤 승전 소식을 속히 보고하도록 하라."

위나라 수행원들이 술을 얻어먹고 놀란 가슴을 진정시키자 상앙이 이들에게 말했다.

"너희들은 속히 돌아가 진나라와 화평을 맺고 온 듯이 가장하고 성문을 열도록 하라. 그러면 내가 너희들에게 중상을 내릴 것이다."

진나라 용사들이 공자 앙과 진나라 사자로 가장해 오성을 단숨에 점령해버렸다. 진나라 군사가 여세를 몰아 위나라 도성인 안읍까지 쳐들어가자 위혜왕이 곧 대부 용가龍賈를 상앙에게 보내 강화를 청했다. 상앙이 이같이 회답했다.

"내가 이번에 위나라를 아주 없애버리지 않는다면 이는 하늘의 뜻을 저버리는 것이 되오."

용가가 말했다.

"새도 옛 살던 숲을 그리워하고, 신하는 옛 주인을 잊지 않는다고 합니다. 이는 너무 무정한 말이 아닙니까?"

"서하 땅을 모두 내준다면 내가 이내 철군하겠소."

이로써 마침내 잃어버린 서하 땅을 되찾게 되었다. 위혜왕은 서하 땅을 빼앗긴 상황에서 더 이상 안읍에 머물 수 없었다. 위혜왕이 도성을 지금의 하남성 개봉인 대량大粱으로 옮기면서 탄식했다.

"내가 전에 공숙좌의 말을 듣지 않은 것이 한스럽기 그지없다!"

이후 위나라는 양粱나라로 불리게 되었다. 도성을 대량으로 옮긴 이듬해인 기원전 351년, 위나라는 기왕에 점령했던 조나라의 도성 한단을 반환하고 조나라와 강화했다. 이를 계기로 위나라는 내리 쇠락의 길을 걷게 되었다. 위혜왕이 상앙을 잃은 후과가 이처럼 컸다.

《맹자》의 첫 편인 〈양혜왕〉은 맹자가 양 땅으로 천도한 위혜왕을 찾아갔을 때의 일화를 담은 것이다. 당시 천하를 호령하고자 한 양혜왕의 웅지는 진효공 못지않았다. 그러나 상앙과 같은 인재를 놓친 게 치명적인 실수였다. 그는 진나라가 상앙의 변법을 통해 면모를 일신한 것을 보고 공숙좌의 말을 듣지 않은 것을 크게 후회했다.

"공숙좌의 말을 듣지 않았다가 상앙을 진나라에 빼앗기고 말았다!"

그는 비록 뒤늦었지만 이내 진효공을 흉내 냈다. 재물을 아끼지 않고 천하의 인재들을 거두기 시작한 것이다. 소문이 퍼지자 초야에 묻혀 있던 많은 인재들이 속속 위나라로 몰려들기 시작했다. 이들 중에는 방연龐涓과 같은 뛰어난 병법가도 있었다. 그러나 위혜왕은 뜻만 컸지 능력이 뒷받침되지 못했다. 게다가 방연의 능력을 지나치게 높이 평가했다. 방연은 나름 뛰어난 병법가이기는 했으나 최고 수준의 인물은 아니었다. 결국 성급히 이웃 조나라를 쳤다가 주변국을 적으로 돌리는 우를 범하고 말았다. 천하를 호령하고픈 욕심이 앞선 탓이다. 전국시대 초기를 호령하던 위나라가 결정적으로 쇠락하게 된 이유다. 위혜왕의 좌충우돌 행보에 결정적인 타격을 가한 나라가 바로 진나라였다.

위나라가 쇠락의 길로 접어들 당시 서하 땅을 회복한 상앙은 승승장구했다. 진효공은 상앙의 공을 높이 사 위나라를 쳐 빼앗은 지금의 섬서성 상현인 상어商於 땅의 15개 성읍을 봉지로 내리고 상군商君의 칭호를 하사했다. 세인들은 이때부터 그를 상앙으로 부르기 시작했다. 상앙이 가장 득의한 시기였다.

원문

..

사방으로 적을 마주하고 싸우는 사전지국은 방어를 중시하고, 바다를 등지고 있는 부해지국은 공격을 중시한다. 사방으로 적을 마주하고 싸우는 나라가 군사를 일으켜 사방의 인접국으로 진공하는 것을 좋아하면 그 나라는 위험하다. 사방으로 인접국이 있는 나라가 한 번 전쟁을 일으키면 사방으로 군사를 일으켜야만 한다. "나라가 위태롭다"고 말하는 이유다. 사방으로 적을 마주하고 싸우는 나라가 1만 호 이상이 거주하는 고을에 수만 명의 군사를 주둔시키지 못하면 그 나라는 위험하다. 그래서 말하기를 "사방으로 적을 마주하고 싸우는 나라는 방어에 힘써야 한다"고 하는 것이다.

성벽이 있는 고을을 지킬 경우 필사의 각오로 싸우는 자를 이용해 적의 활기찬 생력生力과 맞서는 방식이 가장 낫다. 성을 일거에 함락시키고자 할지라도 사력을 다해 싸우는 자로 인해 적들은 성 위에 있는 병사를 모두 죽이지 않고는 결코 성 안으로 진공할 수 없기 때문이다. 이를 일컬어 "필사의 각오로 싸우는 자를 이용해 적의 활기찬 생력과 맞선다"고 한다. 성 위에서 지키던 병사가 다 죽게 되어 적이 성 안으로 진공해올 때 적은 반드시 지쳐 있고, 성 안의 사람은 반드시 충분히 쉰 상태다. 아군은 충분히 쉬며 보충한 힘을 사용해 피로에 지친 적과 맞설 수 있다. 이를 일컬어 "아군의 활기찬 생력을 이용해 적의 꺼져가는 사력死力과 맞선다"고 한다. 그래서 모두 말하기를 "성을 포위해 공격할 때 가장 큰 근심은 성을 지키는 병사들이 그 성이 있는 고을을 지키기 위해 필사적으로 싸우지 않는 자가 없는 경우다"라고 하는 것이다. 이들 두 가지 상황에 대해 성을 공격하는 측이 별다른 근심을 하지 않는 것은 공격하는 측 장수의 커다란 실수다.

성을 방어하는 것은 방어력을 키우는 것이다. 그래서 말하기를 "공격해 오는 적이 있으면 호적부를 정리하며 징집 격문 등의 문서를 발부하고, 징집된 3군三т의 많은 장병을 적의 척후 수레 수에 따라 나눠서 대적한다"고 하는 것이다. 3군은 장년의 남자가 1군, 장년의 여자가 1군, 남녀 가운데 늙고 허약한 자가 1군을 형성한다. 이들을 통틀어 '3군'이라고 한다.

장년 남자로 구성된 1군은 식량을 휴대하고 병기를 날카롭게 손질하는 식으로 진용을 갖춰 적을 기다린다. 장년 여자로 구성된 1군은 식량을 휴대하고 소쿠리를 등에 메는 식으로 진용을 갖춰 명을 기다린다. 공격해오는 적이 도착하면 흙을 쌓아 험한 장벽을 만들거나, 흙을 파 덫이나 함정을 만든다. 또 교량을 철거하거나 집을 헐어낸다. 이때 뜯어낸 목재를 성 안으로 운반하고, 운반할 겨를이 없으면 불태운다. 적이 성을 공격하는 장비를 보충할 수 없게 만들고자 하는 것이다. 늙고 허약한 자로 구성된 1군은 소와 말, 양, 돼지 등을 키우게 한다. 풀과 나무 가운에 먹을 수 있는 것은 모두 채집해 가축을 먹인다. 장년의 남자와 여자로 구성된 부대의 먹을거리를 마련하기 위한 것이다.

3군의 각 부대가 서로 왕래하지 못하도록 엄하게 단속해야 한다. 장년의 남자가 장년의 여자 부대를 왕래하면 남자가 여자를 사랑하게 되고, 그러면 간사한 자가 함부로 음란한 짓을 꾀하게 된다. 그러면 나라가 패망한다. 남녀가 같이 있기를 좋아하면 그들은 이른 시일 내에 전투가 일어날까 두려워하고, 용감한 병사조차 싸우지 않게 된다. 장년의 남자와 장년의 여자가 노약자 부대를 왕래하면 늙은 병사는 장년의 남녀를 슬프게 하고, 허약한 병사는 건장한 병사를 연민에 빠지게 만든다. 슬퍼하고 연민하는 마음이 있으면 용감한 병사조차 싸우려던 생각을 바꾸고, 겁이 많은 병사는 아예 싸우지 들지 않는다. 그래서 말하기를 "3군이 서로 다른 부대를 왕래하지 못하도록 엄하게 단속해야 한다"고 하는 것이다. 이것이 바로 방어력을 키우는 방법이다.

_《상군서》 〈병수〉

제3장

엄정한 규칙으로 민심을 잡는다
근령술 斳令術

마음을 움직여야 목표도 달성한다

근령斳令은 군명君命의 엄격한 집행을 뜻한다. 근斳은 근謹과 통한다. 일부 주석가는 '근'을 '삼갈 칙飭' 또는 단호하게 관철한다는 뜻을 지닌 '칙勅'의 오자로 보았으나 근거가 약하다. 절도 있고 엄하다는 뜻으로 사용되는 근謹의 가차로 보는 게 옳다.

〈근령〉에 법치에 관한 상앙의 기본 입장이 선명히 드러나 있다. 크게 두 가지로 요약된다. 첫째, 엄정한 집법執法이다. 가호 및 향리 단위에서 자발적으로 군명을 행하는 가단家斷과 곡단曲斷이 이뤄지고, 중형重刑을 통해 형벌로 형벌을 제거하는 이형거형以刑去刑을 실현하는 방안 등이 그것이다. 둘째, 공평무사한 상벌賞罰이다. 오로지 '농전'을 통해서만 관작을 얻도록 한 게 그것이다. 상앙의 법치가 궁극적으로는 '농전'을 실현하기 위한 수단임을 보여준다. 〈근령〉에서 주목할 점은 국가의 정령을 관철하기 위해서는 반드시 백성들의 믿음을 얻어야 한다고 지적한 점이다. 다음 대목이 그 증거다.

> 성군은 사물의 요체를 알고 있기에 백성을 다스릴 때 역시 가장 중요한 요체를 통찰하고 있다. 상벌을 틀어쥔 채 백성들로 하여금 농전 한 가지에만 전념하게 만드는 식으로 인정仁政을 돕는 이른바 보인輔仁을 행하는 이유다. 이는 마음이 서로 통한 결과다. 성군은 백성을 다스릴 때 반드시 먼저 마음을 기울여 그들의 마음을 얻는다. 그래야 민력을 최대한 활용할 수 있기 때문이다. 민력은 강대함을 낳고, 강대함은 위세를 낳고, 위세는 덕을 낳고, 덕은 민력에서 나온다.

사실 백성들이 조정의 정령을 믿지 않으면 아무 소용이 없다. 이와 관련한 유명한 일화가 있다. 바로 남문사목南門徙木의 일화다. 일찍이 '신중화제국'의 창업주인 모택동은 생전에 제자백가 가운데 법가를 가장 숭상했다. 오랫동안 1917년《신청년》에 발표한 〈체육의 연구〉가 그가 발표한 여러 글 가운데 최초의 것으로 알려져 왔다. 그러나 최근 중국공산당 문헌연구실에 따르면 호남성의 고등중학 재학시절인 1912년에 쓴 〈상앙의 사목입신론商鞅徙木立信論〉으로 밝혀졌다. 이 논문의 전문이다.

> 나는 일찍이 사서를 읽던 중 상앙의 '남문사목' 일화를 접하게 되었다. 나는 우리 중국민이 우매한 사실에 탄식했고, 집정자들이 이를 깨우치기 위해 심혈을 기울인 사실에 탄식했다. 또한 수천 년에 걸쳐 백성들의 지혜가 제대로 열리지 못한 사이 나라가 거의 멸망으로 치닫고 있는 비참한 사실에 개탄을 금치 못했다. 내 말을 믿지 못하겠다면 내가 그 이유를 소상히 밝히겠다.
> 법령은 원래 백성들의 행복을 추구하기 위한 수단이다. 법령의 내용이 좋으면

백성들이 누리는 행복 또한 틀림없이 많을 것이다. 지금 대다수 사람들은 그런 법령이 과연 반포될 수 있을까 우려한다. 혹자는 설령 그런 법령이 반포될지라도 효력이 있을까 걱정한다. 전심전력을 다해 그런 법령을 만들고 잘 유지해야 한다. 그래야만 법령이 지향하는 본래의 목적을 이룰 수 있다. 그리하면 지금처럼 민국정부와 국민 사이에 어찌 정부가 반포하는 법령을 불신하는 일이 빚어질 리 있겠는가?

그러나 법령의 내용이 좋지 못하면 백성들이 행복을 누리기는커녕 오히려 위해를 끼치는 두려움의 대상이 될 뿐이다. 국민들이 이런 법령이 반포되지 못하도록 전력을 다해 막아야 하는 이유다. 아무리 법령을 좇고자 해도 어찌 그 안에 담긴 내용까지 그대로 좇을 수 있겠는가? 과거 상앙이 진나라 백성들을 대상으로 '남문사목'을 행한 것처럼 법령을 반포하는 게 정답이다. 그러나 지금 민국정부와 국민들은 '남문사목'과는 정반대로 서로를 불신하는 모습을 보이고 있다. 그 이유는 무엇인가?

바로 상앙이 시행한 법령이 양법良法이었기 때문이다. 4,000년에 달하는 중국의 역사를 개관하면 알 수 있듯이 백성들의 복리를 위해 헌신한 정치가를 꼽을 경우 상앙이 의당 첫 번째 자리를 차지해야 하는 게 아닐까? 상앙이 진효공을 섬길 당시 천하는 난세의 절정으로 치달아 전쟁이 그치지 않고 있었다. 열국의 모든 백성들이 크게 피폐해 그 참상을 이루 말할 수 없었다. 이런 상황에서 아무리 열국을 제압하고 중원을 통일코자 해도 그것이 어렵지 않았겠는가?

상앙은 바로 이런 시기에 대대적인 변법을 시행한 것이다. 간사한 자들을 응징해 백성의 권리를 보호하고, 열심히 경작하고 길쌈하도록 장려해 백성들을 부유하게 만들고, 군공을 세우도록 독려해 국위를 떨치고, 빈곤하고 나태한 자를 노비로 만들어 인적 물적 자원의 낭비를 극도로 억제했다. 이는 우리 중국사에서 전례 없는 일대 개혁이었다. 백성들이 무엇을 두려워하며 불신할 일이 있겠는가? 반드시 '남문사목'과 같은 모습으로 백성들의 신뢰를 얻어야만 한다. 나는 이를 통해 집정자들이 백성들을 깨우치기 위해 혼신의 노력을 기울였음에도 백성들이 우매함에서 벗어나지 못한 탓에 수천 년 동안 인민의 무지와 어둠 속에 갇힌 나머지 마침내 나라가 패망하는 지경에 이르게 된 배경을 알게 됐다.

비록 그렇기는 하나 당시의 '남문사목'처럼 특이한 일을 시행할 경우 사람들 모두 경악할 것이다. 백성들 역시 당시의 백성과 별반 다를 게 없고, 법령 또한 당시의 법령과 별반 다를 게 없는데도 나는 왜 이를 기괴하게 생각하는 것일까? 여러 문명국 국민들이 '남문사목'의 일화를 들으면 틀림없이 포복절도하며 웃을 것이다. 혹자는 큰소리로 이를 비웃으며 나무랄 것이다. 아, 할 말은 많지만 더 이상 언급하지 않고자 한다.

모택동이 최초로 쓴 논문인 〈상앙의 사목입신론〉에는 일제를 비롯한 서구 열강의 먹이로 전락한 중국의 암담한 현실 속에서 비분강개하는 젊은 지식인의 고뇌가 절절히 배어 있다. 이 논문은 총 500자 정도의 짧은 논문으로 '남문사목'의 일화를 토대로 법가사상의 특징을 논한 게 특징이다. 상앙의 '사목입신' 일화를 좇아 백성들을 위한 변법을 대대적으로 시행해야 한다는 게 요지다. 이는 수천 년에 걸쳐 상앙의 '남문사목' 일화가 얼마나 널리 유포됐는지를 반증하는 것이기도 하다.

《사기》〈상군열전〉에 따르면 하루는 상앙은 도성의 남문에 3장丈 길이의 나무를 세운 뒤 옆에 이런 방을 붙였다.

"누구든지 이 나무를 북문으로 옮겨 세우는 자가 있으면 10금의 상을 내릴 것이다."

이를 본 백성들이 고개를 갸웃거렸다.

"무슨 속뜻이 있는지 도무지 알 길이 없네. 아무튼 속지 않는 게 좋을 것일세."

아무도 그 나무를 북문으로 옮기려 하지 않았다. 며칠 후 상앙이 다시 분부했다.

"50금의 상을 주겠다고 다시 써서 내다 붙여라."

백성들이 더욱 의심했다. 이때 한 사람이 나서 말했다.

"우리 진나라는 자고로 많은 상을 주는 법이 없었다. 그런데 이런 포고문이 나붙었으니 필시 무슨 뜻이 있을 것이다. 비록 50금을 안 줄지라도 전혀아무 상도 내리지 않을 리 않다. 설령 상을 안줄지라도 벌을 내릴 리야 있겠는가!"

그러고는 나무를 뽑아 어깨에 메고 가 북문에 세웠다. 관원이 곧 이 사실을 보고하자 곧바로 50금을 상으로 주었다. 모두 약속을 반드시 실천에 옮긴다는 뜻이다.

당시 '남문사목' 소문은 순식간에 급속히 퍼져나갔다. 백성들이 서로 말했다.

"좌서장은 명령만 내리면 꼭 실행하는 사람이다."

이튿날 상앙이 마침내 새 법령을 선포했다. 여기서 '남문사목'과 사목상금徙木賞金, 사목지신徙木之信, 이목지신移木之信 등의 성어가 나왔다. 모택동은 《사기》〈상군열전〉의 이 대목을 읽고 크게 느낀 바가 있어 〈상앙의 남문사목론〉을 쓴 것으로 짐작된다.

최소한의 생존부터 챙겨라

상앙은 〈근령〉에서 백성들이 위정자를 신뢰하는 민신民信이 농전을 통해 민력民力을 낳고, 민력이 부강한 나라인 국강國彊을 낳고, 국강은 나라의 위세인 국위國威를 낳고, 국위는 군주가 백성들을 위해 베푸는 덕인 군덕君德을 낳는다고 보았다. 군덕의 뿌리가 곧 민신인 셈이다. 그가 '남문사목'을 행한 이유다.

이 지점에서 상앙은 공자사상과 접하고 있다. 공자도 《논어》 〈안연〉에서 유사한 논리를 전개하고 있다. 이에 따르면 하루는 자공이 정치에 대해 묻자 공자가 이같이 대답했다.

"족식足食과 족병足兵, 민신民信이 이뤄져야 한다."

족식은 넉넉한 식량인 부국, 족병은 충분한 수준의 병력인 강병, 민신은 백성들의 조정에 대한 믿음을 뜻한다. 자공이 전쟁 등의 위기상황이 닥칠 경우를 대비해 다시 물었다.

"만일 부득이하여 반드시 하나를 버리기로 한다면 세 가지 중에서 무엇을 먼저 버려야 합니까?"

"거병去兵부터 해야 할 것이다."

'거병'은 병력 감축을 뜻한다. 자공이 다시 물었다.

"만일 부득이하여 또다시 반드시 하나를 버리기로 한다면 나머지 두 가지 중에서 무엇을 먼저 버려야 합니까?"

공자가 대답했다.

"거식去食해야 할 것이다. 자고로 먹지 못하면 죽을 수밖에 없으나 사람은 누구나 죽기 마련이다. 그러나 '민신'이 없으면 나라가 설 수조차 없게 된다."

'거식'은 경제축소를 의미한다. 《논어》에서 이 대목만큼 오랫동안 세인들의 오해를 불러일으킨 대목도 많지 않다. 많은 사람들이 아직도 공자가 부국강병보다 인의도덕을 더 숭상한 것으로 알고 있다. 성리학자들이 공자가 언급한 부국강병 대목을 의도적으로 왜곡한 게 결정적이다. 이는 공자사상을 왜곡한 대표적인 사례에 해당한다.

공자는 앞 대목에서 나라를 지키기 위한 기본요건으로 '강병'과 이를 뒷받침하는 '부국'을 언급하고 있다. 평시에 중시해야 할 방략의 우선순위가 '족식 → 족병 → 민신'의 순으로 제시되었다. 뒤 대목에서는 전쟁과 같은 위기에 처했을 때 중점을 두어야 할 방략을 언급하고 있다. 공자는 중요도의 순서에 따라 '거병 → 거식 → 민신'의 도식을 제시했다. 이 도식의 형식만 보면 마치 공자가 평시는 말할 것도 없고 전시에도 부국강병보다 민신을 중시한 것으로 보인다. 실제로 후대의 성리학자들은 그같이 해석했다. 이는 공자가 말한 취지를 완전히 뒤집은 것으로 공자사상의 일대 왜곡에 해당한다.

마지막 대목에서 공자가 '민신'을 거론한 것은 외침 등으로 인해 패망의 위기에 처했을 때 군주가 솔선수범하는 자세를 보여야만 그런 위기상황을 벗어날 수 있다는 점을 강조하기 위한 것이다. 그러므로 상앙이 '균민'을 역설한 것과 취지를 같이한다. 성리학자들의 엉터리 해석을 최초로 지적한 사람은 명대 말기의 이탁오李卓吾다. 그는 명저 《분서焚書》의 〈잡술雜術, 병식론兵食論〉에서 이같이 지적했다.

무릇 윗사람이 되어 백성들이 배불리 먹고 안전하게 살 수 있도록 지켜주기만 하면 백성들도 그를 믿고 따르며, 전쟁 등의 부득이한 상황에 이르러서도 차라리 죽을지언정 윗사람 곁을 떠나지 않을 것이다. 이는 평소 윗사람이 그들의 안전과 식량을 충분히 제공해주었기 때문이다. 공자가《논어》〈안연〉에서 '거병'과 '거식'을 거론한 것은 실제로 군사와 식량을 버리게 하려는 의도가 아니다. 이는 외침 등으로 인해 어쩔 수 없는 위기상황에 몰린 경우를 전제로 한 것이다. 어쩔 수 없는 위기 상황에서 비롯된 것이라면 백성들도 '거병'과 '거식'의 부득이한 상황을 감내하면서 윗사람을 불신하는 지경까지는 이르지 않게 된다. 그래서 마지막에 '민신'을 언급한 것이다. 그럼에도 어리석은 유자들은 이와 정반대로 주어진 상황을 전혀 무시한 채 "믿음이 무기나 식량보다 더 중요하다"고 지껄이고 있다. 성인이 하신 말씀의 참뜻을 제대로 파악하지 못한 탓이다!

성리학자들이 '믿음이 무기나 식량보다 더 중요하다'는 식으로 곡해한 '거병 → 거식 → 민신'의 도식은 국가패망 등의 특수한 위기 상황을 전제로 한 것이다. 자공이 공자로부터 국가존립에 관한 기본요건인 족식과 족병, 민신의 대답을 들은 뒤 굳이 "만일 부득이하여 반드시 하나를 버리기로 한다면" 운운한 이유가 여기에 있다. 공자 역시 관중과 마찬가지로 '부민 → 부국 → 강병'의 논리 위에서 치국평천하를 논하고 있음을 알 수 있다. 국가 존립의 기본요건으로 부국강병을 역설한 점에서 정도의 차이만 있을 뿐 공자와 상앙 사이에 아무런 차이가 없다.

사실 이는 공자뿐 아니라 대다수의 제자백가들이 하나같이 수용한 논리이기도 하다. 이를 부인한 사람은 세속의 명리를 초월한 인간의 자유정신을 역설한 장자와 인류 전체에 대한 박애를 주장한 묵자, 난세 상황에도 덕치를 통해 천하를 통일할 수 있다고 주장한 맹자 정도밖에 없다. 나름 숭고한 취지는 이해할 수 있지만 취지가 숭고하면 할수록 난세 상황에서는 그만큼 비현실적이다.

실제로 고금의 역사를 살펴볼지라도 막강한 무력은 반드시 튼튼한 경제적 기반 위에서만 가능하고, 생명과 재산을 보호하는 국가 안전이 보장되어야만 국민들이 안심하고 생업에 종사할 수 있다. 그래야 궁극적으로 정부도 국민의 신뢰를 얻게 된다. 동서고금을 막론하고 기본적으로 먹고사는 문제가 해결되어야 예의염치도 알고, 균민 또는 균부 이념에 입각한 진정한 민주정치도 실현할 수 있다. 아무리 고상하고 거창한 이념을 내걸지라도 인민들이 먹고사는 문제가 해결되지 않는 한 공허할 수밖에 없다. 인민들 모두 인간으로서의 최소한의 예도 갖추기 어렵다. 나라가 존립할 수조차 없다.

명령을 근엄하게 하면 정사가 지연되는 일이 없고, 법이 공평하면 관원들이 간사한 짓을 하지 못한다. 법이 제정된 이후에는 교묘한 언변으로 사람을 부추겨 법을 해치는 일이 없고, 공이 있는 사람을 임용하면 백성들이 말을 적게 한다. 언변에 능한 자를 임용하면 백성들이 말을 많이 하게 된다. 정사를 펼 때 마을 단위에서 이루어지는 결단인 이른바 곡단曲斷의 수준을 살펴보자.

　5리 이내의 범위 내에서 '곡단'이 이뤄지면 그 나라는 천하를 호령하는 왕국王國이 되고, 10리 이내의 범위 내에서 '곡단'이 이뤄지면 약국弱國이 된다. 당일 해야 할 일을 밤을 넘겨 이튿날 처리하는 나라는 쇠약해진다. 형벌을 사용해 나라를 다스리고, 상을 이용해 싸움을 격려하고, 사람들의 과오는 꾸짖고 선행을 요구하지 않아야 한다. 법이 확립되면 고치지 않고, 그러면 분명히 알 수 있다. 백성들은 형에 관한 법령을 분별해 고찰할 수 있고, 사람들이 마음으로 형벌 법령에 대해 분별할 수 있으면 더 이상 범을 범하지 않게 된다. 형벌이 자연스럽게 그치는 이유다. 귀족과 일반 백성은 다르게 부리고, 각 도읍의 높은 작위와 후한 녹봉은 각자 세운 전공에 따라 수여한다.

나라에 간사한 백성이 없으면 도읍에도 간사한 매매가 없게 된다. 재물이 많고, 상업처럼 천한 일에 종사하는 자가 많고, 농사짓는 일이 해이하고, 간사한 사람이 우위를 점하면 그 나라는 반드시 쇠약해진다. 백성들에게 식량이 남으면 양곡을 바쳐 관작을 얻게 하고, 관작을 스스로의 힘으로 얻으면 농사를 태만히 하지 않는다. 4치 길이의 대통에 밑바닥이 없으면 물을 가득 채울 수 없다. 관직을 주고, 작위를 수여하고, 녹봉을 방출하는 것을 전공에 따르지 않으면 이는 대통에 밑바닥이 없는 것과 같다.

나라가 가난해도 전쟁에 힘쓰면 나라를 해치는 고식적이며 나태한 정서 등의 독소가 적에게 생겨나고, 나라를 좀먹는 6슬이 없어지고, 나라는 반드시 강해진다. 나라가 부유해도 전쟁을 하지 않으면 안에서 구차하게 안일을 탐하게 되고, 6슬이 생겨난다. 그 나라는 반드시 쇠약해진다. 나라가 사람들의 전공에 따라 관직을 주고 작위를 수여하면 이를 일컬어 관작으로 지략을 풍성하게 하는 이성지모以盛知謀, 관작으로 용감하게 싸우도록 만드는 이성용전以盛勇戰이라고 한다. 이런 나라는 틀림없이 천하무적이 된다. 나라가 사람들의 전공에 따라 관직을 주고 작위를 수여하면 정무가 줄고 공리공담이 감소한다. 이를 일컬어 농전을 목적으로 삼은 간략한 법률로 농전과 거리가 먼 복잡한 법률을 제거하는 이법거법以法去法, 농전과 관련된 긴요한 말로 농전과 거리가 먼 공허한 말을 제거하는 이언거언以言去言이라고 한다.

국가가 6슬에 근거해 관직을 주고 작위를 수여하면 정무는 복잡해지고, 공리공담이 생겨난다. 이를 일컬어 정책으로 정책을 양산하는 이치치치以治致治, 말로 말을 만들어내는 이언치언以言致言이라고 한다. 그리되면 군주는 각종 유세와 공리공담에 현혹되고, 관부는 정치꾼의 요사스런 말에 혼란스러워지고, 간사한 신하들 가운데 뜻을 이루는 자가 나타나고, 전공을 세운 자가 뒤로 밀려난다. 이를 일컬어 실정失政이라고 한다. 유가 등에서 제창한 열 가지 덕목을 견지하면 나라가 혼란스러워지고, 농전 한 가지만 견지하면 나라가 잘 다스려진다. 법이 이미 제정되고도 6슬을 즐겨 사용하는 나라는 이내 패망한다. 백성들이 모두 농사를 직업으로 삼으면 나라는 부유해진다. 6슬을 사용하지 않으면 병사와 백성 모두 다퉈 서로를 격려하고, 군주를 위해 쓰이는 것을 즐거워한다. 나라 안의 백성 모두 이를 기꺼이 받아들여 영광으로 여길 뿐 치욕으로 여기는 자는 전혀 없을 것이다.

이보다 낮은 수준의 정사는 백성들이 포상을 통해 비로소 고쳐지고, 형벌을 통해 간사한 일이 저지되는 경우다. 가장 심각한 것은 백성들이 농전을 싫어하고, 근심하고, 부끄러워하는 경우다. 이 경우 백성들은 겉을 단장하며 유세하고, 녹봉 때문에 군주와 친분 맺는 것을 부끄러워하면서 농전을 회피한다. 이들이 외국과 친분을 맺고 어디를 가든 순조롭게 나아갈 경우 그 나라는 이내 위험해진다. 백성들이 유가와 도가 등의 공허한 말에 혹해 설령 헐벗고 굶주려 죽을지라도 이록利祿을 얻기 위한 전쟁을 하지 않으려 드는 것은 망국으로 진행하는 습속이다.

유가에서 비롯된 6가지 종류의 나라를 좀먹는 일은 이렇다. 첫째, 나라의 예제를 뜻하는 예악禮樂, 둘째, 유가학문을 뜻하는 시서詩書, 셋째, 심신 수련과 윤리를 뜻하는 수선효제修善孝悌, 넷째, 성실하고 청렴한 행동을 뜻하는 성신정렴誠信貞廉, 다섯째, 어질고 의로운 유가의 덕목인 인의仁義, 여섯째, 용병을 반대하며 전쟁 자체를 부끄러워하는 비병수전非兵羞戰이 그 것이다. 구체적으로 이들 10여 가지에 이르는 유가의 덕목이 존중되고, 군주가 백성들을 농전에 부릴 수 없으면 그 나라는 반드시 가난해져 쇠약해진다. 이런 10여 가지 유가 덕목을 행하는 자들이 무리를 이루는 것을 두고 "군주의 통치와 군권君權이 신하들을 제압하지 못해 신권臣權에 눌리고, 관원의 다스림과 공권公權이 백성들을 제압하지 못해 사권私權에 눌린다"고 말한다.

이들 10여 가지 유가 덕목이 의존하는 곳이 있으면 그 나라는 반드시 쇠약해진다. 흥성한 나라는 이런 10여 가지 유가 덕목을 사용하지 않는다. 그런 나라는 국력이 커져 천하의 그 어떤 나라도 감히 침범할 수 없다. 군사가 출정하면 반드시 다른 나라의 영토를 빼앗고, 영토를 빼앗으면 능히 이를 오래도록 점할 수 있다. 군사를 거둬 다른 나라를 공격하지 않을 경우는 반드시 부유해진다. 조정의 관원 가운데 경시되는 자는 훼방을 받지 않고, 중시되는 자는 무함으로 인한 해를 당하지 않고, 전공을 세운 자는 관작을 얻는다. 비록 뛰어난 언변을 지녔을지라도 이것이 전공을 세운 자보다 앞서도록 도와줄 수 없다. 이를 일컬어 법치로 나라를 다스리는 이수치以數治라고 한다.

실력을 기반으로 공격하는 자는 1을 내어 10을 취한다. 말로 공격하는 자는 10을 내어 100을 잃는다. 나라가 실력을 좋아하는 것을 두고 어렵게 얻는 것을 이용해 다른 나라를 공격하는 이난공以難攻이라고 한다. 나라가 공허한 언변을 좋아하는 것을 두고 쉽게 얻은 것을 이용해 다른 나라를 공격하는 이이공以易攻이라고 한다.

형벌을 무겁게 하고 상을 적게 주는 중형소상은 군주가 백성을 아끼는 것이다. 그리하면 백성들은 죽음을 무릅쓰고 전공을 세워 포상을 받고자 한다. 상을 후하게 주고 형벌을 가볍게 하는 것은 군주가 백성을 사랑하는 게 아니다. 그러면 백성들은 죽음을 무릅쓰면서까지 상을 받으려 하지 않는다. 포상으로 받는 작록이 농전 한 가지 방도에서만 나오는 나라는 천하무적이 된다. 포상으로 받는 작록이 두 가지 방도에서 나오는 나라는 이익이 절반으로 줄어든다. 포상으로 받는 작록이 여러 방도에서 나오는 나라는 스스로를 지킬 수 없다. 형벌을 무겁게 하면 큰 법제를 밝힐 수 있다.

법제가 밝지 않은 것은 6슬로 인한 것이다. 이를 행하는 자들이 무리를 이루면 백성들이 군주에게 쓰이지 못하게 된다. 흥성한 나라에서는 형벌이 시행되면 백성들이 군주를 친근하게 여기고, 포상이 행해지면 군주가 백성들을 쉽게 부릴 수 있다.

형벌을 시행할 때 죄가 가벼운 자에게 무거운 형벌을 내리기도 하고, 죄가 무거운 자에게 가벼운 형벌을 내리기도 한다. 죄가 가벼운 자에게 무거운 형벌을 내리면 곧 죄가 가벼운 자도 생기지 않을 뿐 아니라 죄가 무거운 자도 나타나지 않는다. 이를 일컬어 형벌로 형벌을 없애는 이형거형이라고 한다. 형벌이 사라지면 시행하는 모든 일이 이루어진다. 그러나 죄가 무거운 자에게 가벼운 형벌을 내리면 형벌이 시행될지라도 없던 일을 포함해 여러 일이 일거에 생겨난다. 이를 일컬어 형벌이 형벌을 양산하는 이형치형이라고 한다. 이런 나라는 반드시 쇠약해진다.

성군은 사물의 요체를 알고 있기에 백성을 다스릴 때 역시 가장 중요한 요체를 통찰하고 있다. 상벌을 틀어쥔 채 백성들로 하여금 농전 한 가지에만 전념하게 만드는 식으로 인정仁政을 돕는 이른바 보인輔仁을 행하는 이유다. 이는 마음이 서로 통한 결과다. 성군은 백성을 다스릴 때 반드시 먼저 마음을 기울여 그들의 마음을 얻는다. 그래야 민력民力을 최대한 활용할 수 있기 때문이다. 민력은 강대함을 낳고, 강대함은 위세를 낳고, 위세는 덕을 낳고, 덕은 민력에서 나온다. 성군만이 오직 농전을 통해 모든 민력을 손에 넣을 수 있다. 성군이 천하에 널리 인의의 덕을 베푸는 비결이 여기에 있다.

_《상군서》〈근령〉

제4장

강단 있는 통찰력으로 권위를 세운다

수권술修權術

권력을 장악해야 혼란이 사라진다

수권修權은 군권君權의 확립을 의미하며, 유가가 치국평천하의 전제로 수신제가修身齊家를 언급한 것과 대비된다. 여기서는 군권 확립 방안으로 크게 세 가지를 들고 있다. 첫째는 법法, 둘째는 신信, 셋째는 권權이다. '법'은 군신이 함께 준수하는 것이고, '신'은 군신이 함께 세우는 것이고, '권'은 군주가 홀로 통제하는 독제獨制의 대상이다. 가장 주목되는 것은 '권'으로, 곧 권력을 말한다. 권력은 속성상 한 사람에게 집중하는 경향이 있다. 군주의 정교한 권력행사가 필요한 이유다. 권력을 놓는 순간 곧바로 권신權臣에게 휘둘리고 만다.

　상앙은 권력의 이런 속성을 통찰하고 있었다. 〈수권〉에서 "권력은 군주가 홀로 통제하는 '독제'의 대상이다. 군주가 잘 지키지 못하면 위험해진다"고 한 대목이 그 증거다. 이는 《한비자》가 군주의 고독한 독단獨斷을 역설한 것과 취지를 같이한다. 독단은 군주가 홀로 결단하는 것을 말한다.《한비자》에 자주 나오는 표현이다.《상군서》가 난세가 극에 달했을 때 반드시 필요한 결단의 유형으로 언급한 군단君斷을 달리 표현한 것이다.

《한비자》에는 흔히 말하는 군주전제君主專制가 단 한마디도 나오지 않고 대신 권신전제權臣專制만 모두 다섯 차례에 걸쳐 나온다. 권력을 제대로 장악하지 못하면 이내 주변의 권신에게 휘둘릴 수밖에 없다고 경고한 것이다.《손자병법》을 비롯한 병서가 조정의 명령에 구애받지 않고 독자적으로 판단해 용병하는 이른바 장수의 전제專制를 역설한 것과 닮았다.

병서와《상군서》가 언급한 전제와 독재 개념은 '군주전제' 또는 '대통령 독재'만 언급하고 있는 사회과학 이론과 정면으로 배치된다. 객관적으로 볼 때 한비자의 주장이 옳다. 후한과 남송 및 명나라를 패망으로 이끈 붕당정치와 붕당정치의 가장 타락한 모습인 조선의 세도정치가 그 예다. 세도정치는《한비자》가 가장 극악한 통치형태로 언급한 '권신전제'에 해당한다.

전 인민이 권력을 고루 나눠 갖는 것은 역설적으로 국가공동체의 해체를 의미한다. 서구에서 발달한 민주주의 맹점이 여기에 있다. 민주와 더불어 지고의 이념으로 받들어지고 있는 자유自由도 별반 다를 게 없다. 21세기 상황이라고 달라졌을 리 없다. 신자유주의의 횡행으로 '부익부빈익빈' 양상이 더욱 격화되면서 대다수 서민들은 호구지책을 위해 '자유'를 자진해 반납한 가운데 휴식도 없이 고된 노동을 감수하고 있다. '자유'는 먹고 사는 문제에서 해방된 소수의 사람에게만 허용되고 있는 게 엄연한 현실이다.

예나 지금이나 권신의 등장은 기본적으로 인사의 실패에서 비롯된다. '회전문 인사'가 근본 배경이다. 군주의 심기를 헤아려 듣기 좋은 소리만 하는 자들의 아첨 속에 백성들의 원성이 들릴 리 없다.《한비자》〈외저설우하〉에서 명군은 관원을 다스릴 뿐 직접 백성을 다스리지 않는다는 이른바 '치리불치민'를 언급한 배경이다. 이는 한비자의 법가사상을 관통하는 키워드에 해당한다. 군주를 관원들의 착취로부터 백성의 권익을 지키는 최후의 보루로 간주한 결과다.

공과 사를 엄격히 구분하라

법가는 군주독치君主獨治, 유가는 군신공치君臣共治를 역설했다. 이는 국가존망과 백성의 안녕을 지키기 위해서는 어느 쪽이 더 나은가 하는 관점의 차이에서 비롯된 것이다. 객관적으로 볼 때 치세에는 유가, 난세에는 법가의 관점이 더 타당성을 지닌다. 국가존망을 가르는 내란 및 전쟁 등의 위기 상황에서 군사령관에게 독재적인 통수권을 위임하는 것과 같다. 한비자가 군권을 공권公權, 신권臣權을 사권私權으로 규정한 이유다. 이는 군주에게 천하를 사유물로 간주하라고 권한 게 아니다. 오히려 온 몸을 내던져 천하를 감싸 안으라고 주문한 것이다. 〈권수〉의 다음 대목이 이를 뒷받침한다.

> 공과 사의 구분이 분명해야 소인배들이 현자를 질투하지 못하고, 미련한 자가 전공을 세운 사람을 질투하지 못한다. 고대 성왕인 3왕三王이 의를 내세워 천하 사람을 친애하고, 춘추5패가 법을 기반으로 제후들을 바로잡은 것은 모두 천하의 이익을 사사로이 한 게 아니라 천하를 위해 천하를 다스린 결과다.

"천하를 위해 천하를 다스린다"는 구절의 원문은 위천하치천하爲天下治天下다.《예기》〈예운〉에 나오는 천하위공天下爲公과 취지를 같이한다. 주목할 점은 '위천하치천하'가 위기 상황에서는 유가가 역설하는 '천하위공'보다 훨

썬 더 공公에 가깝다는 점이다. 이를 뒷받침하는 〈권수〉의 해당 대목이다.

군주가 법도를 버리고 사사로운 의론을 좋아하면 간사한 신하는 권세를 팔아 과시하고 백성들로부터 더 많은 녹봉을 요구하고, 녹봉을 받아먹는 관원은 백성의 사정은 덮어둔 채 멋대로 착취할 것이다.

이는 권신의 발호를 언급한 것이다. 《한비자》가 군주독재를 역설하며 권신전제를 극도로 경계한 것과 맥을 같이한다. 상앙과 한비자 등의 법가가 엄정하고도 공평무사한 법치를 역설한 이유가 여기 있다. '위천하치천하'와 '천하위공'에 대한 유가와 법가의 이런 해석 차이는 천하경영의 운영방식에서 극명하게 드러난다.

위기 상황에서 군권이 자타가 공인하는 공권으로 인정받기 위해서는 먼저 인사가 공정해야 한다. 한비자가 인재를 발탁할 때 천하의 공의公義에 부합해야 한다고 역설한 이유다. 상벌권의 행사 역시 신중하면서 공정해야 한다. 세인들이 모두 수긍하는 천하의 공론公論에 부합해야 실효를 거둘 수 있다. 법가의 엄정한 법집행은 난세의 시기에 '천하위공'을 좀더 철저하면서도 공정하게 실현하는 방안에 해당한다.

한비자가 군주의 공평무사한 수법守法을 역설한 이유가 여기에 있다. 군주를 엄정한 법치를 실행하는 최후의 보루로 간주한 결과다. 한비자는 결코 군주를 법 밖의 인물로 상정한 적이 없다. 《한비자》〈외저설우상〉에 나오는 일화가 이를 뒷받침한다.

하루는 초나라 왕이 급히 태자를 불렀다. 초나라 법에는 수레를 궁궐의 정문인 묘문茆門에 이르게 할 수 없었다. 그날 마침 비가 내려 궐 안에 물이 고여 있었다. 태자가 그대로 수레를 몰아 묘문에 이르렀다. 궐내의 질서를 관장하는 정리延理가 말했다.

"수레를 묘문에 이르게 해서는 안 됩니다. 불법입니다."

"대왕이 급히 부른 까닭에 고인 물이 마를 때까지 기다릴 수 없었소."

그러고는 그대로 수레를 몰고 들어갔다. 정리가 들고 있던 창을 휘둘러 말을 찌르면서 수레를 부숴버렸다. 태자가 안으로 들어가 울며 말했다.

"궐 안에 물이 많이 고여 있어 부득불 수레를 몰아 묘문을 지나가려 했더니 일개 정리가 불법이라며 말을 찌르고 수레를 부쉈습니다. 대왕이 반드시 그를 처벌해주십시오."

초나라 왕이 말했다.

"먼저 정리는 늙은 군주를 위해 법을 위반하는 일을 하지 않았고, 이어 대를 이을 태자를 위해서도 결코 아첨하지 않았다. 참으로 당당한 모습이다. 그는 진정 법을 지키는 과인의 신하다."

그러고는 그의 작위를 2등급이나 높여주었다. 이어 후문으로 태자를 내보내며 다시는 잘못을 저지르지 못하게 했다. 한비저가 이 일화를 소개해놓은 것은 군주가 '수법'의 최후 보루가 되어야 한다는 것을 강조하기 위한 것이다. 법가 역시 유가와 마찬가지로 치국평천하의 대전제를 '천하위공'에 두었음을 뒷받침한다. 오히려 유가보다 더욱 철저히 이를 관철하고자 했다고 볼 수 있다. 삼국시대 당시 조조가 보리밭을 밟지 말라는 엄명을 내린 뒤 자신의 말이 이를 범하자 이내 자신의 머리를 잘라 전 군에 돌린 게 좋은 사례다. 한비저가 난세일수록 공과 사의 영역을 엄격히 나눌 것을 역설한 근본 배경이 여기에 있다.

고금을 막론하고 법치가 확립되어 있지 못하면 백성들은 시비판단의 근거가 없어 사안을 속히 처리할 수 없게 된다. 쟁송이 많아지는 이유다. 이를 방치하면 나라가 이내 어지러워질 수밖에 없다. 상앙이 법치가 확립되면 향촌 단위에서 시비와 당부를 결단하는 '가단'에 의해 모든 문제를 초기단계에서 즉각 해결할 수 있다고 역설한 이유다. 이는 한비자의 법가사상에 그대로 연결되었다.

《한비자》를 관통하는 기본 이념은 크게 두 가지다. 하나는 나라를 부강하게 유지하는 '부국강병'이고, 다른 하나는 군권의 신권에 대한 우위를 유지키 위한 '제신술'이다. 이 두 가지는 군주 개인의 도덕적인 덕목과는 하등상관이 없는 것이다. 한비자의 통치술과 유가의 통치술이 뚜렷이 갈리는지점이 바로 여기에 있다.

원문

··

나라가 잘 다스려지는 원인은 세 가지다. 첫째는 법, 둘째는 믿음, 셋째는 권력이다. 법은 군신이 함께 준수하는 것이고, 믿음은 군신이 함께 세우는 것이고, 권력은 군주가 홀로 통제하는 독제獨制의 대상이다. 군주가 잘 지키지 못하면 위험해진다. 군신이 법은 버려둔 채 사사로운 판단에 의존하면 그 나라는 반드시 어지러워진다. 법을 확립하고 명분을 밝히면서 사사로운 일로 법을 해치지 않으면 그 나라는 잘 다스려진다. 권력으로 규제하는 것을 군주가 독단하면 위엄이 생긴다. 백성이 군주의 포상을 믿으면 업적을 이루고, 군주의 형벌을 믿으면 간사함이 발생하지 않는다. 오직 명군만이 권력을 아끼고, 믿음을 중히 여긴다. 사사로운 일로 법을 해치지 않는 이유다. 군주가 듣기 좋은 빈말만 많이 하며 포상을 실행하지 못하면 신하가 군주에게 쓰이지 못한다. 군주가 자주 엄명을 내려 법제상의 형벌을 시행할 수 없게 되면 백성들은 사형도 가볍게 여긴다.

　무릇 포상은 격려를 위한 문치文治의 수단이고, 형벌은 간사한 짓을 금하기 위한 병치, 즉 무치武治의 수단이다. 문치와 무치는 법치法治의 요체다. 명군은 법을 믿고 사용한다. 명군이 남에게 가려지지 않는 것을 일컬어 명明, 기만을 당하지 않는 것을 찰察이라고 한다. 그래서 상은 후하면서 신뢰성이 있어야 하고, 형벌은 엄중하면서도 반드시 실시되어야 한다. 포상할 때 관계가 소원한 사람들을 빠뜨리지 않는 부실소원不失疏遠을 행하고, 형벌을 내릴 때 친근한 사람을 피하지 않는 불위친근不違親近을 행해야 한다. 신하가 군주를 덮어 가리지 않고, 아랫사람이 윗사람을 속이지 않는 이유다.

　세상의 위정자는 대부분 법을 버리고 사사로운 의론을 신임한다. 나라가 혼란스러운 이유다. 옛 제왕이 무게를 재는 저울을 제정하고, 길이를 재는 자를 확립했다. 오늘날에도 이를 본받는 것은 그 표준이 명확하기 때문이다. 저울을 버려둔 채 무게를 가늠하고 자를 버려둔 채 길이를 추측하는 것은 설령 정확히 알아맞힐지라도 상인이 취하지 않는다. 늘 정확할 수 없기 때문이다. 법은 나라의 저울에 해당하는 것으로 법도를 어기고 사사로운 의론을 신임하는 것은 일의 유사성을 모르기 때문이다. 법을 판단의 기준으로 사용하지 않고도 능히 지혜롭고, 유능하고, 현명하고, 불초한 자를 정확히 구분해 평할 수 있었던 사람은 요임금뿐이다. 세상의 군주가 모두 요임금이 될 수는 없는 일이다.

　옛 제왕은 스스로를 의논하고 개인을 칭찬하는 것은 믿을 만하지 못하다는 것을 알고 있었다. 법을 세운 뒤 법도에 맞는 자는 포상하고, 국법질서를 훼손한 자는 처벌한 이유다. 포상하고 처벌하는 법이 표준을 잃지 않은 까닭에 백성들 내에 다툼이 없었다. 작록을 이용해 가까운 사람을 이롭게 하는 일이 없으면 전공을 세운 신하가 원망하지 않고, 형벌을 이용해 소원한 자를 숨기지 않으면 아랫사람이 윗사람을 친하게 여길 것이다. 관작의 수여를 각자의 전공에 따라 하지 않으면 충신은 벼슬길에 나아가지 않고, 상을 주고 녹봉을 내리는 것을 공적에 따라 하지 않으면 병사들은 군주에게 쓰이려 하지 않을 것이다.

무릇 신하가 군주를 섬기는 것을 보면 대부분 군주가 좋아하는 것을 갖고 섬기는 경우다. 군주가 법을 좋아하면 신하도 법으로 군주를 섬기고, 군주가 언변을 좋아하면 신하도 언변으로 군주를 섬긴다. 군주가 법을 좋아하면 품행이 단정하고 강직한 신하가 앞에 나타나고, 군주가 언변을 좋아하면 사사로운 이해관계에 따라 다른 사람을 헐뜯거나 치켜세우는 신하가 곁에 있게 된다.

공과 사의 구분이 분명해야 소인배들이 현자를 질투하지 못하고, 미련한 자가 전공을 세운 사람을 질투하지 못한다. 요순이 천하를 다스릴 때는 천하의 이익을 사사로이 하지 않았고, 천하를 위해 천하를 다스렸다. 현능한 인재를 선발해 그들에게 천하를 전해준 것은 부자관계를 소홀히 여기거나 소원한 사람을 친근하게 여겼기 때문이 아니다. 나라가 잘 다스려지고 어지러워지는 이치에 밝았기 때문이다.

고대 성왕인 3왕三王이 의를 내세워 천하 사람을 친애하고, 춘추5패가 법을 기반으로 제후들을 바로잡은 것은 모두 천하의 이익을 사사로이 한게 아니라 천하를 위해 천하를 다스린 결과다. 높은 명성을 누리고, 커다란 공적을 세우고, 천하 사람들이 그들의 정사를 즐거워하고, 아무도 그들을 방해하지 못한다. 지금 난세의 군신 모두 득의양양하게 나라의 이익을 독차지하고, 관직의 중대한 권력을 장악해 사리를 채우고자 하는 바람에 나라가 매우 위태롭다. 공과 사의 변경이 국가존망의 관건으로 작용하는 이유다.

　법도를 버리고 사사로운 의론을 좋아하면 간사한 신하는 권세를 팔아 과시하고 백성들로부터 더 많은 녹봉을 요구하고, 녹봉을 받아먹는 관원은 백성의 사정은 덮어둔 채 멋대로 착취할 것이다. 속담에 이르기를 "좀 벌레가 많으면 나무가 꺾이고, 틈이 크면 담이 무너진다"고 했다. 대신들이 사리를 다투고 백성을 돌보지 않으면 백성은 군주로부터 떠나게 된다. 백성이 군주를 떠나는 것이 나라의 '틈'이다. 녹을 받아먹는 관원이 아랫사람들의 사정은 덮어두고 백성을 착취하는 것이 백성들의 '좀벌레'다. '틈'과 '좀벌레'가 생기고도 망하지 않는 나라는 천하에 극히 드물다. 명군은 법을 믿고 사용하며 사익을 제거하는 까닭에 그 나라에는 '틈'과 '좀벌레'가 없다.

_《상군서》〈수권〉

제5장

엄격한 잣대로 상대를 제압한다
획책술畫策術

옛 방식을 과감히 버려라

획책畫策은 책략을 계획한다는 의미로, 치국 방략에 해당한다. 법치와 군권의 확립을 통해 적을 제압하는 게 목적이기 때문에 천하통일이 궁극적인 목표다. 이 편에서는 역사적 사실에 입각한 법가의 발전사관發展史觀이 두드러지게 나타나고 있다. 이념에 입각한 유가의 순환사관循環史觀과 대비된다. 고대 성왕의 치세에는 형벌과 정령을 사용하지 않고 군사를 동원하지 않아도 평화롭게 살 수 있었지만 열국이 치열하게 다투는 금세는 그때와 상황이 다르다는 게 기본 논지다.《한비자》〈오두〉의 다음 구절은 〈획책〉의 발전사관을 그대로 좇은 것이다.

상고시대에는 사람보다 금수의 수가 많았다. 사람들은 짐승과 곤충, 뱀 등을 이기지 못했다. 이때 한 성인이 나타나 나뭇가지를 엮어 새둥지 같은 집을 지으면서 여러 해악을 피하게 됐다. 사람들이 기뻐하며 그를 천하를 다스리는 왕으로 삼고 유소씨有巢氏라고 불렀다. 사람들은 과실과 풀의 열매, 조개 등을 먹었다. 비린내가 나거나 악취가 심해 위장을 상한 까닭에 많은 질병을 앓았다. 이때 한 성인이 나타나 나뭇가지를 비비거나 부싯돌을 치는 방법으로 불을 만들면서 비린내 나는 것을 구워먹게 되었다. 사람들이 기뻐하며 그를 천하를 다스리는 왕으로 삼고 수인씨燧人氏로 불렀다. 중고시대에는 천하에 큰물로 인한 재해가 잦았다. 이때 곤鯀과 우禹 부자가 둑을 터 물을 소통시켰다. 근고시대에는 폭군인 하나라의 걸桀과 상나라의 주紂가 나타나 난폭한 모습을 보이자 은나라 탕왕湯王과 주나라 무왕武王이 차례로 나타나 이들을 정벌했다.

우임금 시대에 수인씨의 시대처럼 새둥지 같은 집을 짓고, 나뭇가지를 비비거나 부싯돌을 치는 방법으로 불을 지피면 곤과 우에게 비웃음을 샀을 것이다. 또 상나라와 주나라 시대에 우가 하던 것처럼 둑을 터 물을 소통시키는 자가 있다면 탕왕과 주무왕에게 비웃음을 샀을 것이다. 마찬가지로 지금 세상에 요순과 탕왕, 무왕, 우왕 등을 찬미하는 자기 있다면 반드시 이 시대의 성인에게 비웃음을 살 것이다. 성인은 옛날 방식을 따를 것을 바라지 않고, 일정한 규범을 고집하지 않고, 현 시대의 상황을 살피고, 그에 부응하는 적절한 조치를 취한다.

전에 송나라의 어떤 농부가 밭을 갈고 있을 때 밭 가운데 나무그루터기가 있었다. 마침 토끼 한 마리가 달아나다가 그루터기에 부딪쳐 목이 부러져 죽었다. 이를 본 농부는 이후 쟁기를 놓고 그루터기를 지키며 토끼가 재차 오기를 기다렸다. 그러나 토끼는 다시 얻을 수 없었다. 결국 그는 송나라의 웃음거리가 되고 말았다. 지금 고대 제왕의 정치를 좇아 현재의 백성을 다스리고자 하는 것은 모두 송나라 농부처럼 수주대토守株待兎의 어리석음을 범하는 것과 같다.

여기서 그 유명한 '수주대토'라는 성어가 나왔다. 〈오두〉의 "성인은 옛날 방식을 따를 것을 바라지 않고, 일정한 규범을 고집하지 않고, 현 시대의 상황을 살피고, 그에 부응하는 적절한 조치를 취한다"는 구절은 〈일언〉에서 역설했듯이 시대의 흐름에 따라 그에 맞는 정책을 펼치는 '인세위치'와 백성의 습속에 헤아려 그에 맞는 법령을 시행하는 '탁속위법' 취지를 그대로 이어받은 것이다.

상앙은 강력한 무력을 배경으로 전쟁의 발발 가능성까지 제거하는 이전거전以戰去戰을 역설했다. 《손자병법》을 비롯한 병가의 논리와 같다. 전쟁을 폭력으로 폭력을 대신하는 이폭대폭以暴代暴으로 간주하는 유가와 대비된다. 전쟁을 통해 전쟁을 제거하는 '이전거전'은 《상군서》에 나오는 병가사상의 정곡을 찌른 것이다. 막강한 무력을 배경으로 천하 만민을 전쟁의 도가니로 몰아넣고 있는 열국의 군주를 제압해 천하를 통일해야 한다는 사상을 담고 있다. '이전거전'에서 앞에 나오는 '전'은 천하를 호령하는 왕자王者의 막강한 무력, 뒤에 나오는 '전'은 사리사욕을 의전義戰으로 미화해 천하의 백성들을 전쟁으로 내모는 폭군의 용병을 뜻한다. 〈획책〉의 다음 대목은 '이전거전'의 기본 취지가 어디에 있는지를 잘 보여주고 있다.

> 나라가 혼란스러운 것은 백성들에게 사사로운 의리인 사의私義가 많기 때문이고, 병력이 약한 것은 백성들에게 사사로운 용기인 사용私勇이 많기 때문이다. 쇠약해지는 나라는 관작을 얻는 방법이 많다.

'이전거전'은 사사로운 무력을 제거해 국가의 전력을 강화하는 데서 출발한다는 취지를 밝힌 것이다. 전공을 세운 자에게만 관작을 내려야 한다는 주장이 나온 이유다. 이 주장의 궁극적인 목표는 적과 싸워 승리를 거두는

데 있다.《손자병법》이 첫 편인 〈시계〉의 첫머리에서 전쟁을 군군기무軍國機務로 간주하면서 국가의 존망 및 백성의 생사와 연결시킨 것과 맥락이 같다. 선진시대 문헌 가운데 같은 글자가 전혀 다른 뜻으로 풀이되는 '이전거전' 등의 논법을 전개한 것은《상군서》가 유일하다.

'이전거전'은 법가사상과 병가사상이 만나는 지점이다. 일각에서《상군서》를 전래의 병서와 어깨를 나란히 하는 또 하나의 병서로 간주하는 것도 이 때문이다.《상군서》가 병서의 성격을 강하게 띤 것은 말할 것도 없이 '농전' 사상에서 비롯된 것이다. 실제로 순자는 상앙을 병가의 일원으로 간주했다.《순자》〈의병〉의 다음 대목이 그 증거다.

> 제나라를 패망의 위기에서 구한 전단田單, 파촉 일대를 평정한 초나라 장수 장교莊蹻, 진효공 때 부국강병을 실현한 진나라의 위앙衛鞅, 제나라를 위기로 몰아넣은 연나라 장수 악의樂毅 등은 모두 세속에서 용병을 잘하는 사람을 뜻하는 선용병자善用兵者로 부른 자들이다.

실제로《상군서》는 비록 여타 병서와 달리 구체적인 전략과 전술에 대해서는 간략히 언급하는 데 그쳤으나 정치와 군사의 불가분성을 언급한 점에서는 정전政戰을 역설한《삼략三略》과 취지를 같이한다. 같은 법가 사상서인데도《상군서》가《한비자》와 차이를 보이는 이유다.

'농전'에 초점을 맞추고 있는《상군서》와 달리《한비자》는 군주의 통치 자체에 방점을 찍고 있다. 통치의 요체를 백성을 직접 다스리는 치민治民 대신 관원을 다스리는 치리治吏에서 찾은 이유다. 이는 권신의 발호를 미연에 방지해 국가보위를 튼튼히 하고, 군주가 의도한 바대로 신하를 부리고자 하는 제신술의 일환으로 나온 것이다.

《상군서》역시 군주의 통치에 커다란 관심을 기울이고 있다. 그러나 역시 초점은 '농전'에 맞춰져 있다. '농전'에서 '농'에 주목하면 《상군서》는 사마천의 〈화식열전〉과 마찬가지로 일종의 경제사상서로 해석할 수 있다. 그러나 '전'에 주목할 경우 《상군서》는 병서의 일종에 해당한다. 그만큼 전쟁에 관한 이야기로 가득 차 있다. 수천 년 동안 상앙을 법가로 분류해왔으나 전쟁을 국가존망의 결정적인 계기로 간주한 점에서는 여타 병가와 하등 차이가 없다. 병가와 법가 사상이 동전의 양면관계를 이루고 있는 점에 비춰 크게 이상하게 볼 것도 없다.

실제로 상앙의 삶은 전국시대 초기 최고의 병가로 명성을 떨친 오기와 사뭇 닮아 있다. 입신하는 과정도 그렇고, 비참한 최후를 맞이하는 과정도 그렇다. 상앙 역시 오기 못지않게 병법에 밝았다. 엄밀히 이야기하면 두 사람 모두 병가이자 법가에 해당했다. 오기는 위나라에 있을 때는 주로 병법가로 활약했으나 초나라로 망명한 후에는 상앙처럼 대대적인 변법을 시행했다. 전형적인 법가의 행보였다. 상앙도 위나라 땅을 취할 때 병법가를 방불하는 궤사詭詐를 구사했다. 다만 초점이 약간 달랐을 뿐이다.

사사로운 감정에 엄격해져라

상앙은 〈획책〉에서 "나라를 잘 다스리는 군주에게는 충신이 없고 인자한 부친에게는 효자가 없다[治主無忠臣, 慈父無孝子]"고 단언했다. 유가에서 말하는 충신과 효자의 허구를 지적한 것이다. 신하와 백성 모두 법을 기준으로 삼아 서로 감시하고 명령함으로써 바로잡아야 한다는 의미다. '치주무충신'을 《한비자》〈칙사〉는 이같이 풀이해놓았다.

법에 근거하지 않는 행위를 금지하는 것이 바로 군도다. 군주는 반드시 공사의 구분을 명확히 하고, 법제를 분명히 해 사사로운 온정을 물리쳐야 한다. 명령은 반드시 지켜지고, 금지된 것은 반드시 그치도록 해야 한다. 이것이 군주의 공의公義다. 사적인 행보로 붕우들에게 믿음을 얻고, 상을 내려 권장할 수 없고, 벌을 주어 금지할 수 없도록 만드는 것이 바로 신하들의 사사로운 사의私義다. 사사로운 의리를 행하면 나라는 곧 어지럽게 된다. 공적인 의리를 행하면 잘 다스려진다. 공과 사의 구분을 엄히 해야 하는 이유다.

이는 나라를 잘 다스리는 군주에게는 충신이 없다는 뜻의 '치주무충신'과 취지를 같이한다. 《한비자》〈우저설우하〉에 이를 뒷받침하는 대목이 나온다.

잘 다스려지고 강성해지는 것은 법이 제대로 행해지는 데서 비롯되고, 나라가 약해지고 어지러워지는 것은 법을 사사로이 행한 데서 비롯된다. 군주가 이를 명확히 알면 상벌을 바르게 시행하고, 아랫사람에게 함부로 인애仁愛의 마음을 갖지 않을 것이다. 작위와 봉록은 공에 따라 얻고, 형벌은 죄에 따라 받는다. 신하가 이를 분명히 알면 반드시 온 힘을 다해 공을 세우고, 군주에게 사사로운 충성을 하지 않을 것이다. 군주가 평소 무자비할 정도로 법의 집행에 철저하고, 신하가 평소 불충할 정도로 공을 세우는 데 철저하면 군주는 가히 천하통일의 대업을 이룰 수 있다.

군주는 나라를 다스릴 때 신하의 충성에 기대서는 안 되고 반드시 법령을 기준으로 하여 다스려야 한다는 취지를 드러낸 것이다. 〈획책〉에서 "신하와 백성이 단독으로 나쁜 일을 하지 못하고, 다른 사람과 함께 나쁜 일을 하는 자도 사라질 것이다"라고 언급한 것과 취지를 같이한다. 이는 기본적으로 유가에서 역설하는 군신지의君臣之義의 '의'가 사실은 사적인 이해관계에 지나지 않는다는 비판 위에 서 있다. 〈획책〉의 다음 구절이 그 증거다.

성인은 인의만으로 세상을 제대로 다스릴 수 없다는 이치를 안다. 성인에게는 사람들을 반드시 믿게 하는 품성이 있고, 천하의 사람들이 믿지 않을 수 없게 만드는 법을 구비하고 있다. 유가에서 말하는 이른바 의로운 자는 신하로서 충성스럽고, 자식으로서 효성스럽고, 연소자와 연장자 사이에 예절이 있고, 남녀 사이에 구별이 있는 것을 말한다. 유가식으로 의롭지 않아야 설령 크게 굶주릴지라도 구차하게 얻어먹으려 하지 않고, 차라리 목숨을 끊을지언정 구차하게 살아남으려 하지 않는다. 이는 법이 있는 나라에서 통상적인 것이다. 성왕이 의로움을 중시하지 않고 법을 중시하는 이유다. 법이 반드시 명확하고, 명령이 반드시 시행되면 그것으로 충분하기 때문이다.

유가의 인의를 비판한 것이다. 이는《도덕경》제38장의 다음 대목과 취지를 같이하는 것이다.

상덕上德은 자신의 덕을 덕으로 여기지 않는 까닭에 오히려 유덕有德하다. 하덕下德은 덕을 잃지 않으려고 애쓰는 까닭에 오히려 무덕無德하다. 상덕은 무위無爲한 까닭에 의도적으로 행하는 바가 없다. 하덕은 유위有爲한 까닭에 의도적으로 행하는 바가 있다. 상인上仁은 비록 '유위'하기는 하나 의도적으로 행하는 바가 없다. 상의上義는 '유위'한 까닭에 의도적으로 행하는 바가 있다.

이는 맹자가 역설한 인의의 문제점을 질타한 것이다. 한비자는《도덕경》을 주석한《한비자》〈해로〉에서 상앙이 비판한 유가의 인의를《도덕경》제

38장과 연결시켜 이같이 풀이했다.

인仁은 충심으로 흔쾌히 다른 사람을 사랑하는 것이다. 다른 사람이 행복해지는 것을 좋아하고, 다른 사람에게 화가 미치는 것을 미워한다. 이는 타고난 품성 때문에 그런 것이지 보답을 바라고 그러는 게 아니다.《도덕경》이 제38장에서 "상인은 비록 유위하기는 하나 의도적으로 행하는 바가 없다"고 말한 이유다. 의義는 군신과 상하의 직분, 부자父子와 귀천의 차이, 마음을 알아주는 벗과의 교제, 친소와 안팎의 분간에 관한 것이다. 신하가 군주를 섬기는 것이 마땅하고, 아랫사람이 윗사람을 따르는 것이 마땅하고, 자식이 부친을 섬기는 것이 마땅하고, 천한 이가 귀한 자를 존경하는 것이 마땅하고, 아는 사이의 친구 간에 서로 돕는 것이 마땅하고, 친한 자는 가까이하며 소원한 자는 멀리하는 게 마땅하다. 의는 그 마땅함을 가리킨다.《도덕경》이 제38장에서 "상의는 유위한 까닭에 의도적으로 행하는 바가 있다"고 말한 이유다.

한비자가 상앙과 신불해 등 기왕의 법가 이론 위에 노자의 도치道治 이론을 덧씌워 법가 사상을 완성한 배경을 짐작하게 해주는 대목이다. 그러나 〈해로〉의 이런 해석은《도덕경》제38장에 나오는 상덕上德과 상인上仁 및 상의上義의 취지를 정확히 파악한 게 아니다. 상앙이 〈획책〉에서 "성왕이 의로움을 중시하지 않고 법을 중시한다"고 언급한 것이 오히려《도덕경》제38장의 취지에 부합한다. 노자는 '인'과 '의'를 확연히 나눴다. '인'이 '덕'에 훨씬 가깝다고 판단한 결과다. 노자가 말한 '상덕'은 무위無爲와 동의어다. 상앙은 이를 〈획책〉에서 무사법치無私法治로 해석한 것이다. 성왕이 의로움을 중시하지 않고 법을 중시하는 이유를 놓고 "법이 반드시 명확하고, 명령이 반드시 시행되면 그것으로 충분하기 때문이다"라고 언급한 게 그 증거다.

《한비자》〈해로〉에는 이런 취지가 제대로 드러나지 않고 있다. 상앙은 비록 《도덕경》에 해설을 가하는 식의 접근을 하지는 않았으나 한비자 못지않게 노자의 통치사상에 커다란 영향을 받았음을 암시한다.

원문

..

옛날 전설적인 인물인 호영豪英이 다스리던 시대에는 백성들이 나무를 베고 짐승을 잡았다. 당시 인구는 적고 나무와 짐승은 많았기 때문이다. 황제黃帝가 다스리던 시대는 어린 짐승을 잡지 못하고, 조류의 알을 채집하지 못했다. 관원은 공급받아 부리는 노복을 둘 수 없었고, 사람이 죽어 매장할 때는 덧널을 사용할 수 없었다. 호영과 황제가 시행한 일은 다르지만 모두 천하를 호령하는 왕자로 지냈다. 시대가 달랐기 때문이다.

황제에 앞서 신농神農이 다스리던 시대는 남자들이 경작해 밥을 먹고, 여자들이 베를 짜 옷을 입었다. 형벌과 정령을 사용하지 않아도 잘 다스려졌다. 군사를 일으키지 않아도 천하의 왕자로 군림한 이유다. 신농이 죽은 후 강한 무력을 배경으로 약자를 억압하고, 숫자가 많은 무리가 그렇지 못한 무리를 난폭하게 대했다. 황제가 군신 및 상하의 도의를 포함해 부자형제의 예절과 부부와 배우자들 사이의 결합 이치를 제정하고, 대내적으로 형벌을 사용하고, 대외적으로 무력을 사용한 이유다. 이 또한 시대가 변한 결과다. 이로써 보건대 신농이 황제보다 고명한 게 아닌데도 명망이 훨씬 높은 것은 바로 시대 상황에 부합했기 때문이다.

전쟁을 통해 전쟁의 싹을 제거하는 이전거전이 가능하면 전쟁을 하는 것도 가능하다. 살인으로 살인을 제거하는 이살거살이 가능하면 사람을 죽이는 것도 가능하다. 형벌로 형벌을 제거하는 이형거형이 가능하면 형벌을 가중하는 것도 가능하다.

옛날 천하를 제어할 수 있었던 자는 반드시 먼저 자신의 백성부터 제압했고, 강적을 이길 수 있었던 자 역시 반드시 먼저 자신의 백성부터 이겼다. 자신의 백성을 이기는 근본은 백성을 의도한 바대로 통제하는 데 있다. 이는 마치 제련공이 쇠를 다루고, 도공이 흙을 다루는 것과 같다. 근본이 견고하지 못하면 백성은 새나 짐승과 같게 된다. 그 누가 이들을 제어할 수 있겠는가? 백성을 통제하는 근본은 법이다. 나라를 잘 다스리는 자는 법으로 백성을 단속한다. 명성이 높아지고, 영토가 넓어지는 이유다.

명성이 존귀하고 영토가 광활한 덕분에 마침내 천하를 호령하는 왕자로 군림하는 이유는 무엇인가? 명성이 비천하고 영토가 줄어들어 마침내 패망하는 망자亡者의 신세가 되는 이유는 무엇인가? 전쟁에 패했기 때문이다. 전쟁에서 이기지 않고도 천하의 왕자 노릇을 하거나, 전쟁에서 패하고도 망자의 신세가 되지 않은 경우는 예로부터 지금까지 존재한 적이 없다. 백성이 용감한 나라는 전쟁에서 승리하고, 그렇지 못한 나라는 패한다. 백성을 전쟁에 전념하게 만들 수 있는 나라는 백성들이 용감하고, 그렇지 못한 나라는 백성들이 용감하지 않다. 성왕은 천하의 왕자 노릇을 하는 것이 전쟁을 통해서만 가능하다는 사실을 간파했다. 거국적으로 백성들에게 전사戰士가 될 것을 고취한 이유다. 어떤 나라든 그 나라로 가서 통치 상황을 살펴보면 군주가 군대를 장악한 나라는 강하다.

백성들이 군주에게 사용되는 상황을 어찌 알 수 있는가? 백성들이 전쟁을 마치 굶주린 이리가 고기를 보는 것처럼 대하면 백성들이 군주에게 사용되는 것이다. 무릇 전쟁은 백성들이 싫어하는 것이다. 백성들을 기꺼이 싸우게 할 수 있는 자는 천하를 호령하는 왕자가 된다. 강대한 나라의 백성은 아비가 자식을 전쟁터로 전송하고, 형이 동생을 배웅하고, 아내가 남편을 떠나보낼 때 모두 이같이 말한다.

"군공을 세우지 못하면 절대 집에 돌아올 생각을 하지 말라!"

또 이같이 말하기도 한다.

"법을 어기고 명을 위반해 당신이 죽으면 나도 죽는다. 마을에서 우리를 처벌할 것이다. 군대에서는 도망칠 곳이 없다. 도망쳐 다른 곳으로 옮겨갈지라도 발을 들여 놓을 곳이 없다!"

군대에서 병사들을 다스릴 때는 5인 1조로 하여 연좌제를 실시한다. 표식을 사용해 그들을 구별하고, 명령을 이용해 단속한다. 도주하면 몸 둘 곳이 없고, 패하면 살 길이 없다. 삼군의 군사들이 흐르는 물처럼 명에 복종하고, 전투에 임해 죽어도 물러서지 않는 이유다.

나라가 어지러운 것은 나라의 법 자체가 혼란하거나 법이 시행되지 않기 때문이 아니다. 나라마다 모두 법을 갖추고 있지만 이를 반드시 시행하는 법이 존재하지 않기 때문이다. 실제로 모든 나라가 간사한 짓을 금하고 도적을 처벌하는 법을 갖추고 있다. 그런데도 간사한 무리와 도적을 반드시 처벌받도록 하는 법이 없다. 간사한 짓을 하고 도적질을 하는 자를 사형에 처하는데도 간사한 짓과 도적질이 그치지 않는 것은 죄인을 반드시 처벌하지 않기 때문이다. 나아가 죄인을 반드시 처벌하는데도 여전히 간사한 짓과 도적질이 발생하는 것은 형벌이 가볍기 때문이다. 형벌이 가벼우면 효과적으로 처벌할 수 없고, 그런 상황에서 죄인을 반드시 처벌하면 오히려 처벌을 받는 자만 양산할 뿐이다.

나라를 잘 다스리는 자는 악한 자를 처벌할 뿐 선한 자를 포상하지 않는다. 형벌을 사용하지 않아도 백성들이 선한 행동을 하기 때문이다. 형벌을 사용하지 않아도 백성들이 선한 것은 형벌이 무겁기 때문이다. 형벌이 무거우면 백성들이 감히 법을 범하지 못한다. 이는 형벌이 아예 없는 것과 같은 결과를 낳는다. 백성들 가운데 감히 나쁜 짓을 하는 자가 없다면 이는 결국 온 나라의 백성이 모두 선한 행동을 한다는 뜻이다. 선한 자를 포상하지 않아도 백성들이 선해진다고 말하는 이유다. 선한 자를 포상해서는 안 된다고 말하는 것은 그리하면 마치 도적질을 하지 않는 자를 포상하는 것과 같기 때문이다.

나라를 잘 다스리는 자는 도척盜跖 같은 도적조차 공신력公信力을 수긍하게 만든다. 하물며 백이伯夷 같은 청렴한 자들은 어떻겠는가? 나라를 잘 다스리지 못하는 자는 백이처럼 청렴한 자조차 의심을 품게 만든다. 하물며 도척 같은 자들이겠는가? 객관적인 추세가 간사한 짓을 허용하지 않으면 설령 도척일지라도 믿고, 객관적인 추세가 간사한 짓을 허용하면 백이일지라도 의심을 품게 된다.

열국의 정사를 살펴보면 어떤 나라는 태평한 시절이 거듭 이어지고, 어떤 나라는 혼란한 상황이 거듭 이어진다. 밝은 군주가 위에 있고 등용되는 사람이 현명하면 법이 현명한 사람의 손에 있게 된다. 법이 현명한 사람 손에 있으면 법이 아래에서 실행되고, 미련한 사람이 거듭 나쁜 짓을 행하지 못한다. 이를 일컬어 태평 위에 태평을 더하는 중치重治라고 한다. 이와 정반대로 밝지 못한 군주가 위에 있고 등용되는 사람이 불초하면 나라에 밝은 법이 없는 것과 같다. 불초한 자가 감히 나쁜 짓을 저지르는 이유다. 이를 일컬어 혼란 위에 혼란을 더하는 중란重亂이라고 한다.

열국의 군사력 상황도 마찬가지다. 어떤 나라는 막강한 무력 위에 무력을 더하는 중강重强의 모습을 보이고, 어떤 나라는 미약한 힘에 힘을 더

빼는 중약重弱의 모습을 보인다. 백성들이 실로 적과 싸우고자 하는 투지에 불타고, 부득불 적과 싸우지 않을 수 없게 된 경우를 일컬어 '중강'이라고 한다. 백성들이 실로 적과 명군은 신하들에게 부귀富貴를 남발하지 않는다. 이른바 '부'는 양식과 주옥이 아니겠는가? 이른바 '귀'는 작위와 관직이 아니겠는가? 법을 폐하고 사사로이 결정해 작록을 주면 신하들은 부귀해진다. 무릇 군주는 덕행이 남들보다 뛰어난 것도 아니고, 지혜가 남들보다 뛰어난 것도 아니고, 용력이 남들보다 뛰어난 것도 아니다. 그러나 백성들은 비록 성인의 지혜를 지녔을지라도 감히 나를 도모하지 못하고, 용력이 있을지라도 감히 나를 죽이지 못하고, 비록 수가 많을지라도 감히 그들의 군주를 제압하지 못한다. 비록 그 숫자가 수억 수만에 이르지만 중후한 상을 내걸어도 백성들이 감히 다투지 않고, 형벌을 시행해도 백성들이 감히 원망하지 않는 것은 법이 있기 때문이다.

나라가 혼란스러운 것은 백성들에게 사사로운 의리인 사의私義가 많기 때문이고, 병력이 약한 것은 백성들에게 사사로운 용기인 사용私勇이 많기 때문이다. 쇠약해진 나라는 작록을 얻는 방법이 많다. 나라를 망하게 하는 풍속은 작위를 천시하고, 녹봉을 경시하게 만든다. 일을 하지도 않으면서 밥을 먹고, 녹봉을 받지 않고도 부유하고, 관직도 없이 권세를 떨치면 이들을 일컬어 간민姦民이라고 한다.

나라를 잘 다스리는 군주에게는 충신이 없다는 치주무충신治主無忠臣과 인자한 부친에게는 효자가 없다는 자부무효자慈父無孝子 성어는 듣기 좋은 말을 없애자는 취지에서 나온 것이다. 신하와 백성 모두 법을 기준으로 삼아 서로 감시하고 명령함으로써 바로잡아야 한다는 의미다. 그리하면 신하와 백성이 단독으로 나쁜 일을 하지 못하고, 다른 사람과 함께 나쁜 일을 하는 자도 사라질 것이다.

이른바 '부'는 소득이 많고 지출이 적다는 뜻이다. 의복을 제한하고 음식을 절제하면 지출이 들어든다. 여자들은 집안에서 베 짜는 일에 전력을 다하고, 남자들은 밖에 나가 농사짓는 일에 매진하면 된다. 그러면 수입이 자연히 늘어난다.

이른바 '명군'은 보지 못하는 게 없다. 신하들이 감히 간사한 짓을 하지 못하고, 백성들은 감히 나쁜 일을 하지 못한다. 군주가 네모난 평상에 앉아 거문고와 피리 연주를 들어도 천하는 잘 다스려지는 이유다. 명군은 백성들로 하여금 법에 따라 일을 하지 않을 수 없도록 만든다. 강자는 강력한 무력으로 천하를 제압한 자를 말한다. 천하를 제압하면 사람들의 역량을 결집시킬 수 있다. 용맹하고 강한 자가 감히 포학한 짓을 하지 못하고, 성인의 지혜를 지닌 자가 감히 속임수를 써 공허한 유세로 발탁되는 일이 없다. 명군은 천하의 모든 사람을 아우르면서, 백성들이 감히 군주가 좋아하는 일을 하지 않거나 싫어하는 일을 행하는 일이 없게 한다.

강자는 용력을 지닌 자로 하여금 자신을 위해 쓰이지 않을 수 없게 만든다. 천하를 호령하는 자의 뜻이 확고하면 천하의 사람들이 그를 돕고, 의지가 약간 부족할지라도 천하 사람들이 기꺼이 따른다. 천하의 사람을 믿는 자는 천하가 버리고, 자신을 믿는 자는 천하를 얻는다. 천하를 얻는 자는 먼저 자신을 얻는 자이고, 강한 적을 이길 수 있는 자는 먼저 스스로를 이긴 자다.

성인은 사물이 반드시 그리되는 필연의 이치를 알고, 반드시 그리해야 한다는 시대의 추세를 안다. 나라가 잘 다스려지는 정사를 펼치고, 반드시 용감하게 싸우는 백성을 동원해 전쟁을 치르고, 반드시 사람들이 복종하는 명을 내린다. 군대가 일단 출정하면 천하무적의 무용을 떨치고, 명이 한 번 내려지면 천하 사람들이 복종하는 이유다. 전설적인 새인 황혹

黃鵠은 한 번 날면 단숨에 1,000리를 간다. 이는 반드시 그같이 날 수 있게 해주는 날개가 있기 때문이다. 준마인 여려麗麗와 거거㷌㷌가 하루에 1,000리를 달리는 것은 반드시 그같이 달릴 수 있게 해주는 힘이 있기 때문이다. 호랑이·표범·곰·큰곰 등이 사나운 모습을 보이며 적수가 없는 것은 다른 짐승과 싸우면 반드시 이길 수 있는 특성이 있기 때문이다.

성인은 본래 그리될 수밖에 없는 정치를 알고, 반드시 그리되는 이치를 안다. 백성을 다스리는 모습이 마치 높고 낮은 지형으로 물을 제어하고, 마른 연료와 젖은 연료로 불을 제어하는 것과 닮은 이유다. 그래서 말하기를 "어진 사람은 남에게 어질 수는 있으나 남을 어질게 할 수는 없고, 의로운 사람은 남을 사랑할 수는 있으나 남이 다른 사람을 사랑하게 만들 수는 없다"고 하는 것이다.

성인은 인의만으로 세상을 제대로 다스릴 수 없다는 이치를 안다. 성인에게는 사람들을 반드시 믿게 하는 품성이 있고, 천하의 사람들이 믿지 않을 수 없게 만드는 법을 구비하고 있다. 유가에서 말하는 이른바 의로운 자는 신하로서 충성스럽고, 자식으로서 효성스럽고, 연소자와 연장자 사이에 예절이 있고, 남녀 사이에 구별이 있는 것을 말한다. 유가식으로 의롭지 않아야 설령 크게 굶주릴지라도 구차하게 얻어먹으려 하지 않고, 차라리 목숨을 끊을지언정 구차하게 살아남으려 하지 않는다. 이는 법이 있는 나라에서 통상적인 것이다. 성왕이 의로움을 중시하지 않고 법을 중시하는 이유다. 법이 반드시 명확하고, 명령이 반드시 시행되면 그것으로 충분하기 때문이다.

_《상군서》〈획책〉

제6장

내부를 단속한다
경내술境內術

꼭 필요한 인력만 등용하라

경내境內는 국경 안을 뜻한다. 이 편에서는 진나라의 정치군사 제도 등을 두루 논하고 있다. 호구등록제와 가신의 복무제도, 군사편제와 상벌제도, 작위의 등급 및 승진 제도, 전공의 심사 방법, 형옥제도, 공성전攻城戰의 작전 요령 등이 그것이다. 진시황이 천하통일의 대업을 이룬 뒤 시행한 통치제도의 원형이 언급되어 있어 사료적 가치가 크다. 〈경내〉의 골자는 결사대의 활용이다. 한비자가 진시황에게 건의한 내용을 담은 《한비자》 〈초견진〉에도 유사한 언급이 나온다.

> 지금 천하의 제후들을 보면 국고는 채워져 있지 않고, 곳간은 텅 비어 있는데도 사민士民을 모두 끌어 모아 수십만 명에서 100만 명에 달하는 대군을 편성하고 있습니다. 머리가 땅에 닿도록 예를 올리고 깃 달린 장식을 머리에 얹은

후 장수를 위해 목숨을 바치겠다며 앞장서는 자는 1,000명에 이르지도 않습니다. 입으로는 모두 결사항전을 외치지만 막상 적의 칼날이 눈앞에 번쩍이면 뒤에서 당장 사형에 처하는 형틀로 위협할지라도 정신없이 달아나며 죽으려 하지 않습니다. 이는 사민이 죽으려 하지 않기 때문이 아니라 위에 있는 자가 그러하지 못하기 때문입니다. 말로는 상을 준다고 하면서 주지 않고, 처벌을 엄하게 한다고 하면서 실행하지 않는 까닭에 상벌을 믿을 수 없게 됐습니다. 사민이 전쟁에 나가서도 죽으려 하지 않는 이유가 여기에 있습니다.

이는 상앙이 〈경내〉에서 "결사대 모두 희망하는 자들로 구성하고, 희망자가 부족하면 진급을 간절히 바라는 자들로 충당한다"고 언급한 것과 취지를 같이한다.

춘추전국시대에 등장한 결사대 가운데 가장 유명한 것이 월왕 구천이 운용한 결사대다. 《자치통감》은 당시의 상황을 이같이 기록해놓았다.

기원전 496년 오나라가 월나라를 쳤다. 월왕 구천이 오나라 군사의 진군을 막으면서 지금의 절강성 가흥현인 취리橋李에 군진을 펼쳤다. 그는 오나라의 군진이 잘 정비되어 있는 것을 보고 크게 우려했다. 이에 결사대를 두 차례나 출동시켰으나 이들 모두 포로가 되었을 뿐 오나라의 군사에 아무런 타격도 가하지 못했다. 그러자 다시 죄인들을 3행으로 도열시킨 뒤 각자 자신의 목에 칼을 겨누고 앞으로 나아가면서 일제히 이같이 외치게 했다.

"두 나라가 교전하는 와중에 우리는 군령을 어겨 두 번 다시 병사가 될 수 없게 되었다. 이제 감히 형을 피할 수 없게 된 만큼 감히 죽음으로써 속죄하고자 한다!"

그러고는 죄인들이 스스로 목을 베어 차례로 자진했다. 오나라 군사들이 이 신기한 광경을 보고 넋을 잃는 사이 월나라 군사가 일제히 진공해 오나라 군사를 대파했다. 중국의 전 역사를 통틀어 이런 식의 결사대를 운용한 것은 구천이 유일했다. 그가 범인들은 함부로 흉내 내기 어려운 와신상담臥薪嘗膽과 도광양회韜光養晦 일화의 주인공이 된 것도 결코 우연이 아니다.

자원이 부족하면 규모를 줄여라

21세기에 들어와 중국은 세계의 공장에서 세계의 시장으로 완전 탈바꿈했다. 중국에서 총칼 없는 치열한 경제전쟁이 벌어지는 이유다. 중국의 잠재 소비력은 가공할 만하다. 2015년 현재 부호들의 수가 440만 가구에 달할 것으로 예상되고 있다. 전문가들은 향후 6~7년 사이 부호의 숫자는 매년 16퍼센트 증가할 것으로 보고 있다.

우리의 경우 이웃에 황금시장을 놓고 딴 곳에 기웃거릴 여유가 없다. 일각에서 중국 경제에 너무 예속되는 게 아니냐는 우려를 내놓고 있으나 이는 한가한 소리에 불과하다. 중국시장을 놓칠 경우 다른 곳에서 이를 만회하기가 어렵기 때문이다. 중국시장은 전 세계의 내로라하는 모든 기업들이 '진검승부'를 벌이는 곳이다. 여기서 이기지 못하면 다른 곳에서도 통할 리 없다. 우리가 필사즉생必死則生의 각오로 임해야만 하는 이유다. 중국시장을 석권해야만 다른 곳에서도 선전을 기대할 수 있다.

내수 기반이 취약한 한국은 현재 기업투자가 실종되어 극히 위험한 국면이다. 국내 기업의 투자 취소 또는 유보 조치가 업종을 가리지 않고 전 방위로 확산되고 있다. 투자 감소가 제조업일수록 더 심하다는 데 문제의 심각성이 있다. 제조업으로 버티는 한국경제가 급속히 나빠지고 있다는 말이나 다름없다. 가장 큰 이유는 대내외적인 경기 불확실성 때문이다. 경기전망이 불투명해지자 기업들이 투자할 돈을 움켜쥔 채 기왕의 투자계획까지 거둬들이고 있는 것이다.

IT와 자동차 관련 대기업이 해외에 투자를 집중하는 바람에 국내 투자율이 부진한 것도 또 다른 문제점이다. 한국은 미국과 달리 내수 기반이 약한 까닭에 기업 투자가 줄어들면 경제 전체가 위태롭게 된다. 자칫 저투자 · 저생산 · 저소득으로 이어지는 악순환의 덫에 걸릴 수 있다.

고금을 막론하고 자국에서 환영받지 못한 기업이 세계시장에서 통한 적이 없다. 현재의 난국을 타개하기 위해서는 규모의 대소를 막론하고 '투 트랙'을 구사할 필요가 있다. 하나는 내수 침체만 탓하지 말고 지속적으로 국내 투자규모를 늘리는 길이다. 국내공장이 무너지면 '둥지 없는 새'의 신세가 된다. 다른 하나는 시선을 해외로 돌려 적극적으로 새로운 시장을 개척해 나가는 길이다.

만리장성의 장벽은 길고도 견고하다. 명나라 말기 후금의 누르하치는 막강한 기병대의 무력만 믿고 힘으로 만리장성을 돌파하려다가 명나라가 포르투갈 상인으로부터 구입한 대포의 파편을 맞고 이내 병사하고 말았다. 그의 아들인 청태종 홍타이지皇太極는 이와 정반대되는 방법을 택했다. 명나라의 내분을 틈 타 가장 견고한 관문으로 소문 난 산해관山海關의 빗장을 스스로 열도록 한 것이다. 세계 최대의 시장으로 부상한 중국의 내수시장에 들어가는 것도 유사한 방법을 택할 필요가 있다.

지피지기의 병법 원리는 시간과 비용을 최대한 줄일 수 있는 유일한 길이기도 하다. 흔히 중국을 단일한 시장으로 생각하고 있으나 이는 착각이다. 중국은 그 자체가 하나의 세계다. 그러므로 지역별로 다양한 전략이 필요하다. 각 지역의 기질이 완전히 다르기 때문이다. 치열한 격전장인 중국시장에서 살아남는 것이 바로 경제전쟁에서 승리하는 첩경이다. 한국의 기업 CEO들이 투철한 창업정신으로 단단히 무장한 채 견고한 만리장성을 뚫어야만 하는 이유다.

사방의 영토 내에 사는 모든 남녀는 관부의 호적에 그 이름을 올린다. 태어나는 자는 호적부에 등재하고, 사망한 자는 삭제한다. 작위가 있는 자는 나라에 신청해 작위가 없는 자를 가신으로 삼을 수 있고, 작위 1급 당 1인을 청구할 수 있다. 전쟁이 없을 경우 그 가신은 한 달에 6일 동안 주인을 위해 복무하고, 전쟁이 일어나면 군대를 따라다니면서 밥 짓는 일을 한다.

작위가 가장 낮은 1급에서 시작해 그 밑으로 말단인 소부小夫에 이르는 자는 교校, 도徒, 조操에 임명한다. 작위는 제1급의 공사公士에서 시작한다. 작위가 제2급인 상조上造에서 시작해 제4급인 불경不更에 이르는 자는 졸卒에 임명한다. 전쟁을 할 때 5인을 같은 명부에 등재해 오伍를 편성한다. 이들 중 한 명만 몸에 새의 깃털로 장식할 수 있고 높은 대우를 받는다. 나머지 네 명은 그보다 가볍게 대우한다. 적의 수급을 가져오면 부역을 면제해준다.

다섯 명에 한 명의 둔장屯長을 둔다. 100명에 한 명의 장將, 즉 백장百將을 둔다. 전쟁을 할 때 백장과 둔장이 적의 수급을 베지 못하면 참수하고, 적군 33인 이상의 수급을 얻으면 논공행상에 관한 기준수량을 채우는 것이다. 백장과 둔장에게 작위 1급을 수여한다.

500명을 지휘하는 주장主將에게는 짧은 병기를 지닌 단병短兵 50명을 배속시킨다. 1,000명을 지휘하는 주장에게는 백장의 으뜸인 까닭에 단병 100명을 배속시킨다. 1년에 녹봉 1,000석을 받는 현령에게도 단병 100명을 배속시킨다. 800석의 현령에게는 단병 80명, 700석의 현령에게는 70명, 600석의 현령에게는 60명을 배속시킨다. 제후 휘하의 위관尉官인 국봉위國封尉에게는 단병 1,000명, 대장에게는 4,000명을 배속시킨다. 만일 지휘관이 전사하면 거기에 배속된 단병들의 대우를 떨어뜨리고, 적의 수급을 베는 자는 우대한다.

대장이 지휘하는 부대는 적의 성읍을 포위해 공격할 경우 8,000명 이상의 적의 수급을 얻어야 기준 수량을 채우는 것이다. 야전의 경우는 2,000명 이상의 수급을 얻어야 기준 수량을 채우는 것이 된다. 이 경우 조操와 교校 이상 대장에 이르기까지 모두 포상한다. 군 지휘관의 원래 작위가 공사면 상조, 상조면 잠뇨簪裊, 잠뇨면 불경不更, 불경이면 대부大夫로 승진시킨다. 작위가 있는 자로서 현위縣尉를 맡은 자는 노비 6명을 하사하고, 5,600전錢의 돈을 내린다. 작위가 대부로서 조정에서 나라를 위해 정사에 참여하고 있을 경우 원래 작위가 관대부官大夫이면 공대부公大夫, 공대부이면 공승公乘으로 승진시킨다. 공승의 경우는 오대부五大夫로 승진시키고 300호의 조세를 거둬들이는 식읍을 내린다. 원래 작위가 오대부이면 좌서장左庶長이나 우서장右庶長, 좌서장 또는 우서장이면 좌경左更, 좌경이나 중경中更 및 우경右更의 3경三更에 속하면 대상조大上造로 승진시킨다. 이들 모두 300호의 식읍을 소유하고, 300호의 조세수입을 포상으로 받는다. 작위가 오대부로서 600호의 조세를 걷는 식읍을 소유한 자는 문객을 받을 수 있다. 대장과 어자御者 및 참승參乘에게는 모두 작위 3급을 내린다. 원래 객경客卿으로서 전쟁을 도와 뛰어난 의견으로 전공을 세웠다면 정경

正卿으로 승진한다.

전쟁으로 죽은 적군은 그 수급을 세 차례 전시한 연후 심사를 한다. 3일 이내에 장군은 심사결과 의문이 없으면 전공에 맞게 작위를 사대부들에게 보내준다. 만일 현에서 3일이 지나도록 사대부들에게 전공에 따른 작위를 보내지 않으면 해당 현의 현위 4인을 파면하고, 처벌은 현승縣丞 및 현위縣尉가 집행한다.

작위가 있는 적의 수급을 하나 얻는 자는 작위 1급을 상으로 내리고, 1경頃의 농지, 9무畝의 택지를 보태준다. 작위가 1급수씩 높을 때마다 가신 한 명을 배속시켜준다. 그러면 군대나 관청의 관원 대열에 들어설 수 있다. 죄를 다스려 벌을 주는 법에는 작위가 높은 자가 작위가 낮은 자를 처벌한다. 작위가 높은 자가 파면되면 작위가 있는 자가 통상 보유하는 노비를 보유치 못하게 한다. 작위 2급 이상인 자가 죄를 지어 형을 받으면 작위를 떨어뜨린다. 작위 1급 이하인 자가 죄를 지어 형을 받으면 작위를 거둬들인다. 소부小夫가 전사할 경우 그 위로 대부에 이르기까지 관직이 1등급씩 추서追敍한다. 무덤 주위에 심는 나무는 한 등급씩 올라갈 때마다 한 그루씩 더 심게 한다.

적의 성읍을 포위해 공격할 때 국사공國司空이 성의 너비와 두께를 측량한다. 국위國尉가 구역을 나누면 도徒와 교校로 하여금 면적을 나눠 땅굴을 파도록 한다. 이때 기일을 약정하며 말하기를 "먼저 임무를 완성하면 공이 가장 앞선 자로 평가하고 늦게 완성한 자는 가장 뒤처진 자로 평가한다"고 한다. 그들이 땅 속으로 굴을 파서 성 밑에 이르면 땔나무를 들여가서 쌓고, 땔나무를 쌓으면 성벽의 기초로 세워진 기둥을 불태운다. 결사대 대장은 공격하는 방면마다 각각 병사 18명을 통솔한다. 이들은 적극적으로 싸워야 한다는 사실을 알고 있다. 적의 수급을 얻지 못하면 결사대

대장을 참수한다.

한 결사대가 다섯 명의 수급을 얻으면 대장과 대원에게는 작위 1급을 내려주고, 전쟁 중에 전사하면 그 전사자 집안의 한 사람이 작위를 계승한다. 목숨을 걸고 적극 싸우지 않으면 수많은 사람들 앞에서 수레에 몸을 묶어 사지를 찢어 죽인다. 이를 보고 간하여 막는 자가 있으면 그 자에게는 성 아래에서 이마에 묵을 뜨는 묵형墨刑이나 코를 베는 의형劓刑에 처한다. 국위가 공격지역을 나누면 주력부대인 중군中軍의 졸卒로 하여금 병사를 이끌고 결사대를 뒤따라 성을 공격하도록 한다. 장수는 나무로 망루를 지은 뒤 나라의 정감正監 및 왕이 파견한 어사御史와 함께 전투 상황을 지켜본다. 먼저 성 안으로 들어가는 자는 가장 앞선 자로 기록하고, 나중에 들어가는 자는 가장 뒤쳐진 자로 기록한다. 결사대는 모두 희망하는 자들로 구성하고, 희망자가 부족하면 진급을 간절히 바라는 자들로 충당한다.

_《상군서》〈경내〉

부록 | 상앙 연표

기원전	사건
770	주나라가 낙읍으로 천도함.
651	재환공齊桓公이 규구揆丘에서 회맹해 패자가 됨.
631	진문공晉文公이 천토踐土에서 회맹해 패자가 됨.
645	관중管仲이 병사함.
552	공자孔子가 태어남.
536	정나라 자산子産이 형정刑鼎을 주조함.
522	자산이 병사함.
479	공자가 죽고, 묵자墨子가 태어남.
450	최초의 법가인 이회가 위衛나라에서 태어남.
403	주나라 왕실이 3진三晉을 제후로 공식 승인함.
390	상앙이 위나라. 신도가 조나라에서 태어남.
385	신불해가 정나라에서 태어남.
381	오기가 사망함.
356	상앙의 1차 변법 시행됨.
350	상앙의 2차 변법으로 진나라가 함양으로 천도함.
338	상앙이 사망함.
337	신불해가 사망함.
333	소진이 합종책의 성공으로 6국의 재상을 겸함.
315	신도가 사망함.
313	순자가 태어남.
280	한비자가 태어남.
259	진시황이 태어남.
238	순자가 사망함.
232	한비자가 요가의 탄핵으로 옥사함.
230	한비자의 조국 한나라가 패망함.
221	진시황이 마지막으로 제나라를 멸하고 천하를 통일함.

참고문헌

1. 기본서

《논어》,《맹자》,《관자》,《순자》,《열자》,《한비자》,《윤문자》,《도덕경》,《장자》,《묵자》,《양자》,《상군서》,《안자춘추》,《춘추좌전》,《춘추공양전》,《춘추곡량전》,《여씨춘추》,《회남자》,《춘추번로》,《오월춘추》,《신어》,《세설신어》,《잠부론》,《염철론》,《국어》,《설원》,《전국책》,《논형》,《공자가어》,《정관정요》,《자치통감》,《독통감론》,《일지록》,《명이대방록》,《근사록》,《송명신언행록》,《설문해자》,《사기》,《한서》,《후한서》,《삼국지》.

2. 저서 및 논문

1) 한국어판

가나야 사다무 외, 조성을 옮김,《중국사상사》, 이론과실천, 1988.

가리노 나오끼, 오이환 옮김,《중국철학사》, 을유문화사, 1995.

가이쯔까 시게끼, 김석근 외 옮김,《제자백가》, 까치, 1989.

강신주,《노자, 국가의 발견과 제국의 형이상학》, 태학사, 2004.

고성중 편,《도가의 명언》, 한국문화사, 2000.

곽말약, 조성을 옮김,《중국고대사상사》, 까치, 1991.

김덕삼,《중국도가사 서설》, 경인문화사, 2004.

김승혜,《원시유교》, 민음사, 1990.

김예호,《한비자, 법치로 세상을 바로 세운다》, 한길사, 2010.

김원중,《한비자, 제왕학의 영원한 성전》, 글항아리, 2010.

김충열,《노장철학 강의》, 예문서원, 1995.

김학주,《장자》, 연암서가, 2010.

나카지마 다카시, 오상현 옮김,《한비자의 제왕학》, 동방미디어, 2004.

니담, 이석호 옮김,《중국의 과학과 문명》, 을유문화사, 1988.

니시지마 사다이끼, 변인석 편역,《중국고대사회경제사》, 한울아카데미, 1996.

동광벽, 이석명 옮김,《도가를 찾아가는 과학자들》, 예문서원, 1994.

류예, 차혜정 옮김,《헬로우 한비자》, 미래사, 2008.

마쓰시마 다까히로 외, 조성을 옮김,《동아시아사상사》, 한울아카데미, 1991.

모리모토 준이치로, 김수길 옮김,《동양정치사상사 연구》동녘, 1985.

모리야 히로시, 고정아 옮김,《한비자, 관계의 지략》, 이글리오, 2008.

미조구치 유조, 김석근 외 옮김,《중국 사상문화 사전》, 책과함께, 2011.

민경서,《한비자 인간경영》, 일송미디어, 2001.

북경대중국철학사연구실 편, 박원재 옮김,《중국철학사》, 자작아카데미, 1994.

샤오꿍취엔, 최명 옮김,《중국정치사상사》, 서울대출판부, 2004.

마이클 샌델, 이창신 옮김,《정의란 무엇인가》, 김영사, 2010.

서복관, 이건환 옮김,《중국예술정신》, 이화문화사, 2001.

서울대동양사학연구실 편,《강좌 중국사 1~7》, 지식산업사, 1989.

소공권, 최명 옮김,《중국정치사상사》, 서울대출판부, 2004.

송영배,《제자백가의 사상》, 현암사, 1994.

송원옥,《한비자, 전국책의 지혜》, 큰산, 2008.

슈월츠, 나성 옮김,《중국고대사상의 세계》, 살림출판사, 1996.

신동준,《노자론》, 인간사랑, 2007.

_____,《후흑학》, 인간사랑, 2010.

오강남,《도덕경》, 현암사, 2002.

오오하마 아끼라, 임헌규 옮김,《노자의 철학》, 인간사랑, 1993.

오카모토 류조, 배효용 옮김,《한비자 제왕학》, 예맥, 1985.

요감명, 손성하 옮김,《노자강의》, 김영사, 2010.

유소감, 김용섭 옮김,《노자철학》, 청계, 2000.

유필화,《역사에서 리더를 만나다》, 흐름출판, 2010.

윤재근,《학의 다리가 길다고 자르지 마라》, 둥지, 1990.

윤천근,《노자도덕경》, 법인문화사, 1996.

이상수,《한비자, 권력의 기술》, 웅진지식하우스, 2007.

이성규 외,《동아사상의 왕권》, 한울아카데미, 1993.

이철,《가슴에는 논어를, 머리에는 한비자를 담아라》, 원앤원북스, 2011.

이치카와 히로시, 이재정 옮김,《영웅의 역사, 제자백가》, 솔, 2000.

이택후 외, 권덕주 옮김,《중국미학사》, 대한교과서주식회사, 1992.

전목, 권중달 옮김,《중국사의 새로운 이해》, 집문당, 1990.

전일환,《난세를 다스리는 정치철학》, 자유문고, 1990.

전해종 외,《중국의 천하사상》, 민음사, 1988.

진고응, 최진석 옮김,《노장신론》, 소나무, 1997.

초굉익후, 이현주 옮김,《노자익》, 두레, 2000.

최명,《춘추전국의 정치사상》, 박영사, 2004.

최웅빈,《소설 한비자》, 선비, 1992.

최윤재,《한비자가 나라를 살린다》, 청년사, 2000.

최태웅,《한비자, 옛 선인들에게서 배우는 지혜로운 이야기》, 새벽이슬, 2011.

셸리 케이건, 박세연 옮김,《죽음이란 무엇인가》, 엘도라도, 2012.

짐 콜린스, 모튼 한센, 김명철 옮김,《위대한 기업의 선택》, 김영사, 2012.

풍우란, 정인재 옮김,《중국철학사》, 형설출판사, 1995.

한국도교문화학회,《도교와 생명사상》, 국학자료원, 1998.

한국동양철학회 편,《동양철학의 본체론과 인성론》, 연세대출판부, 1990.

한무희 외 편,《선진제자문선》, 성신여대출판부, 1991.

한비, 신동준 옮김,《한비자》, 인간사랑, 2012.

황원구,《중국사상의 원류》, 연세대출판부, 1988.

후쿠나가 미쓰지, 이동철 외 옮김,《장자, 고대중국의 실존주의》, 청계, 1999.

2) 중국어판

高明,《帛書老子校注》, 中華書局, 1996.

高亨,《老子正詁》, 中華書店, 1988.

高懷民,〈中國先秦道德哲學之發展〉,《華岡文科學報》14, 1982.

顧頡剛 外,《古史辨》1926-1941, 上海古籍出版社.

郭沂,《郭店竹簡與先秦學術思想》, 上海教育出版社, 2001.

郭末若,《十批判書》, 古楓出版社, 1986.

金德建,《先秦諸子雜考》, 中州書畫社, 1982.

冀昀,《韓非子》, 線裝書局, 2008.

羅世烈,〈先秦諸子的義利觀〉,《四川大學學報(哲學社會科學)》1988-1, 1988.

譚宇權,《老子哲學評論》, 文津出版社, 1992.

戴維,《帛書老子校釋》, 岳麓書社, 1998.

童書業,《先秦七子思想研究》, 齊魯書社, 1982.

樓宇烈,《王弼集校釋》, 中華書局, 1999.

牟宗三,《中國哲學的特質》, 臺灣學生書局, 1980.

方立天,《中國古代哲學問題發展史(上‧下)》, 中華書局, 1990.

傅樂成,〈漢法與漢儒〉,《食貨月刊》復刊 5-10, 1976.

徐復觀,《中國思想史論集》, 臺中印刷社, 1951.

蕭公權,《中國政治思想史》(蕭公權先生全集4), 臺北聯經出版事業公司, 1980.

蘇誠鑑,〈漢武帝"獨尊儒術"考實〉,《中國哲學史研究》1, 1985.

蘇俊良,〈論戰國時期儒家理想君王構想的產生〉,《首都師範大學學報》2, 1993.

孫謙,〈儒法法理學異同論〉,《人文雜誌》6, 1989.

宋洪兵,《新韓非子解讀》, 人民大學出版社, 2010.

梁啓超,《先秦政治思想史》, 商務印書館, 1926.

楊寬,《戰國史》, 上海人民出版社, 1973.

楊榮國 編,《中國古代思想史》, 三聯書店, 1954.

楊幼炯,《中國政治思想史》, 商務印書館, 1937.

楊義,《韓非子還原》, 中華書局, 2011.

楊鴻烈,《中國法律思想史(上‧下)》, 商務印書館, 1937.

余培林,《老子讀本》, 三民書局, 1985.

呂思勉,《秦學術概論》, 中國大百科全書, 1985.

吳光,《黃老之學通論》, 浙江人民出版社, 1985.

吳辰佰,《皇權與紳權》, 儲安平, 1997.

王德有,《老子演義》, 齊魯書社, 1990.

王明,《道家和道教思想研究》, 中國社會科學出版社, 1990.

王文亮,《中國聖人論》, 中國社會科學院出版社, 1993.

王先愼,《新韓非子集解》, 中華書局, 2011.

王卡,《老子道德經河上公章句》, 中華書局, 1993.

饒宗頤,《老子想爾注校證》, 上海古籍出版社, 1991.

于霞,《千古帝王術, 韓非子》, 江西敎育, 2007.

熊十力,《新唯識論 - 原儒》, 山東友誼書社, 1989.

劉澤華,《先秦政治思想史》, 南開大學出版社, 1984.

游喚民,《先秦民本思想》, 湖南師範大學出版社, 1991.

尹振環,《帛書老子釋析》, 貴州人民出版社, 1998.

李錦全 外,《春秋戰國時期的儒法鬪爭》, 人民出版社, 1974.

李申,《老子衍今譯》, 巴蜀書社, 1989.

李宗吾,《厚黑學》, 求實出版社, 1990.

李澤厚,《中國古代思想史論》, 人民出版社, 1985.

人民出版社編輯部 編,《論法家和儒法鬪爭》, 人民出版社, 1974.

任繼愈,《老子新譯》, 中華書局, 1987.

林聿時·關 峰,《春秋哲學史論集》, 人民出版社, 1963.

張寬,《韓非子譯注》, 上海古籍出版社, 2007.

張君勱,《中國專制君主政制之評議》, 弘文館出版社, 1984.

張岱年,《中國倫理思想硏究》, 上海人民出版社, 1989.

張松如,《老子校讀》, 吉林人民出版社, 1981.

蔣重躍,《韓非子的政治思想》, 北京師範大出版社, 2010.

錢穆,《先秦諸子繫年》, 中華書局, 1985.

趙沛,《韓非子》, 河南大學, 2008.

鍾肇鵬,〈董仲舒的儒法合流的政治思想〉,《歷史硏究》3, 1977.

周立升 編,《春秋哲學》, 山東大學出版社, 1988.

周燕謀 編,《治學通鑑》, 精益書局, 1976.

陳鼓應,《老子注譯及評價》, 中華書局, 1984.

陳奇猷,《韓非子新校注》, 上海古籍出版社, 2009.

陳秉才,《韓非子》, 中華書局, 2007.

馮友蘭,《中國哲學史》, 商務印書館, 1926.

許抗生,《帛書老子注譯與研究》, 浙江人民出版社, 1985.

胡適,《中國古代哲學史》, 商務印書館, 1974.

侯外廬,《中國思想通史》, 人民出版社, 1974.

侯才,《郭店楚墓竹簡校讀》, 大連出版社, 1999.

3) 일본어판

加藤常賢,《中國古代倫理學の發達》, 二松學舍大學出版部, 1992.

角田幸吉,〈儒家と法家〉,《東洋法學》12-1, 1968.

岡田武彦,《中國思想における理想と現實》, 木耳社, 1983.

鎌田 正,《左傳の成立と其の展開》, 大修館書店, 1972.

高文堂出版社 編,《中國思想史(上·下)》, 高文堂出版社, 1986.

高須芳次郎,《東洋思想十六講》, 新潮社, 1924.

顧頡剛, 小倉芳彦等 譯,《中國古代の學術と政治》, 大修館書店, 1978.

舘野正美,《中國古代思想管見》, 汲古書院, 1993.

溝口雄三,《中國の公と私》, 研文出版, 1995.

宮崎市定,《アジア史研究(1-5)》, 同朋社, 1984.

金谷治,《秦漢思想史研究》, 平樂寺書店, 1981.

大久保隆郎也,《中國思想史(上)-古代.中世-》, 高文堂出版社, 1985.

大濱晧,《中國古代思想論》, 勁草書房, 1977.

渡邊信一郎,《中國古代國家の思想構造》, 校倉書房, 1994.

服部武,《論語の人間學》, 富山房, 1986.

富谷至,《非子 不信と打算の現實主義》, 中央公論新社, 2003.

上野直明,《中國古代思想史論》, 成文堂, 1980.

西野廣祥,《中國の思想 韓非子》, 德間文庫, 2008.

西川靖二,《韓非子 中國の古典》, 角川文庫, 2005.

小倉芳彦,《中國古代政治思想研究》, 靑木書店, 1975.

守本順一郎,《東洋政治思想史研究》, 未來社, 1967.

守屋洋,《右手に論語 左手に韓非子》, 角川マガジンズ, 2008.

_____,《韓非子, 强者の人間學》, PHP研究所, 2009.

安岡正篤,《東洋學發掘》, 明德出版社, 1986.

安居香山 編,《讖緯思想の綜合的研究》, 國書刊行會, 1993.

宇野茂彦,《韓非子のことば》, 斯文會, 2003.

宇野精一 外,《講座東洋思想》, 東京大出版會, 1980.

栗田直躬,《中國古代思想の研究》, 岩波書店, 1986.

伊藤道治,《中國古代王朝の形成》, 創文社, 1985.

日原利國,《中國思想史(上·下)》, ペリカン社, 1987.

竹內照夫,《韓非子》, 明治書院, 2002.

中島孝志,《人を動かす「韓非子」の帝王學》, 太陽企畵出版, 2003.

中村哲,〈韓非子の專制君主論〉,《法學志林》74-4, 1977.

中村俊也,〈孟荀二者の思想と'公羊傳'の思想〉,《國文學漢文學論叢》20, 1975.

紙屋敦之,《大君外交と東アジア》, 吉川弘文館, 1997.

貝塚茂樹 編,《諸子百家》, 筑摩書房, 1982.

戶山芳郎,《古代中國の思想》, 放送大敎育振興會, 1994.

丸山松幸,《異端と正統》, 每日新聞社, 1975.

丸山眞男,《日本政治思想史研究》, 東京大出版會, 1993.

荒木見悟,《中國思想史の諸相》, 中國書店, 1989.

4) 서양어판

Ahern, E. M., *Chinese Ritual and Politics*, London, Cambridge Univ. Press, 1981.

Allinson, R.(ed.), *Understanding the Chinese Mind-The Philosophical Roots*, Hong Kong, Oxford Univ. Press, 1989.

Aristotle, *The Politics,* London, Oxford Univ. Press, 1969.

Barker, E., *The Political Thought of Plato and Aristotle*, New York, Dover Publications, 1959.

Bell, D. A., "Democracy in Confucian Societies-The Challenge of Justification", in Daniel Bell et. al., *Towards Illiberal Democracy in Pacific Asia*, Oxford, St. Martin's Press, 1995.

Carr, E. H., *What is History*, London, Macmillan Co., 1961.

Cohen, P. A., *Between Tradition and Modernity-Wang T'ao and Reform in Late Ching China*, Cambridge, Harvard Univ. Press, 1974.

Creel, H. G., *Shen Pu-hai. A Chinese Political Philosopher of The Fourth Century B.C.* ,

Chicago, Univ. of Chicago Press, 1975.

Cua, A. S., *Ethical Argumentation-A study in Hsün Tzu's Moral Epistemology*, Honolulu, Univ. Press of Hawaii, 1985.

De Bary, W. T., *The Trouble with Confucianism*, Cambridge, Mass.; London, Harvard Univ. Press, 1991.

Fukuyama, F., *The End of History and the Last Man*, London, Hamish Hamilton, 1993.

Hsü, L. S., *Political Philosophy of Confucianism*, London, George Routledge&Sons, 1932.

Moritz, R., *Die Philosophie im alten China*, Berlin, Deutscher Verl. der Wissenschaften, 1990.

Munro, D. J., *The Concept of Man in Early China*, Stanford, Stanford Univ. Press, 1969.

Peerenboom, R. P., *Law and Morality in Ancient China-The Silk Manuscripts of Huang-Lao*, Albany, New York-State Univ. of New York Press, 1993.

Plato, *The Republic*, London, Oxford Univ. Press, 1964.

Pott, W. S., *A Chinese Political Philosophy*, New York, Alfred. A. Knopf, 1925.

Rubin, V. A., *Individual and State in Ancient China-Essays on Four Chinese Philosophers*, New York, Columbia Univ. Press, 1976.

Schwartz, B. I., *The World of Thought in Ancient China*, Cambridge, Harvard Univ. Press, 1985.

Stewart, M., *The Management Myth*, New York, W.W.Norton&Company, 2009.

Taylor, R. L., *The Religious Dimensions of Confucianism*, Albany, New York, State Univ. of New York Press, 1990.

Tomas, E. D., *Chinese Political Thought*, New York, Prentice-Hall, 1927.

Tu, Wei-ming, *Way, Learning and Politics-Essays on the Confucian Intellectual*, Albany, New York, State Univ. of New York Press, 1993.

Waley, A., *Three Ways of Thought in Ancient China*, New York, doubleday&company, 1956.

Wu, Geng, *Die Staatslehre des Han Fei-Ein Beitrag zur chinesischen Idee der Staatsräson*, Wien&New York, Springer-Verl., 1978.

귀곡자 | 귀신 같은 고수들의 승리비결

하나의 프로젝트를 완성하기 위해선 시기가 중요하고, 그 일을 이루어내는 사람이 중요하고 또한 순간의 결단이 중요하다. 이 책은 《귀곡자》라는 전국시대의 전략서를 바탕으로 주도적으로 일을 성취하는 방법을 설명하고 있다. 형세를 읽고 사람을 얻어, 결국 일을 성공적으로 마무리하는 매 순간의 과정을 치밀한 전략서의 형태로 일러주고 있다.

박찬철 · 공원국 지음 | 288쪽 | 값 15,000원

인물지 | 제왕들의 인사 교과서

제왕들이 베갯머리에 두고 읽던 인재 경영의 비서秘書 《인물지》는 위나라의 명신인 유소劉邵가 쓴 인사 교과서다. 지인知人과 용인用人에 대한 실용적이고 구체적인 내용이 담긴 이 책은, 조조의 능력주의를 포괄한 체계적인 인사 체제를 다루고 있다. 인재를 적재적소에 쓰는 일이 리더십의 핵심이 된 시대, 인사 이론을 거시적으로 검토하는 사람들에게 좋은 참고가 될 것이다.

박찬철 · 공원국 지음 | 520쪽 | 값 27,000원

후흑학 | 승자의 역사를 만드는 뻔뻔함과 음흉함의 미학

기업의 CEO와 임원급들이 성공적으로 글로벌 경쟁에서 살아남는 처세를 정리한 'CEO를 위한 제왕학'이다. '후흑厚黑'은 세계 최빈국이던 중국이 미국과 어깨를 나란히 하는 강대국으로 성장하기까지 가장 큰 원동력으로 작용한 '뻔뻔함과 음흉함의 미학'을 핵심적으로 보여준다. 세계 권력의 축이 서에서 동으로 이동하고 있는 대격변의 시대를 사는 생존이 담겨 있다.

신동준 지음 | 356쪽 | 값 18,000원

사마천의 부자경제학 | 사기 《화식열전》

관중·자공·사마천으로 이어지는 상가의 흐름을 21세기 경제경영 관점에서 해석한 최초의 해설서. 《사기》 《화식열전》의 전문을 정경문화·경제경영·경영윤리·산업경제 등 네 가지 관점으로 나누어 21세기의 경제경영 이론과 비교하고 있다. 부를 향해 줄달음질치는 인간의 본성을 꿴 사마천의 상가 이론에 초점을 맞춰 상가의 출현배경과 전개 과정 등을 정밀하게 추적했다.

신동준 지음 | 432쪽 | 값 20,000원

한비자의 관계술 | 허정과 무위로 속내를 위장하는 법

온정적인 인간관계보다는 객관적이면서도 냉정한 이해관계에 주목한 동양의 마키아벨리 한비韓非. 시공을 초월한 인간관계의 부조리, 권모술수의 허와 실을 꿰뚫고 있는 한비의 날카로운 통찰이 담긴 이 책을 통해 혼돈의 시대에 자신의 속내를 숨기고, 어둠 속에서 철저히 위장하면서 자기관리를 하는 생존의 법칙을 배울 수 있다.

김원중 지음 | 342쪽 | 값 18,000원

마음을 움직이는 승부사 제갈량 | 승부처는 사람에게서 나온다

WISDOM CLASSIC 06

파산 직전의 유비를 천하통일의 승장으로 만든 신의 책사 제갈량의 조직 관리 비법을 다룬 책. 별 볼일 없던 지방 서생 제갈량이 어떻게 그의 나이 27세에 유비 집단의 핵심 간부로 발탁될 수 있었는지를 조명하고 중원의 강자들을 제압한 승리의 과정을 날카롭게 분석한다. 조직과 인간의 욕구를 간파해 자신의 목표와 조직의 비전을 달성했던 제갈량의 통찰력을 엿볼 수 있다.

자오위핑 지음 | 박찬철 옮김 | 372쪽 | 값 16,000원

지금 마흔이라면 군주론 | 시대를 뛰어넘는 '세상과 인간'에 대한 통찰

WISDOM CLASSIC 07

마키아벨리의 《군주론》을 통해 마흔이라는 수신修身의 시기에 개인의 역사를 바로 세우는 것은 물론, 조직의 리더로서 나아갈 길과 해법을 찾는 책. 역사 속 인물과 사건, 현대 기업의 성공과 실패담 등 130여 가지 사례를 통해 《군주론》의 사상을 어떻게 적용할지 이야기한다. 현대 개인과 조직의 생존을 위한 보편적 진리가 마키아벨리의 사상 속에 있음을 확인할 수 있다.

김경준 지음 | 280쪽 | 값 14,000원

채근담, 돈이 아닌 사람을 번다

WISDOM CLASSIC 08

《채근담》에 담긴 관계론·처세법·용인술을 '나눔'이라는 키워드로 재해석한 책. 《채근담》의 나눔 정신을 따른 중국 고전 인물을 살펴봄으로써 나눔과 성공적인 삶의 상관관계를 밝힌다. 이 책에는 공은 남에게 넘기고 지탄은 자신이 짊어져 결국 대공을 거둔 사례가 무수히 나온다. 본문 속 100여 가지 사례는 원전 《채근담》의 숨은 뜻을 구체적으로 이해할 수 있게 도와준다.

신동준 지음 | 304쪽 | 값 15,000원

자기 통제의 승부사 사마의 | 자신을 이기는 자가 최후의 승자가 된다

WISDOM CLASSIC 09

중국 10대 강사 자오위핑 박사가 〈백가강단〉에서 진행한 10회의 강의를 정리한 책이다. 실리 없이 군대를 움직이지 않고, 전장에서 승리를 거두고도 왕의 처벌을 바란다는 시를 지을 정도로 언행을 삼갔던 사마의의 처세학을 통해, 참고 감추는 자기 절제의 미학이야말로 냉혹한 업무 환경에서 살아남는 중간관리자의 생존술임을 강조한다.

자오위핑 지음 | 박찬철 옮김 | 370쪽 | 값 16,000원

정관정요, 부족함을 안다는 것 | 이세민을 당태종으로 만든 힘

WISDOM CLASSIC 10

제왕학의 정본 《정관정요》를 통해 중국 최고의 태평성대를 만든 당태종의 행보를 살펴봄으로써 난세를 헤쳐 나가는 리더의 바른 역할을 제시한다. 이 책은 자신의 부족함을 인정하고, 현명한 신하에게 일을 나누며, 일단 나누었으면 간섭을 자제하고 위임하는 리더의 자세를 말한다. 또한 자만을 경계하고, 겸양하는 자세로 간언을 받아들이며, 스스로 성찰할 것을 권한다.

신동준 지음 | 228쪽 | 값 15,000원

통쾌한 반격의 기술, 오자서병법

WISDOM CLASSIC 11

오나라 왕 합려와 오자서의 대화로 이루어진 《오자서병법》에서 뽑은 반격의 기술을 살펴본 책. 《오자서병법》을 통해 강자를 이길 수 있는 약자의 반격 전략과 조건을 찾고, 반격의 오체를 실제 전술에 활용한 유비·주원장·마오쩌둥의 실천 사례를 서술하면서, 약육강식 사회에서 살아남기 위한 반격의 의미를 생각해볼 기회를 제공한다.

공원국 지음 | 252쪽 | 값 16,000원

WISDOM CLASSIC 12

관계에서 밀리지 않는 힘, 삼국지 권력술

불분명해서 이해하기 어려운 권력의 속성을 나관중의 《삼국지연의》라는 프레임으로 들여다본다. 기존의 정사 《삼국지》는 무미건조하게 사실관계만을 나열하기에, 치열한 권력 투쟁의 현장을 제대로 전달하기에는 분명히 한계가 있다. 이 책은 나관중의 《삼국지연의》를 통해 정사 《삼국지》에 제대로 드러나지 않았던 권력에 대한 통찰을 효과적으로 발굴·복원해낸다.

오치규 지음 | 440쪽 | 값 18,000원

WISDOM CLASSIC 13

판세를 읽는 승부사 조조 | 우세와 열세를 아는 자가 이긴다

관우처럼 위엄과 무력이 특출하지도 않았고, 유비처럼 황실의 친척도 아니었으며, 원소처럼 이름난 가문의 출신도 아니었던 조조가 어떻게 '위촉오' 삼국이라는 제갈량이 만든 절묘한 '판'을 깨고 대륙을 통일할 힘을 갖출 수 있었는지 살펴본다. 그가 천하를 재패할 수 있었던 이유는 바로 우세와 열세를 정확히 파악하고 판세를 읽는 능력이 누구보다 뛰어났기 때문이었다.

자오위핑 지음 | 박찬철 옮김 | 456쪽 | 값 16,000원

WISDOM CLASSIC 14

욱리자, 한 수 앞을 읽는 처세의 미학

어지러운 세태 앞에 변화를 간파하고 대세의 물줄기가 뒤바뀌는 조짐을 미리 읽어 대비하는 처세의 방략에 대해 논한다. 《욱리자》는 진실과 거짓, 탐욕과 파멸, 허세와 기만, 교만과 비굴, 근면과 나태, 현실과 이상, 착취와 도탄, 술책과 의리 등 일상 속 모든 문제를 다룸으로써 모순과 비리로 얼룩진 난세의 현실을 직시하는 안목을 키우도록 돕는다.

신동준 지음 | 272쪽 | 값 15,000원

WISDOM CLASSIC 15

사람을 품는 능굴능신의 귀재 유비 | 속내를 감추고 은밀히 지배한다

유비가 숱한 패배에도 천하를 삼분하고 기업基業을 일으킨 비결을 능굴능신能屈能伸에서 찾는다. 그가 역사에 길이 남은 이유는 원칙을 버리지 않고 실패해도 좌절하지 않으며 때로는 머리를 숙이면서도 뜻을 견지하고 한발 한발 나갔기 때문이다. 상황에 따라 지혜롭게 굽히고 펼 줄 아는 능굴능신 자세는 그를 위대한 승리자로 자리매김하게 만든 결정적 힘이었다.

자오위핑 지음 | 박찬철 옮김 | 452쪽 | 값 16,000원

WISDOM CLASSIC 16

1인자를 만든 2인자, 유방의 참모들 | 유방을 한고조로 만든 18인의 필승 전략

유방을 도와 천하를 통일하고 한나라를 만든 유방의 참모 18인의 활약상과 필승 전략을 담았다. 냉철하고도 치밀한 전략, 현장의 궂은일을 마다하지 않는 강인함, 판세와 상황을 제대로 읽는 유연함, 논리와 명분으로 상대를 설득하는 협상 능력 등 위기 상황마다 결정적인 역할로 유방의 승리를 이끌어내며 역사상 가장 성공한 2인자들로 우뚝 선 그들의 참모술을 들여다본다.

오치규 지음 | 296쪽 | 값 15,000원

WISDOM CLASSIC 17

철두철미한 시스템의 힘, 상군서

전국시대 법가사상가 상앙이 쓴 《상군서》를 통해 강력한 시스템을 바탕으로 난세 상황을 이겨낼 부국강병 전략을 찾는다. 최고통치자의 냉정한 결단과 판단은 강력한 법치와 엄정한 상벌이 뒷받침될 때 가능하다. 중국 역사상 변법으로 유일하게 성공을 거둔 상앙의 부국강병책에서 난세를 극복하고 최후의 승자로 남을 필승 생존 비책을 찾아본다.

신동준 지음 | 356쪽 | 값 16,000원